十三經古注

〔漢〕鄭玄等注

三

周禮

中華書局

本册目録

卷三十二

卷三十三

［著者小傳］鄭玄(見前)。

周禮

四部備要
經部
上海中華書局據永懷堂本校刊
桐鄉陸費逵總勘
杭縣高時顯
杭縣吳汝霖輯校
杭縣丁輔之監造

周禮序

唐朝散大夫行太學博士弘文館學士賈公彥撰

夫天育蒸民無主則亂立君治亂事資賢輔但天皇地皇之日無事安民降自燧皇方有臣矣是以易通卦驗云天地成位君臣道生君有五期輔有三名註云三名公卿大夫又云燧皇始出握機矩表計寘其刻日蒼牙通靈昌之成孔演命明道經註云拒燧皇謂人皇在伏羲前風姓始王天下者斗機云所謂人皇九頭兄弟九人别長九州者也是政教君臣起自人皇之世至伏羲因之故文耀鉤云伏羲作易名官者也又案論語撰考云黄帝受地形象天文以制官伏羲已前雖有三名未必具立官位至黄帝名位乃具是以春秋緯命歷序云有九頭紀時有臣無官位尊卑之别燧皇伏羲既有官則其閒九皇六十四民有官明矣但無文字以知其官號也案左傳昭十七年云秋郯子來朝公與之宴昭子問焉曰少皡氏鳥名官何故也杜氏註云少皡金天氏黄帝之子己姓之祖也郯子曰吾祖也我知之昔者黄帝氏以雲紀故爲雲師而雲名註云黄帝軒轅氏姬姓之祖也黄帝受命有雲瑞故以雲紀事百官師長皆以雲爲名號縉雲氏蓋其一官也炎帝氏以火紀故爲火師而火名註云炎帝神農氏姜姓之祖也亦有火瑞以火紀事名百官也共工氏以水紀故爲水師而水名註云共工以諸侯霸有九州者在神農前大皡後亦受水瑞以水名官也大皡氏以龍紀故爲龍師而龍名註云大皡伏羲氏風姓之祖也有龍瑞故以龍命官也我高祖少皡摯之立也鳳鳥適至故紀於鳥故爲鳥師而鳥名又云鳳鳥氏歷正之類又以五鳥五鳩九扈五雉並爲官長亦皆有屬官但無文以言之若然則自上以來所云官者皆是官長故皆云師以目之又云自顓頊以來不能紀遠乃紀於近是以少皡以前天下之號象其德百官之號象其徵顓頊以來天下之號因其地百官之號因其事事即司徒司馬之類是也若然前少皡氏言祝鳩氏爲司徒者本名祝鳩言司徒者以後代官況之自少皡以上官數略如上說顓頊及堯官數雖無明說可略而言之矣案昭二十九年魏獻子曰社稷五祀誰氏之五官蔡墨對曰少皡氏有四叔曰重曰該曰修曰熙實能金木及水使重爲句芒該爲蓐收修及熙爲玄冥世不失職遂濟窮桑此其三祀也註云窮桑帝少皡之號也

顓頊氏有子曰犂爲祝融共工氏有子曰句龍爲后
土此其二祀也后土爲社稷田正也有烈山氏之子
曰柱爲稷自夏以上祀之周棄亦爲稷自商以來祀
之故外傳犂爲高辛氏之火正此皆顓頊時之官也
案鄭語云重犂爲高辛氏火正故堯典註高辛氏之
世命重爲南正司天犂爲火正司地以高辛與顓頊
相繼無隔故重犂事顓頊又事高辛若稷契與禹事
堯又事舜是以昭十七年服註顓頊之下云春官爲
木正夏官爲火正秋官爲金正冬官爲水正中官爲
土正高辛氏因之故傳云遂濟窮桑窮桑顓頊所居
是度顓頊至高辛也若然高辛時之官唯有重犂及
春之木正之等不見更有餘官也至於堯舜官號稍
改楚語云堯復育重犂之後重犂之後即羲和也是
以堯典云乃命羲和註云高辛之世命重爲南正司
天犂爲火正司地堯育重犂之後羲氏和氏之子賢
者使掌舊職天地之官亦紀於近命以民事其時官
名蓋曰稷司徒是天官稷也地官司徒也又云分命
羲仲申命羲叔分命和仲申命和叔使分主四方註
仲叔亦羲和之子堯既分陰陽四時又命四子爲之
官掌四時者字曰仲叔則掌天地者其曰伯乎是有
六官案下驩兜曰共工註共工水官也至下舜求百
揆禹讓稷契暨咎繇帝曰棄黎民阻饑汝后稷播時
百穀註稷棄也初堯天官爲稷又云帝曰契百姓不
親汝作司徒又云帝曰咎繇汝作士此三官是堯時
事舜因禹讓述其前功下文云舜命伯夷爲秩宗舜
時官也以先後參之唯無夏官之名以餘官約之夏
傳云司馬在前又後代況之則羲叔爲夏官是司馬
也故分命仲叔註云官名蓋春爲秩宗夏爲司馬秋
爲士冬爲共工通稷與司徒是六官之名見也鄭玄
分陰陽爲四時者非謂時無四時官始分陰陽爲四
時但分高辛時重犂之天地官使兼主四時耳而云
仲叔故云掌天地者其曰伯乎若然堯典云伯禹作
司空四時官不數之者鄭云初堯冬官爲共工舜舉
禹治水堯知其有聖德必成功故改命司空以官名
寵異之非常官也至禹登百揆之任捨司空之職爲
共工與虞故曰垂作共工益作朕虞是也案堯典又
云帝曰疇咨若時登庸鄭註云堯末時羲和之子皆
死庶績多闕而官廢當此之時驩兜共工更相薦舉
下又云帝曰四岳湯湯洪水有能俾乂鄭云四岳四
時之官主四岳之事始羲和之時主四岳者謂之四

伯至共死分岳事置八伯皆王官其八伯唯驩兜共工放齊鮌四人而已其餘四人無文可知案周官云唐虞稽古建官惟百內有百揆四岳則四岳之外更有百揆之官者但堯初天官爲稷至堯試舜天官之任謂之百揆舜卽眞之後命禹爲之卽天官也案尚書傳云惟元祀巡狩四岳八伯註云舜格文祖之年堯始以羲和爲六卿春夏秋冬者并掌方岳之事是爲四岳出則爲伯其後稍死驩兜共工求代乃置八伯元祀者除堯喪舜卽眞之年九州言八伯者據畿外八州鄭云畿內不置伯鄉遂之吏主之案明堂位云有虞氏官五十夏后氏官百殷二百周三百鄭註云有虞氏官蓋六十夏百二十殷二百四十周三百六十不得如此記也昏義云三公九卿二十七大夫八十一元士鄭云蓋夏制依此差限故不從記文但虞官六十唐則未聞堯舜道同或皆六十并屬官言之則皆有百故成王周官云唐虞建官惟百也若然自高陽已前官名略言於上至於帝嚳官號略依高陽不可具悉其唐虞之官惟四岳百揆與六卿又堯典有典樂納言之職至於餘官未聞其號夏官百有二十公卿大夫元士具列其數殷官二百四十雖未具顯案下曲禮云六大五官六府六工之等鄭皆云殷法至於屬官之號亦蔑云焉案昏義云三公九卿者六卿并三孤而言九其三公又下兼六卿故書傳云司徒公司馬公司空公各兼二卿案顧命太保領冢宰畢公領司馬毛公領司空別有芮伯爲司徒彤伯爲宗伯衛侯爲司寇則周時三公各兼一卿之職與古異矣但周監二代郁郁乎文所以象天立官而官益備此卽官號沿革粗而言也

序周禮廢興　唐賈公彥撰

周公制禮之日禮教興行後至幽王禮儀紛亂故孔子云諸侯專行征伐十世希不失鄭註云亦謂幽王之後也故晉侯趙簡子見儀皆謂之禮孟僖子又不識其儀也至於孔子更修而定之時已不具故儀禮註云後世衰微幽厲尤甚禮樂之書稍稍廢棄孔子曰吾自衞反於魯然後樂正雅頌各得其所謂當時在者而復重雜亂者也惡能存其亡者乎至孔子卒後復更散亂故藝文志云昔仲尼沒微言絶七十二弟子喪而大義乖諸子之書紛然散亂至秦患之乃燔滅文章以愚黔首又云禮經三百威儀三千及周之衰諸侯將踰法度惡其害己滅去其籍自孔子時而不具至秦大壞漢興至高堂生博士傳十七篇孝宣世后倉最明禮戴德戴聖慶普皆其弟子三家立于學官案儒林傳漢興高堂生傳禮十七篇而魯徐生善爲容孝文時徐生以容爲禮官大夫而瑕丘蕭奮以禮至淮陽太守孟卿東海人也事蕭奮以授后倉后倉說禮數萬言號曰后氏曲臺記授戴德戴聖鄭云五傳弟子則高堂生蕭奮孟卿后倉戴德戴聖是爲五也此所傳者謂十七篇卽儀禮也周官孝武之時始出秘而不傳周禮後出者以其始皇特惡之故也是以馬融傳云秦自孝公已下用商君之法其政酷烈與周官相反故始皇禁挾書特疾惡欲絶滅之搜求焚燒之獨悉是以隱藏百年孝武帝始除挾書之律開獻書之路既出於山巖屋壁復入于秘府五家之儒莫得見焉至孝成皇帝達才通人劉向子歆校理秘書始得列序著于錄略然亡其冬官一篇以考工記足之時衆儒並出共排以爲非是唯歆獨識其年尚幼務在廣覽博觀又多銳精于春秋末年乃知其周公致太平之迹迹具在斯奈遭天下倉卒兵革並起疾疫喪荒弟子死喪徒有里人河南緱氏杜子春尚在永平之初年且九十家于南山能通其讀頗識其說鄭衆賈逵往受業焉衆逵洪雅博聞又以經書記轉相證明爲解逵解行於世衆解不行兼攬二家爲備多所遺闕然衆時所解說近得其實獨以書序言成王既黜殷命還歸在豐作周官則此周官也失之矣逵以爲六鄉大夫則冢宰以下及六遂爲十五萬家絙千里之地甚謬焉此比多多吾甚閔之久矣六鄉之人實居四同地故云絙千里之地者誤矣又六鄉大夫冢宰以下所非者不著又云多多

者如此解不著者多又云至六十爲武都守郡小少事乃述平生之志著易尙書詩禮傳皆訖惟念前業未畢者唯周官年六十有六目瞑意倦自力補之謂之周官傳也案藝文志云成帝時以書頗散亡使謁者陳農求遺書于天下詔光祿大夫劉向校書經傳諸子詩賦向輒條其篇目撮其指意錄而奏之會向卒哀帝復使向子歆卒父業歆於是總羣書奏其七略故有六藝七略之屬歆之錄在於哀帝之時不審馬融何云至孝成皇帝命劉向子歆考理祕書始得列序著於錄略者成帝之時蓋劉向父子並被帝命至向卒哀帝命歆卒父所修者故今文乖理則是也故鄭玄序云世祖以來通人達士大中大夫鄭少贛名興及子大司農仲師名衆故議郎衛次仲侍中賈君景伯南郡太守馬季長皆作周禮解詁又云玄竊觀二三君子之文章顧省竹帛之浮辭其所變易灼然如晦之見明其所彌縫奄然如合符復析斯可謂雅達廣攬者也然猶有參錯同事相違則就其原文字之聲類考訓詁捃秘逸謂二鄭者同宗之大儒明理于典籍觕識皇祖大經周官之義存古字發疑正讀亦信多善徒寡且約用不顯傳于世今讚而辨之庶成此家世所訓也○其名周禮爲尙書周官者周天子之官也書序曰成王既黜殷命滅淮夷還歸在豐作周官是言蓋失之矣案尙書盤庚康誥說命泰誓之屬三篇序皆云某作若干篇今多者不過三千言又書之所作據時事爲辭君臣相誥命之語作周官之時周公又作立政上下之别正有一篇周禮乃六篇文異數萬終始辭句非書之類難以屬之時有若茲焉得從諸又云斯道也文武所以綱紀周國君臨天下周公定之致隆平龍鳳之瑞然則周禮起於成帝劉歆而成于鄭玄附離之者大半故林孝存以爲武帝知周官末世瀆亂不驗之書故作十論七難以排棄之何休亦以爲六國陰謀之書唯有鄭玄徧覽羣經知周禮者乃周公致太平之迹故能答林碩之論難使周禮義得條通故鄭氏傳曰玄以爲括囊大典網羅衆家是以周禮大行後王之法易曰神而化之存乎其人此之謂也

周禮目錄

卷一

天官冢宰第一

經一條

冢宰治官之屬 大宰至夏采凡六十三

卷二

冢宰治官之職

大宰

卷三

冢宰治官之職

小宰 宰夫 宮正

宮伯

卷四

冢宰治官之職

膳夫 庖人 內饔

外饔 亨人 甸師

獸人 䱷人 鼈人

腊人

卷五

冢宰治官之職

醫師 食醫 疾醫

瘍醫 獸醫 酒正

酒人 漿人 凌人

籩人

卷六

冢宰治官之職

醢人 醯人 鹽人

幂人 宮人 掌舍

幕人 掌次 大府

玉府 內府 外府

司會

卷七

冢宰治官之職

司書 職內 職歲

職幣 司裘 掌皮

內宰 內小臣 閽人

寺人 內豎 九嬪

卷八

冢宰治官之職

世婦 女御 女祝

女史　典婦功　典絲
典枲　內司服　縫人
染人　追師　屨人
夏采

卷九

地官司徒第二

經一條

司徒教官之屬大司徒至槀人凡七十九

卷十

司徒教官之職

大司徒

卷十一

司徒教官之職

小司徒　鄉師

卷十二

司徒教官之職

鄉大夫　鄉老附　州長
黨正　族師　閭胥
比長　封人　鼓人
舞師

卷十三

司徒教官之職

牧人　牛人　充人
載師　閭師　縣師
遺人

卷十四

司徒教官之職

均人　師氏　保氏
司諫　司救　調人
媒氏　司市

卷十五

司徒教官之職

質人　廛人　胥師
賈師　司虣　司稽
胥　肆長　泉府
司門　司關　掌節
遂人　遂師　遂大夫
縣正　鄙師　酇長
里宰　鄰長

卷十六

周禮目錄

周禮卷一

漢大司農北海鄭　玄註

明　後學東吳金　蟠訂

天官冢宰第一

惟王建國辨方正位體國經野設官分職以爲民極

建立也周公居攝而作六典之職謂之周禮營邑於土中七年致政成王以此禮授之使居雒邑治天下司徒職曰日至之景尺有五寸謂之地中天地之所合也四時之所交也風雨之所會也陰陽之所和也然則百物阜安乃建王國焉辨別也鄭司農云別四方正君臣之位君南面臣北面之屬玄謂考工匠人建國水地以縣置槷以縣視以景爲規識日出之景與日入之景晝參諸日中之景夜考之極星以正朝夕是別四方召誥曰越三日戊申太保朝至於雒卜宅厥既得卜則經營越三日庚戌太保乃以庶殷攻位於雒汭越五日甲寅位成正位謂此定宮廟體猶分也經謂爲之里數鄭司農云營國方九里國中九經九緯左祖右社面朝後市野則九夫爲井四井爲邑之屬是也鄭司農云置冢宰司徒宗伯司馬司寇司空各有所職而百事舉極中也令天下之人各得其中不失其所○縣音玄槷魚列反

乃立天官冢宰使帥其屬而掌邦治以佐王均邦國

掌主也邦治王所以治邦國也佐猶助也鄭司農云邦治謂總大官之職也故大宰職曰掌建邦之六典以佐王治邦國六官皆總屬於冢宰故論語曰君薨百官總己以聽於冢宰言冢宰於百官無所不主爾雅曰冢大也冢宰大宰也○鄭云宰主也干云宰濟其清濁和其剛柔而納之中和曰宰○大宰音泰注及後放此

治官之屬大宰卿一人小宰中大夫二人宰夫下大夫四人上士八人中士十有六人旅下士三十有二人

變冢言大進退異名也百官總焉則謂之冢列職於王則稱大冢大之上也山頂曰冢旅衆也下士治衆事者自大宰至旅下士轉相副貳皆王臣也王之卿六命其大夫四命士以三命而下爲差

府六人史十有二人

府治藏史掌書者凡府史皆其官長所自辟除

胥十有二人徒百有二十人

此民給徭役者若今衛士矣胥讀如諝謂其有才知爲什長○徭音遙諝思叙反

宮正上士二人中士四人下士八人府二人史四人胥四人徒四十人

正長也宮正主宮中官之長曰宮正○此以下鄭總列六十職序于註則各於其職前列之

宮伯中士二人下士四人府一人史二人胥二人徒二十人

伯長也

膳夫上士二人中士四人下士八人府二人史四人胥十有二人徒百有二十人

膳之言善也今時美物曰珍膳膳夫食官之長也鄭司農以詩説之曰仲允膳夫

庖人中士四人下士八人府二人史四人賈八人胥四人徒四十人

庖之言苞也裹肉曰苞苴賈主市買知物賈○賈鄭徐音古劉音嫁下放此裹音果苴子餘反物賈

音嫁

内饔中士四人下士八人府二人史四人胥十人徒百人

饔割亨煎和之稱内饔所主在内○亨普庚反稱尺證反

外饔中士四人下士八人府二人史四人胥十人徒百人

外饔所主在外

亨人下士四人府一人史二人胥五人徒五十人

主為外内饔煑肉者○亨普庚反為于僞反

甸師下士二人府一人史二人胥三十人徒三百人

郊外曰甸師猶長也甸師主共野物官之長○甸田遍反共音恭下皆同

獸人中士四人下士八人府二人史四人胥四人徒四十人

𩽹人中士二人下士四人府二人史四人胥三十人徒三百人

○𩽹音魚本又作魚亦作魰同又音御

鼈人下士四人府二人史二人徒十有六人

○鼈必列反

腊人下士四人府二人史二人徒二十人

腊之言夕也○腊音昔

醫師上士二人下士四人府二人史二人徒二十人

醫師衆醫之長

食醫中士二人

食有和齊藥之類○齊才計反和胡臥反

疾醫中士八人

瘍醫下士八人

瘍創癰也○瘍音羊創初良反

獸醫下士四人

獸牛馬之類

酒正中士四人下士八人府二人史八人胥八人徒八十人

酒正酒官之長

酒人奄十人女酒三十人奚三百人

奄精氣閉藏者今謂之宦人月令仲冬其器閎以奄女酒女奴曉酒者古者從坐男女沒入縣官爲奴其少才知以爲奚今之侍史官婢或曰奚宦女

漿人奄五人女漿十有五人奚百有五十人

女漿女奴曉漿者

凌人下士二人府二人史二人胥八人徒八十人

凌冰室也詩云二之日鑿冰沖沖三之日納于凌陰

籩人奄一人女籩十人奚二十人

籩人奄一人，女籩十人，奚二十人。竹曰籩。女籩，女奴之曉籩者。

醢人奄一人，女醢二十人，奚四十人。醢，豆實也。不謂之豆，此主醢，豆不盡于醢也。女醢，女奴曉醢者。○醢，呼在反。盡，津忍反。

醯人奄二人，女醯二十人，奚四十人。女醯，女奴曉醯者。○醯，呼西反。

鹽人奄二人，女鹽二十人，奚四十人。女鹽，女奴曉鹽者。

冪人奄一人，女冪十人，奚二十人。以巾覆物曰冪。女冪，女奴曉冪者。○冪，莫歷反。

宮人中士四人，下士八人，府二人，史四人，胥八人，徒八十人。

掌舍下士四人，府二人，史四人，徒四十人。舍，行所解止之處。○解，佳賣反。

幕人下士一人，府二人，史二人，徒四十人。幕，帷覆上者。○幕，武博反。

掌次下士四人，府四人，史二人，徒八十人。次，自修止之處。

大府下大夫二人，上士四人，下士八人，府四人，史八人，賈十有六人，胥八人，徒八十人。大府，為王治藏之長，若今司農矣。

玉府上士二人，中士四人，府二人，史二人，工八人，賈八人，胥四人，徒四十有八人。工，能攻玉者。

內府中士二人，府一人，史二人，徒十人。內府，主良貨賄藏在內者。○賄，呼罪反。

外府中士二人，府一人，史二人，徒十人。外府，主泉藏在外者。

司會中大夫二人，下大夫四人，上士八人，中士十有六人，府四人，史八人，胥五人，徒五十人。會，大計也。司會，主天下之大計，計官之長，若今尚書。○會，古外反，注同。尚音常。

司書上士二人，中士四人，府二人，史四人，徒八人。司書，主計會之簿書。

職內上士二人，中士四人，府四人，史四人，徒二十人。職內，主入也，若今之泉所入，謂之少內。○少，詩照反。

職歲上士四人，中士八人，府四人，史八人，徒二十人。主歲計以歲斷。○斷，丁亂反。

職幣上士二人，中士四人，府二人，史四人，賈四人，胥二人，徒二十人。

司裘中士二人，下士四人，府二人，史四人，徒四十人。

掌皮下士四人，府二人，史四人，徒四十人。

內宰下大夫二人上士四人中士八人府四人史八人胥八人徒八十人

內宰宮中官之長

內小臣奄上士四人史二人徒八人

奄稱士者異其賢

閽人王宮每門四人囿游亦如之

閽人司昏晨以啓閉者刑人墨者使守門囿御苑也游離宮也

寺人王之正內五人

寺之言侍也詩云寺人孟子正內路寢

內豎倍寺人之數

豎未冠者之官名○冠古亂反

九嬪

嬪婦也昏義曰古者天子后立六宮三夫人九嬪二十七世婦八十一御妻以聽天下之內治以明章婦順故天下內和而家理也不列夫人于此官者夫人之于后猶三公之於王坐而論婦禮無官職

世婦

不言數者君子不苟於色有婦德者充之無則闕

女御

昏義所謂御妻御猶進也侍也

女祝四人奚八人

女祝女奴曉祝事者

女史八人奚十有六人

女史女奴曉書者

典婦功中士二人下士四人府二人史四人工四人賈四人徒二十人

典主也典婦功者主婦人絲枲功官之長

典絲下士二人府二人史二人賈四人徒十有二人

典枲下士二人府二人史二人徒二十人

○枲絲里反

內司服奄一人女御二人奚八人

內司服主宮中裁縫官之長有女御者以衣服進或當於王廣其禮使無色過○縫戚奉容反徐扶用反

縫人奄二人女御八人女工八十人奚三十人

女工女奴曉裁縫者

染人下士二人府二人史二人徒二十人

追師下士二人府一人史二人工二人徒四人

追治玉石之名○追丁回反一曰雕

屨人下士二人府一人史一人工八人徒四人

夏采下士四人史一人徒四人

夏采夏翟羽色禹貢徐州貢夏翟之羽有虞氏以為綏後世或無故染鳥羽象而用之謂之夏采○

夏戶雅反注同緌如誰反

周禮卷一

周禮卷二

漢大司農北海鄭　玄註

明　後學東吴葛　鼒訂

冢宰治官之職

大宰之職，掌建邦之六典，以佐王治邦國。一曰治典，以經邦國，以治官府，以紀萬民。二曰教典，以安邦國，以教官府，以擾萬民。三曰禮典，以和邦國，以統百官，以諧萬民。四曰政典，以平邦國，以正百官，以均萬民。五曰刑典，以詰邦國，以刑百官，以糾萬民。六曰事典，以富邦國，以任百官，以生萬民。

大曰邦小曰國邦之所居亦曰國典常也經也灋也王謂之禮經常所秉以治天下也邦國官府謂之禮灋常所守以為灋式也常者其上下通名擾猶馴也統猶合也詰猶禁也書曰度作詳刑以詰四方任猶傳也生猶養也鄭司農云治典冢宰之職故立其官曰使帥其屬而掌邦治以佐王均邦國教典司徒之職故立其官曰使帥其屬而掌邦教以佐王安擾邦國禮典宗伯之職故立其官曰使帥其屬而掌邦禮以佐王和邦國政典司馬之職故立其官曰使帥其屬而掌邦政以佐王平邦國刑典司寇之職故立其官曰使帥其屬而掌邦禁以佐王刑邦國此三時皆有官唯冬無官又無司空以三隅反之則事典司空之職也司空之篇亡小宰職曰六曰冬官其屬六十掌邦事○度待洛反傳側吏反

以八灋治官府。一曰官屬，以舉邦治。二曰官職，以辨邦治。三曰官聯，以會官治。四曰官常，以聽官治。五曰官成，以經邦治。六曰官灋，以正邦治。七曰官刑，以糾邦治。八曰官計，以弊邦治。

百官所居曰府弊斷也鄭司農云官屬謂六官其屬各六十若今博士大史大宰大祝大樂屬大常也小宰職曰以官府之六屬舉邦治一曰天官其屬六十是也官職謂六官之職小宰職曰以官府之六職辨邦治一曰治職二曰教職三曰禮職四曰政職五曰刑職六曰事職官聯謂國有大事一官不能獨共則六官共舉之聯讀為連古書連作聯聯謂連事通職相佐助也小宰職曰以官府之六聯合邦治一曰祭祀之聯事二曰賓客之聯事三曰喪荒之聯事四曰軍旅之聯事五曰田役之聯事六曰斂弛之聯事官常謂各自領其官之常職非連事通職所共也官成謂官府之成事品式也小宰職曰以官府之八成經邦治一曰聽政役以比居二曰聽師田以簡稽三曰聽閭里以版圖四曰聽稱責以傅別五曰聽祿位以禮命六曰聽取予以書契七曰聽賣買以質劑八曰聽出入以要會官灋謂職所主之灋度官職主祭祀朝覲會同賓客者則皆自有其灋度小宰職曰以灋掌祭祀朝覲會同賓客之戒具官刑謂司刑所掌墨辠劓辠宮辠刖辠殺辠也官計謂三年則大計羣吏之治而誅賞之玄謂官刑司寇之職五刑其四曰官刑上能糾職官計謂小宰之六計所以斷羣吏之治○灋古法字斷丁亂反比毗志反傅別音附下彼列反劑子隨反要於妙反朝直遙反凡朝覲皆同辠古罪字劓魚冀反刖音月

以八則治都鄙。一曰祭祀，以馭其神。二曰灋則，以馭其官。三曰廢置，以馭其吏。四曰祿位，以馭其士。五曰賦貢，以馭其用。六曰禮俗，以馭其民。七曰刑賞，以馭其威。八曰田役，以馭其衆。

都之所居曰鄙則亦灋也典灋則所用異異其名也都鄙公卿大夫之采邑王子弟所食邑周召毛

聯，畢、原之屬在畿內者，祭祀其先君、社稷、五祀。灋則其官之制度。廢猶退也，退其不能者，舉賢而置之。祿若今月奉也。位，爵次也。賦，口率出泉也。貢，功也，九職之功所稅也。禮俗，昏姻、喪紀舊所行也。鄭司農云：士謂學士。○聃，乃甘反。奉，符用反。率，徐、劉音類，戚音律，一音所律反。

以八柄詔王馭羣臣。一曰爵，以馭其貴。二曰祿，以馭其富。三曰予，以馭其幸。四曰置，以馭其行。五曰生，以馭其福。六曰奪，以馭其貧。七曰廢，以馭其罪。八曰誅，以馭其過。

柄，所秉執以起事者也。詔，告也，助也。爵，謂公、侯、伯、子、男、卿、大夫、士也。詩云：誨爾序爵，言教王以賢否之第次也。班祿所以富臣下，書曰：凡厥正人，既富方穀。幸，謂言行偶合於善，則有以賜予之，以勸後也。生，猶養也，賢臣之老者，王有以養之，成王封伯禽於魯，曰生以養周公，死者以王爲周公後是也。五福一曰壽。奪，謂臣有大罪，沒入家財者。六極四曰貧。廢，猶放也，舜殛鯀于羽山是也。誅，責讓也，曲禮曰：齒路馬有誅。凡言馭者，所以敺而內之於善。○行，下孟反，注同。殛，紀力反。鯀，古本反。敺，起俱反。

以八統詔王馭萬民。一曰親親。二曰敬故。三曰進賢。四曰使能。五曰保庸。六曰尊貴。七曰達吏。八曰禮賓。

統，所以合率以等物也。親親，若堯親九族也。敬故，不慢舊也，晏平仲久而敬之。賢，有善行也。能，多才藝者。保庸，安有功者。尊貴，尊天下之貴者，孟子曰：天下之達尊者三，曰爵也，德也，齒也。祭義曰：先王之所以治天下者五，貴有德，貴貴，貴老，敬長，慈幼。達吏，察舉勤勞之小吏也。禮賓，賓客諸侯，所以示民親仁善鄰。

以九職任萬民。一曰三農，生九穀。二曰園圃，毓草木。三曰虞衡，作山澤之材。四曰藪牧，養蕃鳥獸。五曰百工，飭化八材。六曰商賈，阜通貨賄。七曰嬪婦，化治絲枲。八曰臣妾，聚斂疏材。九曰閒民，無常職，轉移執事。

任，猶傳也。鄭司農云：三農，平地、山、澤也。九穀，黍、稷、秫、稻、麻、大小豆、大小麥。八材，珠曰切，象曰磋，玉曰琢，石曰磨，木曰刻，金曰鏤，革曰剝，羽曰析。閒民，謂無事業者，轉移爲人執事，若今傭賃也。玄謂三農，原、隰及平地。九穀無秫、大麥，而有粱、苽。樹果蓏曰圃，園其樊也。虞衡，掌山澤之官，主山澤之民者。澤無水曰藪。牧，田在遠郊，皆畜牧之地。行曰商，處曰賈。阜，盛也。金玉曰貨，布帛曰賄。嬪，婦人之美稱也，堯典曰：釐降二女嬪于虞。臣妾，男女貧賤之稱，晉惠公卜懷公之生，曰：將生一男一女，男爲人臣，女爲人妾。生而名其男曰圉，女曰妾。及懷公質於秦，妾爲宦女焉。疏材，百草根實可食者。疏不熟曰饉。○毓，古育字。飭，音勑。賈，音古。閒，音閑。秫，音述。爲人，于僞反。傭，音容。賃，女鴆反。苽，音瓜。蓏，力果反。質，豬二反。

以九賦斂財賄。一曰邦中之賦。二曰四郊之賦。三曰邦甸之賦。四曰家削之賦。五曰邦縣之賦。六曰邦都之賦。七曰關市之賦。八曰山澤之賦。九曰幣餘之賦。

財，泉穀也。鄭司農云：邦中之賦，二十而稅一，各有差也。幣餘，百工之餘。玄謂賦，口率出泉也。今之算泉，民或謂之賦，此其舊名與？鄉大夫以歲時登其夫家之衆寡，辨其可任者，國中自七尺以及六十，野自六尺以及六十有五，皆征之。遂師之職亦云：以徵其財征，皆謂此賦也。邦中，在城郭者。四郊，去國百里。邦甸，二百里。家削，三百里。邦縣，四百里。邦都，五百里。此平民也。關市、山澤，謂占會百物。幣餘，謂占賣國中之斥幣，皆末作，當增賦者，若今賈人倍算矣。自邦中以至幣餘，各入其所有穀物，以當賦泉之數，每處爲一書，所待異也。○削，本亦作稍，又作鄁，所教反。

以九式均節財用。一曰祭祀之式。二曰賓客之式。三曰喪荒之式。四曰羞服之式。五曰工事之式。六曰幣帛之式。七曰芻秣之式。八曰匪頒之式。九曰好用之式。

式謂用財之節度荒凶年也羞飲食之物也工作器物者幣帛所以贈勞賓客者芻秣養牛馬禾穀也鄭司農云匪分也頒讀爲班布之班謂班賜也玄謂王所分賜羣臣也好用燕好所賜予○好呼報反勞力報反

以九貢致邦國之用。一曰祀貢。二曰嬪貢。三曰器貢。四曰幣貢。五曰材貢。六曰貨貢。七曰服貢。八曰斿貢。九曰物貢。

嬪故書作賓鄭司農云祀貢犧牲包茅之屬賓貢皮帛之屬器貢宗廟之器幣貢繡帛材貢木材也貨貢珠貝自然之物也服貢祭服斿貢羽毛物貢九州之外各以其所貴爲摯肅愼氏貢楛矢之屬是也玄謂嬪貢絲枲器貢銀鐵石磬丹漆也幣貢玉馬皮帛也材貢櫄幹栝柏篠簜也貨貢金玉龜貝也服貢絺紵也斿讀如圍游之游斿貢燕好珠璣琅玕也物貢雜物魚鹽橘柚○嬪音賓贄音至櫄勑倫反幹古旦反篠西了反簜火黨反琅音郎玕音干柚羊九反一音羊受反

以九兩繫邦國之民。一曰牧，以地得民。二曰長，以貴得民。三曰師，以賢得民。四曰儒，以道得民。五曰宗，以族得民。六曰主，以利得民。七曰吏，以治得民。八曰友，以任得民。九曰藪，以富得民。

兩猶耦也所以協耦萬民聯綴也牧州長也九州各有封域以居民也長諸侯也一邦之貴民所仰也師諸侯師氏有德行以教民者儒諸侯保氏有六藝以教民者宗繼別爲大宗收族者鄭司農云主謂公卿大夫世世食采不絕民稅薄利之玄謂利讀如上思利民之利謂以政教利之吏小吏在鄉邑者友謂同井相合耦耡作者孟子曰鄉田同井出入相友守望相助疾病相扶持則百姓親睦藪亦有虞掌其政令爲之厲禁使其地之民守其材物以時入于玉府頒其餘於萬民富謂藪中材物○行下孟反耡音助

正月之吉，始和，布治于邦國都鄙。乃縣治象之灋于象魏，使萬民觀治象，挾日而斂之。

正月周之正月吉謂朔日大宰以正月朔日布王治之事於天下至正歲又書而縣于象魏振木鐸以徇之使萬民觀焉小宰亦帥其屬而往皆所以重治法新王事也凡治有故言始和者若改造云爾鄭司農云象魏闕也故魯災季桓子御公立于象魏之外命藏象魏曰舊章不可忘從甲至甲謂之挾日凡十日○縣音玄

乃施典于邦國，而建其牧，立其監，設其參，傅其伍，陳其殷，置其輔。

乃者更申勑之以侯伯有功德者加命作州長謂之牧所謂八命作牧者監謂公侯伯子男各監一國書曰王啓監厥亂爲民參謂卿三人伍謂大夫五人鄭司農云殷治律輔爲民之平也玄謂殷衆也謂衆士也王制諸侯上士二十七人其中士下士各居其上之三分輔府史庶人在官者○參七南反傅咸音附監古銜反爲于僞反

乃施則于都鄙，而建其長，立其兩，設其伍，陳其殷，置其輔。

長謂公卿大夫王子弟食采邑者兩謂兩卿不言三卿者不足于諸侯鄭司農云兩謂兩丞

乃施灋于官府，而建其正，立其貳，設其攷，陳其殷，置其輔。正謂冢宰司徒宗伯司馬司寇司空也。貳謂小宰小司徒小宗伯小司馬小司寇小司空也。考，成也。佐成事者，謂宰夫、鄉師、肆師、軍司馬、士師也。司空亡，未聞其考。

凡治，以典待邦國之治，以則待都鄙之治，以灋待官府之治，以官成待萬民之治，以禮待賓客之治。成，八成。禮，賓禮也。

祀五帝，則掌百官之誓戒與其具脩。祀五帝，謂四郊及明堂。誓戒，要之以刑，重失禮也。明堂位所謂「各揚其職，百官廢職服大刑」，是其辭之略也。具，所當共。脩，掃除糞洒。○要，一遙反。洒，色賣反。

前期十日，帥執事而卜日，遂戒。前期，前所諏之日也。十日，容散齊七日，致齊三日。執事，宗伯、大卜之屬。既卜，又戒百官以始齊。○諏，子須反。散齊西但反下側皆反

及執事眡滌濯。執事，初爲祭祀前祭日之夕。滌濯，謂溉祭器及甑甗之屬。○眡，音視，本又作視，後皆同。滌，直歷反。甗，魚善反，徐音彥，一音言，本又作甗，音歷。

及納亨，贊王牲事。納亨，納牲將告殺，謂鄉祭之晨。既殺以授亨人。凡大祭祀，君親牽牲，大夫贊之。○亨，普庚反。鄉，許亮反。

及祀之日，贊玉幣爵之事。日，旦明也。玉幣，所以禮神。玉與幣各如其方之色。爵，所以獻齊酒。不用玉爵，尚質也。三者執以從王，至而授之。○齊，才計反。

祀大神示亦如之。大神祇，謂天地。○示，本又作祇，音祇。

享先王亦如之，贊玉几、玉爵。玉几，所以依神。天子左右玉几。宗廟獻用玉爵。

大朝覲會同，贊玉幣、玉獻、玉几、玉爵。助王受此四者。時見曰會，殷見曰同。大會同或於春朝，或於秋覲，舉春秋則冬夏可知。玉幣，諸侯享幣也。其合亦如小行人所合六幣云。玉獻，獻國珍異物，亦執玉以致之。玉几，王所依也。立而設几，優尊者。玉爵，王禮諸侯之酢爵。王朝諸侯，立依前，南面，其禮之於阼階上。○見，賢遍反，下同。朝，直遙反，下文同。依，於豈反，本亦作扆。

大喪，贊贈玉、含玉。助王爲之也。贈玉，既窆所以送先王。含玉，死者口實，天子以玉。雜記曰：「含者執璧將命曰：寡君使某含。」則諸侯含以璧。鄭司農云：「含玉，璧琮。」○含，本又作唅，戶暗反，後同。窆，彼驗反。琮，才宗反。

作大事，則戒于百官，贊王命。助王爲教令。春秋傳曰：「國之大事，在祀與戎。」

王眡治朝，則贊聽治。治朝在路門外，羣臣治事之朝。王視之，則助王平斷。

眡四方之聽朝，亦如之。謂王巡守在外時。○守，音狩，後巡狩皆放此。

凡邦之小治，則冢宰聽之。待四方之賓客之小治。

大事決於王，小事冢宰專平。

歲終，則令百官府各正其治，受其會。

正，正處也。會，大計也。

聽其致事，而詔王廢置。

平其事來至者之功狀而奏白王。

三歲，則大計羣吏之治而誅賞之。

事久則聽之。大無功不徒廢，必罪之；大有功不徒置，必賞之。鄭司農云：三載考績。

周禮卷二

周禮卷三

漢大司農北海鄭　玄註

明　後學東吳金　蟠訂

冢宰治官之職

小宰之職掌建邦之宮刑以治王宮之政令凡宮之糾禁杜子春云宮皆當爲官玄謂宮刑在王宮中者之刑建明布告之糾猶割也察也若今御史中丞掌邦之六典八灋八則之貳以逆邦國都鄙官府之治逆迎受之鄭司農云貳副也執邦之九貢九賦九式之貳以均財節邦用以官府之六敘正羣吏一曰以敘正其位二曰以敘進其治三曰以敘作其事四曰以敘制其食五曰以敘受其會六曰以敘聽其情敘秩次也謂先尊後卑也治功狀也食祿之多少情爭訟之辭以官府之六屬舉邦治一曰天官其屬六十掌邦治大事則從其長小事則專達二曰地官其屬六十掌邦教大事則從其長小事則專達三曰春官其屬六十掌邦禮大事則從其長小事則專達四曰夏官其屬六十掌邦政大事則從其長小事則專達五曰秋官其屬六十掌邦刑大事則從其長小事則專達六曰冬官其屬六十掌邦事大事則從其長小事則專達大事從其長若庖人內外饔與膳夫共王之食小事專達若宮人掌舍各爲一官大官之屬三百六十象天地四時日月星辰之度數天道備焉前此者成王作周官其志有述天授位之義故周公設官分職以灋之以官府之六職辨邦治一曰治職以平邦國以均萬民以節財用二曰教職以安邦國以寧萬民以懷賓客三曰禮職以和邦國以諧萬民以事鬼神四曰政職以服邦國以正萬民以聚百物五曰刑職以詰邦國以糾萬民以除盜賊六曰事職以富邦國以養萬民以生百物懷亦安也賓客來共其委積所以安之聚百物者司馬主九畿職方制其貢各以其所有○積子賜反

以官府之六聯合邦治一曰祭事之聯事二曰賓客之聯事三曰喪荒之聯事四曰軍旅之聯事五曰田役之聯事六曰斂弛之聯事凡小事皆有聯鄭司農云大祭祀大宰贊玉幣司徒奉牛牲宗伯視滌濯涖玉鬯省牲鑊奉玉齍司馬羞魚牲奉馬牲司寇奉明水火大喪大宰贊贈玉含玉司徒帥六鄉之衆庶屬其六引宗伯爲上相司馬平士大夫司寇前王此所謂官職杜子春讀弛爲施玄謂荒政弛力役及國中貴者賢者服公事者老者疾

者皆舍不以力役之事奉牲者其司空奉豕與○鑊戶郭反⿱亞皿音各屬音燭紖音引相息亮反

以官府之八成經邦治一曰聽政役以比居二曰聽師田以簡稽三曰聽閭里以版圖四曰聽稱責以傅別五曰聽祿位以禮命六曰聽取予以書契七曰聽賣買以質劑八曰聽出入以要會

鄭司農云政謂軍政也役謂發兵起徒役也比居謂伍籍也比地為伍因內政寄軍令以伍籍發軍起役者平而無遺脫也簡稽士卒兵器簿書簡猶閱也稽猶計也合也合計其士之卒伍閱其兵器為之要簿也故遂人職曰稽其人民簡其兵器國語曰黃池之會吳陳其兵皆官師擁鐸拱稽版戶籍圖地圖也聽人訟地者以版圖決之司書職曰邦中之版土地之圖稱責謂貸予傅別謂券書也聽訟責者以券書決之傅傅著約束於文書別別為兩兩家各得一也禮命謂九賜也書契符書也質劑謂市中平賈今時月平是也要會謂計最之簿書月計曰要歲計曰會故宰夫職曰歲終則令羣吏正歲會月終則令正月要傳別故書作傅辨鄭大夫讀為符別杜子春讀為傅別玄謂政謂賦也凡其字或作政或作正或作征以多言之宜從征如孟子交征利云傳別謂為大手書於一札中字別之書契謂出予受入之凡要凡簿書之最目獄訟之要辭皆曰契春秋傳曰王叔氏不能舉其契質劑謂兩書一札同而別之長曰質短曰劑傳別質劑皆今之券書也事異異其名耳禮命禮之九命之差等○比毗志反傳音附別彼列反要會古外反著直略反賈音嫁月平劉音病

以聽官府之六計弊羣吏之治一曰廉善二曰廉能三曰廉敬四曰廉正五曰廉灋六曰廉辨

聽平治也平治官府之計有六事弊斷也既斷以六事又以廉為本善善其事有辭譽也能政令行也敬不解于位也正行無傾邪也灋守灋不失也辨辨然不疑惑也杜子春云廉辨或為廉端○斷丁亂反

以灋掌祭祀朝覲會同賓客之戒具軍旅田役喪荒亦如之

灋謂其禮灋也戒具戒官有事者所當共

七事者令百官府共其財用治其施舍聽其治訟

七事謂先四如之者三也施舍不給役者七事故書為小事杜子春云當為七事書亦為七事○共音恭禮本供事皆作共

凡祭祀贊王幣爵之事祼將之事

又從大宰助王也將送也祼送送祼謂贊王酌鬱鬯以獻尸謂之祼祼之言灌也明不為飲主以祭祀唯人道宗廟有祼天地大神至尊不祼莫稱焉凡鬱鬯受祭之啐之奠之○祼古亂反為合偽反啐寸對反

凡賓客贊祼凡受爵之事凡受幣之事

唯祼助宗伯其餘皆助大宰王不酌賓客而有受酢大宗伯職曰大賓客則攝而載祼

喪荒受其含襚幣玉之事

春秋傳曰口實曰含衣服曰襚凶荒有幣玉者賓客所賙委之禮○襚音遂賙音周

月終則以官府之敘受羣吏之要

主每月之小計

贊冢宰受歲會歲終則令羣吏致事

使齎歲盡文書來至若今上計○齎子兮反上時掌反

正歲帥治官之屬而觀治象之灋徇以木鐸曰不用

灋者國有常刑。正歲謂夏之正月得四時之正以出教令者審也古者將有新令必奮木鐸以警衆使明聽也木鐸木舌也文事奮木鐸武事奮金鐸

乃退以宮刑憲禁于王宮。憲謂表縣之若今新有法令云

令于百官府曰各修乃職攷乃灋待乃事以聽王命。其有不共則國有大刑。乃猶女也

宰夫之職掌治朝之灋以正王及三公六卿大夫羣吏之位掌其禁令。治朝在路門之外其位司士掌焉宰夫察其不如儀○朝直遙反

敘羣吏之治以待賓客之令諸臣之復萬民之逆。恆次敘諸吏之職事三者之來則應使辨理之鄭司農云復請也逆迎受王命者宰夫主諸臣萬民之復逆故詩人重之曰家伯維宰玄謂復之言報也反也反報於王謂於朝廷奏事自下而上曰逆逆謂上書

掌百官府之徵令辨其八職一曰正掌官灋以治要二曰師掌官成以治凡三曰司掌官灋以治目四曰旅掌官常以治數五曰府掌官契以治藏六曰史掌官書以贊治七曰胥掌官敘以治敘八曰徒掌官令以徵令。別異諸官之八職以備王之徵召所為正辟於治官則冢宰也治要若歲計也師辟小宰宰夫也治凡若月計也司辟上士中士治目若今日計也旅辟下士也治數每事多少異也治藏藏文書及器物贊治若今起文書草也治敘次序官中如今侍曹伍伯傳吏朝也徵令趨走給召呼○藏才浪反注治藏同別彼列反辟音譬

掌治灋以攷百官府羣都縣鄙之治乘其財用之出入凡失財用物辟名者以官刑詔冢宰而誅之其足用長財善物者賞之。羣都諸采邑也六遂五百家為鄙五鄙為縣言縣鄙而六鄉州黨亦存焉乘猶計也財泉穀也用貨賄也物畜獸也辟名詐為書以空作見文書與實不相應也官刑在司寇五刑第四者○辟名徐芳石反劉芳益反見賢遍反

以式灋掌祭祀之戒具與其薦羞從大宰而眡滌濯。薦脯醢也羞庶羞內羞

凡禮事贊小宰比官府之具。比校次之

凡朝覲會同賓客以牢禮之灋掌其牢禮委積膳獻飲食賓賜之飧牽與其陳數。牢禮之灋多少之差及其時也三牲牛羊豕具為一牢委積謂牢米薪芻給賓客道用也膳獻禽羞俶獻也飲食燕饗也鄭司農云飧夕食也春秋傳曰飧有陪鼎牽牲牢可牽而行者春秋傳曰餼牽竭矣玄謂飧客始至所致禮凡此禮陳數有可見者唯有行人掌客及聘禮公食大夫○委積子賜反食音嗣俶昌六反

凡邦之弔事，掌其戒令與其幣器財用凡所共者。弔事，弔諸侯諸臣。幣，所用賻也。器，所致明器也。凡喪，始死弔而含襚，葬而賵贈，其間加恩厚則有賻焉。春秋譏武氏子來求賻。○賻音附。

大喪小喪，掌小官之戒令，帥執事而治之。大喪，王后、世子也。小喪，夫人以下。小官，士也。其大官則冢宰掌其戒令。治，謂共辦。

三公六卿之喪，與職喪帥官有司而治之。凡諸大夫之喪，使其旅帥有司而治之。旅，冢宰下士。

歲終，則令羣吏正歲會。月終，則令正月要。旬終，則令正日成。而以攷其治，治不以時舉者，以告而誅之。歲終，自周季冬。正，猶定也。旬，十日也。治不時舉者，謂違時令、失期會。

正歲，則以灋警戒羣吏，令脩宮中之職事。警，勑戒之言。鄭司農云：正歲之正月，以灋戒勑羣吏。

書其能者與其良者，而以告于上。良，尤善也。上，謂小宰、大宰也。鄭司農云：若今時舉孝廉、賢良方正、茂才異等。

宮正掌王宮之戒令糾禁。糾，猶割也，察也。

以時比宮中之官府次舍之衆寡。時，四時。比，校次其人之在否。官府之在宮中者，若膳夫、玉府、內宰、內史之屬。次，諸吏直宿，若今部署諸廬者。舍，其所居寺。

爲之版以待。鄭司農云：爲官府次舍之版圖也。待，待比也。玄謂版，其人之名籍，待戒令及比。

夕擊柝而比之。夕，莫也。莫行夜以比直宿者，爲其有解惰離部署。鄭司農云：柝，戒守者所擊也。易曰：重門擊柝，以待暴客。春秋傳曰：魯擊柝聞於邾。○柝，吐各反。莫音暮。行，下孟反。爲，于僞反。解，佳賣反。重，直龍反。

國有故，則令宿，其比亦如之。鄭司農云：故，謂禍災。令宿，宿衛王宮。春秋傳曰：忘守必危，況有災乎。玄謂故，凡非常也。文王世子曰：公有出疆之政，庶子以公族之無事者守於公宮，正室守太廟，諸父守貴宮貴室，諸子諸孫守下宮下室。此謂諸侯也。王之庶子職掌國子之倅，國有大事則帥國子而致於太子，唯所用之者令宿之事，蓋亦存焉。○倅，七內反。

辨外內而時禁。鄭司農云：分別外人內人，禁其非時出也。○別，彼列反。

稽其功緒，糾其德行。稽，猶考也，計也。功，吏職也。緒，其志業。○行，下孟反。

幾其出入，均其稍食。鄭司農云：幾其出入，若今時宮中有罪，禁止不能出，亦不得入，及無引籍不得入宮司馬殿門也。玄謂幾，呵其衣服持操及疏數者。稍食，祿稟。○數音朔。稟，彼錦反。

去其淫怠與其奇衺之民。民，宮中吏之家人也。淫，放濫也。怠，解慢也。奇衺，譎觚非常。○去，起呂反。奇音羈。衺，似嗟反，亦作邪。

會其什伍而教之道藝。

五人爲伍二伍爲什會之者使之輩作輩學相勸帥且寄宿衛之令鄭司農云道謂先王所以教道民者藝謂禮樂射御書數

月終則會其稍食。歲終則會其行事。

行事吏職也

凡邦之大事。令于王宮之官府次舍無去守而聽政令。

使居其處待所爲

春秋以木鐸修火禁。

火星以春出以秋入因天時而以戒

凡邦之事蹕。宮中廟中則執燭。

鄭司農讀火絕之云禁凡邦之事蹕國有事王當出則宮正主禁絕行者若今時衛士填街蹕也宮中廟中則執燭宮正主爲王於宮中廟中執燭玄謂事祭事也邦之祭社稷七祀於宮中祭先公先王於廟中隸僕掌蹕止行者宮正則執燭以爲明春秋傳曰有大事於大廟又曰有事於武宮○蹕音畢填音田

大喪。則授廬舍。辨其親疏貴賤之居。

廬倚廬也舍堊室也親者貴者居倚廬疏者賤者居堊室雜記曰大夫居廬士居堊室

宮伯掌王宮之士庶子。凡在版者。

鄭司農云庶子宿衛之官版名籍也以版爲之今時鄉戶籍謂之戶版玄謂王宮之士謂王宮中諸吏之適子也庶子其支庶也○適丁歷反

掌其政令。行其秩敘。作其徒役之事。

秩祿稟也敘才等也作徒役之事大子所用

授八次八舍之職事。

衛王宮者必居四角四中於徼候便也鄭司農云庶子衛王宮在內爲次在外爲舍玄謂次其宿衛所在舍其休沐之處○徼古弔反

若邦有大事。作宮衆則令之。

謂王宮之士庶子於邦有大事或選當行

月終則均秩。歲終則均敘。以時頒其衣裘。掌其誅賞。

頒讀爲班班布也衣裘若今賦冬夏衣

周禮卷三

周禮卷四

漢大司農北海鄭　玄註

明　後學東吳葛　鼒訂

冢宰治官之職

膳夫掌王之食飲膳羞以養王及后世子

食飯也飲酒漿也膳牲肉也羞有滋味者凡養之具大略有四○食音嗣飯扶萬反

凡王之饋食用六穀膳用六牲飲用六清羞用百二十品珍用八物醬用百有二十甕

進物於尊者曰饋此饋之盛者王舉之饌也六牲謂馬牛羊豕犬雞也羞出於牲及禽獸以備滋味謂之庶羞公食大夫禮內則下大夫十六上大夫二十其物數備焉天子諸侯有其數而物未得盡聞珍謂淳熬淳母炮豚炮牂擣珍漬熬肝膋也醬謂醯醢也王舉則醢人共醢六十甕以五齊七醢七菹三臡實之醯人共齊菹醯物六十甕鄭司農云羞進也六穀稌黍稷粱麥苽苽彫胡也六清水漿醴醷涼醫酏○甕屋貢反饌仕眷反淳之純反熬五刀反母莫胡反牂作郎反齊作西反臡奴兮反稌他古反苽古吳反醷本又作涼醠以支反

王日一舉鼎十有二物皆有俎

殺牲盛饌曰舉王日一舉以朝食也后與王同庖鼎十有二牢鼎九陪鼎三物謂牢鼎之實亦九俎

○朝如字

以樂侑食膳夫授祭品嘗食王乃食

侑猶勸也祭謂刌肺脊也禮飲食必祭示有所先品者每物皆嘗之道尊者也○刌寸本反

卒食以樂徹于造

造作也鄭司農云造謂食之故所居處也已食徹置故處

王齊日三舉

鄭司農云齊必變食

大喪則不舉大荒則不舉大札則不舉天地有烖則不舉邦有大故則不舉

大荒凶年大札疫癘也天烖日月晦食地烖崩動也大故寇戎之事鄭司農云大故刑殺也春秋傳曰司寇行戮君為之不舉○烖音災疫音役癘音厲為于僞反

王燕食則奉膳贊祭

燕食謂日中與夕食奉膳奉朝之餘膳所祭者牢肉

凡王祭祀賓客食則徹王之胙俎

膳夫親徹胙俎胙俎最尊也其餘則其屬徹之賓客食而王有胙俎王與賓客禮食主人飲食之俎皆為胙俎見於此矣

凡王之稍事設薦脯醢

鄭司農云稍事為非日中大舉時而間食謂之稍事膳夫主設薦脯醢玄謂稍事有小事而飲酒○間劉古莧反

王燕飲酒則為獻主

鄭司農云主人當獻賓則膳夫代王為主君不敵臣也燕義曰使宰夫為獻主臣莫敢與君亢禮

掌后及世子之膳羞

亦主其饌之數不饋之耳

凡肉脩之頒賜皆掌之

鄭司農云脩脯也

凡祭祀之致福者受而膳之

致福謂諸臣祭祀進其餘肉歸胙于王鄭司農云膳夫受之以給王膳

以摯見者亦如之

鄭司農云以羔雁雉爲摯見者亦受以給王膳

歲終則會唯王及后世子之膳不會

不會計多少優尊者其頒賜諸臣則計之

庖人掌共六畜六獸六禽辨其名物

六畜六牲也始養之曰畜將用之曰牲春秋傳曰卜日曰牲鄭司農云六獸麋鹿熊麕野豕兔六禽雁鶉鷃雉鳩鴿玄謂獸人冬獻狼夏獻麋又內則無熊則六獸當有狼而熊不屬六禽於禽獻及六摯宜爲羔豚犢麛雉雁凡鳥獸未孕曰禽司馬職曰大獸公之小禽私之○麕亦作麏居倫反鶉音純鷃於諫反鴿古合反麛音迷

凡其死生鱻薧之物以共王之膳與其薦羞之物及后世子之膳羞

凡計數之薦亦進也備品物曰薦致滋味乃爲羞王言薦者味以不褻爲尊鄭司農云鮮謂生肉薧謂乾肉○鱻悉然反薧古老反數色柱反

共祭祀之好羞

謂四時所爲膳食若荆州之鮺魚青州之蟹胥雖非常物進之孝也○好呼報反鮺側雅反

共喪紀之庶羞賓客之禽獻

喪紀喪事之祭謂虞祔也禽獻獻禽於賓客獻古文爲獸杜子春云當爲獻

凡令禽獻以灋授之其出入亦如之

令令獸人也禽獸不可久處賓客至將獻之庖人乃令獸人取之必書所當獻之數與之及其來致禽亦以此書校數之至于獻賓客又以此書付使者展而行之掌客乘禽於諸侯各如其命之數聘禮乘禽於客日如其饔餼之數士中日則二雙○令力呈反使所吏反乘繩證反

凡用禽獻春行羔豚膳膏香夏行腒鱐膳膏臊秋行犢麛膳膏腥冬行鱻羽膳膏羶

用禽獻謂煎和之以獻王鄭司農云膏香牛脂也以牛脂和之腒乾雉鱐乾魚膏臊豕膏也以豚膏和之杜子春云膏臊犬膏膏腥豕膏也鮮魚也羽雁也膏羶羊脂也玄謂膏腥雞膏也羔豚物生而肥犢與麛物成而充腒鱐暵熱而乾魚雁水涸而性定此八物者得四時之氣尤盛爲人食之弗勝是以用休廢之脂膏煎和膳之牛屬司徒土也雞屬宗伯木也犬屬司寇金也羊屬司馬火也○腒其居反鱐所留反臊素刀反羶書然反和胡臥反暵呼旱反爲于僞反

歲終則會唯王及后之膳禽不會

膳禽四時所膳禽獻加世子可以會之

內饔掌王及后世子膳羞之割亨煎和之事辨體名肉物辨百品味之物

割肆解肉也亨煮也煎和齊以五味體名脊脅肩臂臑之屬肉物胾膰之屬百品味庶羞之屬言百舉成數○亨普庚反注同肆託歷反齊才細反胾側吏反膰音蟠

王舉則陳其鼎俎以牲體實之

取於鑊以實鼎取於鼎以實俎實鼎曰脀實俎曰載○脀職升反

選百羞醬物珍物以俟饋

先進食之時恆選擇其中御者

共后及世子之膳羞。

膳夫掌之是乃共之

辨腥臊羶香之不可食者。牛夜鳴則庮。羊泠毛而毳羶。犬赤股而躁臊。鳥皫色而沙鳴貍。豕盲眡而交睫腥。馬黑脊而般臂螻。

腥臊羶香可食者是別其不可食者則所謂者皆臭味也泠毛毛長總結也皫失色不澤美也沙澌也交睫腥當為星聲之誤也肉有如米者似星般臂臂毛有文鄭司農云庮朽木臭也螻螻蛄臭也杜子春云盲眡當為望視○庮音由泠音零皫本又作皫芳表反貍音鬱盲亡亮反眡音視睫音接般音班螻音樓別彼列反澌音西蛄音姑

凡宗廟之祭祀。掌割亨之事。凡燕飲食亦如之。凡掌共羞。脩。刑。膴。胖。骨。鱐。以待共膳。

掌共共當為具羞庶羞也脩鍛脯也胖如脯而腥者鄭司農云刑膴謂夾脊肉或曰膺肉也骨鱐謂骨有肉者玄謂刑鉶羹也膴牒肉大臠所以祭者骨牲體也鱐乾魚○共羞共依注音具膴火吳反胖普半反鍛丁亂反牒直輒反臠力轉反

凡王之好賜肉脩。則饔人共之。

好賜王所善而賜也○好呼報反注同

【外饔】掌外祭祀之割亨。共其脯脩刑膴。陳其鼎俎實之牲體魚腊。凡賓客之飧饔饗食之事亦如之。

飧客始至之禮饔既將幣之禮致禮於客莫盛於饔○食音嗣

邦饗耆老孤子。則掌其割亨之事。饗士庶子。亦如之。

孤子者死王事者之子也士庶子衛王宮者若今時之饗衛士矣王制曰周人養國老於東膠養庶老於虞庠

師役。則掌共其獻賜脯肉之事。

獻謂酌其長帥○帥色類反

凡小喪紀。陳其鼎俎而實之。

謂喪事之奠祭

【亨人】掌共鼎鑊。以給水火之齊。

鑊所以煮肉及魚腊之器既孰乃脀于鼎齊多少之量○齊才細反注同

職外內饔之爨亨煮。辨膳羞之物。

職主也爨今之竈主於其竈煮物○爨七亂反

祭祀。共大羹鉶羹。賓客亦如之。

大羹肉湆鄭司農云大羹不致五味也鉶羹加鹽菜矣○羹音庚湆去及反

【甸師】掌帥其屬而耕耨王藉。以時入之。以共齍盛。

其屬府史胥徒也耨芸芋也王以孟春躬耕帝藉天子三推三公五推卿諸侯九推庶人終於千畝庶人謂徒三百人藉之言借也王一耕之而使庶人芸芋終之齍盛祭祀所用穀也粢稷也穀以稷為長是以名云在器曰盛○齍音資芋音于推出誰反又他回反

祭祀。共蕭茅。

鄭大夫云蕭字或為莤莤讀為縮束茅立之祭前沃酒其上酒滲下去若神飲之故謂之縮縮浚也故齊桓公責楚不貢苞茅王祭不共無以縮酒杜子春讀為蕭蕭香蒿也玄謂詩所云取蕭祭脂郊

特牲云蕭合黍稷臭陽達於牆屋故既奠然後焫蕭合馨香合馨香者是蕭之謂也茅以共祭之苴亦以縮酒苴以藉祭縮酒泲酒也醴齊縮酌○茜所六反滲所鴆反接苟閭反焫如悅反苴音租泲子禮反齊才細反

共野果蓏之薦。

甸在遠郊之外郊外曰野果桃李之屬蓏瓜瓞之屬○蓏力果反瓞大結反

喪事代王受眚烖。

粢盛者祭祀之主也今國遭大喪若云此黍稷不馨使鬼神不逞于王既殯大祝作禱辭授甸人使以禱藉田之神受眚烖弭後殃

王之同姓有辠則死刑焉。

鄭司農云王同姓有辠當刑者斷其獄於甸師之官也文王世子曰公族有死辠則磬於甸人又曰公族無宮刑獄成致刑于甸人又曰公族無宮刑不踐其類也刑于隱者不與國人慮兄弟

帥其徒以薪蒸役外內饔之事。

役為給役也木大曰薪小曰蒸

獸人掌罟田獸辨其名物。

罟罔也以罔搏所當田之獸

冬獻狼夏獻麋春秋獻獸物。

狼膏聚麋膏散聚則溫散則涼以救時之苦也獸物凡獸皆可獻也及狐狸

時田則守罟。

備獸觸攫○攫俱縛反又俱碧反

及弊田令禽注於虞中。

弊仆也仆而田止鄭司農云弊田謂春火弊夏車弊秋羅弊冬徒弊虞中謂虞人釐所田之野及弊田植虞旗於其中致禽而珥焉獸人主令田衆之得禽者置虞人所立虞旗之中當以給四時社廟之祭祀故曰春獻禽以祭社夏獻禽以享禴秋獻禽以祀祊冬獻禽以享烝又曰大獸公之小禽私之公之謂輸之於虞中珥焉者取左耳以致功若斬首折馘故春秋傳曰以數軍實○仆普卜反又音赴釐音來本亦作來珥如志反祊音方馘古獲反

凡祭祀喪紀賓客共其死獸生獸。

共其完者

凡獸入于腊人。

當乾之

皮毛筋角入于玉府。

給作器物

凡田獸者掌其政令。

𢿌人掌以時𢿌為梁。

月令季冬命漁師為梁鄭司農云梁水偃也偃水為關空以笱承其空詩曰敝笱在梁○𢿌音漁空戚音孔

春獻王鮪。

王鮪鮪之大者月令季春薦鮪于寢廟○鮪于軌反

辨魚物為鱻薧以共王膳羞。

鱻生也薧乾也○鱻音鮮薧本又作槁

凡祭祀賓客喪紀共其魚之鱻薧凡𢿌者掌其政令。

凡斂征入于玉府。鄭司農云斂征漁者之租稅斂人主收之入于玉府

鼈人掌取互物。鄭司農云互物謂有甲蒲胡龜鼈之屬○蒲莫于反

以時籍魚鼈龜蜃凡貍物。蜃大蛤鄭司農云籍謂以杈剌泥中搏取之貍物龜鼈之屬自貍藏伏於泥中者玄謂貍物亦謂鱴刀含漿之屬○籍狀角反貍莫皆反杈音叉

春獻鼈蜃。秋獻龜魚。此其出在淺處可得之時魚亦謂自貍藏

祭祀共蠯蠃蚳以授醢人。蠃螔蝓鄭司農云蠯蛤也杜子春云蠯蜯也蚳蛾子國語曰蟲舍蚳蝝○蠯薄佳反蠃郎戈反蚳直其反螔音夷蝓音由蜯字又作蚌蒲項反蛾宜綺反舍音捨蝝悅全反

掌凡邦之籍事。

腊人掌乾肉。凡田獸之脯腊膴胖之事。大物解肆乾之謂之乾肉若今涼州烏翅矣薄析曰脯棰之而施薑桂曰鍛脩腊小物全乾○肆勑力反棰之蘂反

凡祭祀共豆脯。薦脯。膴胖。凡腊物。脯非豆實豆當為羞聲之誤也鄭司農云膴膺肉鄭大夫云胖讀為判杜子春讀胖為版又云膴胖皆謂夾脊肉又云禮家以胖為半體玄謂公食大夫禮曰庶羞皆有大者此據肉之所擬祭者也又引有司曰主人亦一魚加膴祭于其上此據主人擬祭者膴與大亦一也內則曰麋鹿田豕麕皆有胖足相參正也大者胾之大臠膴者魚之反覆膴又詁曰大二者同矣則是膴亦膘肉大臠胖宜為脯而腥胖之言片也析肉意也禮固有腥腍爓雖其有為孰之皆先制乃亨○豆音羞胖普半反食音嗣麕京倫反覆芳服反腍而甚反爓徐廉反亨普庚反

賓客喪紀共其脯腊凡乾肉之事。

周禮卷四

周禮卷五

漢大司農北海鄭　玄註
明　後學東吳金　蟠訂

天官冢宰下

【醫師】掌醫之政令。聚毒藥以共醫事。毒藥，藥之辛苦者。藥之物恆多毒。孟子曰：若藥不瞑眩，厥疾不瘳。○瞑，眠見反。瘳，敕留反。

凡邦之有疾病者、疕瘍者造焉，則使醫分而治之。疕，頭瘍，亦謂禿也。身傷曰瘍。分之者，醫各有能。○疕，戚匹婢反，徐芳鄙反。瘍音羊。造，七報反。

歲終則稽其醫事，以制其食。十全爲上，十失一次之，十失二次之，十失三次之，十失四爲下。食，祿也。全，猶愈也。以失四爲下者，五則半矣，或不治自愈。

【食醫】掌和王之六食、六飲、六膳、百羞、百醬、八珍之齊。和，調也。○食音嗣。齊，才細反，下皆同。

凡食齊眡春時。飯宜溫。○眡音視。

羹齊眡夏時。羹宜熱。

醬齊眡秋時。醬宜涼。

飲齊眡冬時。飲宜寒。

凡和，春多酸，夏多苦，秋多辛，冬多鹹，調以滑甘。各尚其時味，而甘以成之，猶水火金木之載於土。內則曰：棗栗飴蜜以甘之，堇荁枌榆，娩槁滫瀡以滑之。○和，胡臥反。飴，以之反。堇音謹。荁音桓。枌，符云反。娩音問。滫，思酒反。瀡，相藥反。

凡會膳食之宜，牛宜稌，羊宜黍，豕宜稷，犬宜粱，鴈宜麥，魚宜苽。會，成也，謂其味相成。鄭司農云：稌，稉也。爾雅曰：稌稻。苽，彫胡也。○稌音杜。苽音孤。稉本亦作秔，音庚。

凡君子之食恆放焉。放，猶依也。○放，甫往反。

【疾醫】掌養萬民之疾病。四時皆有癘疾：春時有痟首疾，夏時有痒疥疾，秋時有瘧寒疾，冬時有嗽上氣疾。癘疾，氣不和之疾。痟，酸削也。首疾，頭痛也。嗽，欬也。上氣，逆喘也。五行傳曰：六癘作見。○痟音消。疥音介。嗽，西豆反，上時掌反，注同。欬，苦代反。喘，昌充反。見，賢遍反。

以五味、五穀、五藥養其病。養，猶治也。病由氣勝負而生，攻其贏，養其不足者。五味，醯、酒、飴蜜、薑、鹽之屬。五穀，麻、黍、稷、麥、豆也。五藥，草、木、蟲、石、穀也。其治合之齊，則存乎神農、子儀之術云。○贏音盈。後不音者同。合如字，又音閤。

以五氣、五聲、五色眡其死生。三者，劇易之徵，見於外者。五氣，五藏所出氣也。肺氣熱，心氣次之，肝氣涼，脾氣溫，腎氣寒。五聲，言語宮、商、角、徵、羽也。五色，面貌青、赤、黃、白、黑也。察其盈虛休王，吉凶可知。審用此者，莫若扁鵲、倉公。○其易，以豉反。藏，才浪反，下同。徵，張里反。王，往況反。

兩之以九竅之變參之以九藏之動

兩參之者以觀其死生之驗竅之變謂開閉非常陽竅七陰竅二藏之動謂脈至與不至正藏五又有胃膀胱大腸小腸脈之大候要在陽明寸口能專是者其唯秦和乎岐伯榆柎則兼彼數術者○岐其宜反榆羊朱反本亦作俞柎劉音附

凡民之有疾病者分而治之死終則各書其所以而入于醫師

少者曰死老者曰終所以謂治之不愈之狀也醫師得以制其祿且為後治之戒○少詩照反

瘍醫 掌腫瘍潰瘍金瘍折瘍之祝藥劀殺之齊

腫瘍癕而上生創者潰瘍癕而含膿血者金瘍刃創也折瘍踠跌者祝當為注讀如注病之注聲之誤也注謂附著藥劀刮去膿血殺謂以藥食其惡肉○折時設反祝之樹反劀音刮齊才細反創初良反踠於阮反跌待結反著音豬略反去羌呂反

凡療瘍以五毒攻之

止病曰療攻治也五毒五藥之有毒者今醫方有五毒之藥作之合黃堥置石膽丹砂雄黃礜石慈石其中燒之三日三夜其煙上著以雞羽掃取之以注創惡肉破骨則盡出○堥本又作螢徐音毋又音務礜音豫著直略反

以五氣養之以五藥療之以五味節之

既刮殺而攻盡其宿肉乃養之也五氣當為五穀字之誤也節節成其藥之力○五氣氣音穀出注

凡藥以酸養骨以辛養筋以鹹養脈以苦養氣以甘養肉以滑養竅

以類相養也酸木味木根立地中似骨辛金味金之纏合異物似筋鹹水味水之流行地中似脈苦火味火出入無形似氣甘土味土含載四者似肉滑滑石也凡諸滑物通利往來似竅

凡有瘍者受其藥焉

獸醫 掌療獸病療獸瘍

畜獸之疾病及瘍療同醫○畜許又反

凡療獸病灌而行之以節之以動其氣觀其所發而養之

療畜獸必灌行之者為其病狀難知灌以緩之且強其氣也節趨聚之節也氣謂脈氣既行之乃以脈視之以知所病○為于偽反聚本亦作驟同仕救反

凡療獸瘍灌而劀之以發其惡然後藥之養之食之

亦先攻之而後養之○食音嗣

凡獸之有病者有瘍者使療之死則計其數以進退之

酒正 掌酒之政令以式灋授酒材

式法作酒之法式作酒既有米麴之數又有功沽之巧月令曰乃命大酋秫稻必齊麴糱必時湛饎必潔水泉必香陶器必良火齊必得鄭司農云授酒人以其材○酋將由反下同秫音述齊才細反糱魚列反湛接廉反饎昌志反

凡為公酒者亦如之

謂鄉射飲酒以公事作酒者亦以式法及酒材授之使自釀之○釀女亮反

辨五齊之名一曰泛齊二曰醴齊三曰盎齊四曰緹齊五曰沈齊

泛者成而滓浮泛泛然如今宜成醪矣醴猶體也成而汁滓相將如今恬酒矣盎猶翁也成而翁翁然蔥白色如今酇白矣緹者成而紅赤如今下酒矣沈者成而滓沈如今造清矣自醴以上尤濁縮酌者盎以下差清其象類則然古之法式未可盡聞杜子春讀齊皆爲粢又禮器曰緹酒之用玄酒之尚玄謂齊者每有祭祀以度量節作之○緹音體醪魯刀反翁烏動反下同鄭宜作醍在何反差初賣反

辨三酒之物。一曰事酒。二曰昔酒。三曰清酒。

鄭司農云事酒有事而飲也昔酒無事而飲也清酒祭祀之酒玄謂事酒酌有事者之酒其酒則今之醳酒也昔酒今之酋久白酒所謂舊醳者也清酒今中山冬釀接夏而成○醳音亦

辨四飲之物。一曰清。二曰醫。三曰漿。四曰酏。

清謂醴之泲者醫內則所謂或以酏爲醴凡醴濁釀酏爲之則少清矣醫之字從殹從酉省也漿今之截漿也酏今之粥內則有黍酏酏飲粥稀者之清也鄭司農說以內則曰飲重醴稻醴清醩黍醴清醩粱醴清醩或以酏爲醴漿水臆后致飲于賓客之禮有醫酏糟糟音聲與醩相似醫與臆亦相似文字不同記之者各異耳此皆一物○醫於已反酏以支反泲子禮反下同殹烏兮反截胙再反醩音糟臆本又作醷於紀反

掌其厚薄之齊。以共王之四飲三酒之饌。及后世子之飲與其酒。

后世子不言饌其饋食不必具設之五齊止用醴爲飲者取醴恬與酒味異也其餘四齊味皆似酒

凡祭祀。以灋共五齊三酒。以實八尊。大祭三貳。中祭再貳。小祭壹貳。皆有酌數。唯齊酒不貳。皆有器量。

酌器所用注尊中者數量之多少未聞鄭司農云三貳三益副之也大祭天地中祭宗廟小祭五祀齊酒不貳爲尊者質不敢副益也杜子春云齊酒不貳謂五齊以祭不益也其三酒人所飲者益也弟子職曰周旋而貳唯嗛之視玄謂大祭者王服大裘袞冕所祭也中祭者王服鷩冕毳冕所祭也小祭者王服希冕玄冕所祭也三貳再貳一貳者謂就三酒之尊而益之也禮運曰玄酒在室醴醆在戶粢醍在堂澄酒在下澄酒是三酒也益之者以飲諸臣若今常滿尊也祭祀必用五齊者至敬不尚味而貴多品○爲于僞反嗛苦簟反鷩必列反毳充芮反希本又作絺同張里反醆側產反粢才許反醍音體本亦作緹飲於鴆反

共賓客之禮酒。共后之致飲于賓客之禮醫酏糟。皆使其士奉之。

禮酒王所致酒也王致酒后致飲夫婦之義糟醫酏不泲者泲曰清不泲曰糟后致飲無醴醫酏不清者與王同體屈也亦因以少爲貴士謂酒人漿人奄士

凡王之燕飲酒。共其計。酒正奉之。

共其計者獻酬多少度當足也故書酒正無酒字鄭司農云正奉之酒正奉之也○度徒洛反

凡饗士庶子。饗耆老孤子。皆共其酒。無酌數。

要以醉爲度

掌酒之賜頒。皆有灋以行之。

灋尊卑之差

凡有秩酒者。以書契授之。

鄭司農云有秩酒者給事中子之酒秩常也常受酒者國語曰至于今秩之玄謂所秩者謂老臣王制曰七十不俟朝八十月告存九十日有秩○朝直遙反

酒正之出。日入其成。月入其要。小宰聽之。

出謂授酒材及用酒之多少也受用酒者日言其計於酒正酒正月盡言於小宰

歲終則會唯王及后之飲酒不會以酒式誅賞。

誅賞作酒之善惡者

酒人掌爲五齊三酒。祭祀則共奉之以役世婦。

世婦謂宮卿之官掌女宮之宿戒及祭祀比其具酒人共酒因留與其奚爲世婦役亦官聯○比必履反又毗志反

共賓客之禮酒飲酒而奉之。

酒正使之也禮酒饗燕之酒飲酒食之酒此謂給賓客之稍王不親饗燕不親食而使人各以其爵以酬幣侑幣致之則從而以酒往○親食音嗣

凡事共酒。而入于酒府。

入于酒正之府者是王燕飲之酒酒正當奉之

凡祭祀共酒以往。

不言奉小祭祀

賓客之陳酒亦如之。

謂若歸饔餼之酒亦自有奉之者以酒從往

漿人掌共王之六飲。水漿醴涼醫酏。入于酒府。

王之六飲亦酒正當奉之醴醴清也鄭司農云涼以水和酒也玄謂涼今寒粥若糗飯雜水也酒正不辨水涼者無厚薄之齊○糗丘酉反

共賓客之稍禮。

稍禮非飧饔之禮留閒王稍所給賓客者漿人所給亦六飲而已○閒如字徐音澗

共夫人致飲于賓客之禮。清醴。醫酏。糟。而奉之。

亦酒正使之三物有清有糟夫人不體王得備之禮飲醴用柶者糟也不用柶者清也○柶音四

凡飲共之。

謂非食時

凌人掌冰。正歲。十有二月。令斬冰。三其凌。

正歲季冬火星中大寒冰方盛之時春秋傳曰火星中而寒暑退凌冰室也三之者爲消釋度也故書正爲政鄭司農云掌冰政主藏冰之政也杜子春讀掌冰爲主冰也政當爲正正謂夏正三其凌三倍其冰

春始治鑑。

鑑如甀大口以盛冰置食物于中以禦溫氣春而始治之爲二月將獻羔而啓冰○甀直僞反盛音成爲于僞反

凡外內饔之膳羞鑑焉。凡酒漿之酒醴亦如之。

酒醴見溫氣亦失味酒漿酒人漿人也

祭祀共冰鑑。賓客共冰。

不以鑑往嫌使停膳羞

大喪共夷槃冰。

夷之言尸也實冰于夷槃中置之尸牀之下所以寒尸尸之槃曰夷槃牀曰夷牀衾曰夷衾移尸曰夷于堂皆依尸而爲言者也漢禮器制度大槃廣八尺長丈二尺深三尺漆赤中

夏。頒冰掌事。

暑氣盛王以冰頒賜則主爲之春秋傳曰古者日在北陸而藏冰西陸朝覿而出之

秋。刷。刷清也鄭司農云刷除冰室當更內新冰玄謂秋涼冰不用可以清除其室○刷所劣反清如字又才政反

籩人掌四籩之實。籩竹器如豆者其容實皆四升

朝事之籩。其實麷。蕡。白。黑。形鹽。膴。鮑魚。鱐。蕡枲實也鄭司農云朝事謂清朝未食先進寒具口實之籩熬麥曰麷麻曰蕡稻曰白黍曰黑築鹽以爲虎形謂之形鹽故春秋傳曰鹽虎形玄謂以司尊彝之職參之朝事謂祭宗廟薦血腥之事形鹽鹽之似虎者膴牒生魚爲大臠鮑者於楅室中糗乾之出於江淮也鱐者析乾之出東海王者備物近者腥之遠者乾之因其宜也今河間以北煮穜麥賣之名曰逢燕人膾魚方寸切其腴以啗所貴○麷芳弓反蕡符文反膴火吳反鱐所求反枲思里反牒直輒反楅皮逼反穜直龍反啗徒覽反

饋食之籩。其實棗。㮚。桃。乾䕩。榛實。饋食薦孰也今吉禮存者特牲少牢諸侯之大夫士祭禮也不祼不薦血腥而自薦孰始是以皆云饋食之禮乾䕩乾梅也有桃諸梅諸是其乾者榛似栗而小○䕩音老少詩詔反祼古亂反

加籩之實。蔆。芡。㮚脯。蔆。芡。㮚脯。加籩謂尸既食后亞獻尸所加之籩重言之者以四物爲八籩蔆芰也芡雞頭也㮚與饋食同鄭司農云蔆芡脯脩○蔆音陵芡音險㮚古栗字重直周反芰其寄反

羞籩之實。糗餌。粉餈。羞籩謂若少牢主人酬尸宰夫羞房中之羞于尸侑主人主婦皆右之者故書餈作茨鄭司農云糗熬大豆與米也粉豆屑也茨字或作餈謂乾餌餅之也玄謂此二物皆粉稻米黍米所爲也合蒸曰餌餅之曰餈糗者擣粉熬大豆爲餌餈之黏著以粉之耳餌言糗餈言粉互相足○餌而志反餈昨資反爲餌于僞反著直略反

凡祭祀。共其籩薦羞之實。薦羞皆進也未食未飲曰薦既食既飲曰羞

喪事及賓客之事。共其薦籩羞籩。喪事之籩謂殷奠時

爲王及后世子。共其內羞。於其飲食以共房中之羞

凡籩事掌之。

周禮卷五

周禮卷六

漢大司農北海鄭　玄註

明　後學東吳葛　鼒訂

冢宰治官之職

醢人掌四豆之實朝事之豆其實韭菹醓醢昌本麋臡菁菹鹿臡茆菹麋臡

醓肉汁也昌本昌蒲根切之四寸爲菹三臡亦醢也作醢及臡者必先膊乾其肉乃後莝之雜以梁麴及鹽漬以美酒塗置甁中百日則成矣鄭司農云麋臡麋骭髓醢或曰麋臡醬也有骨爲臡無骨爲醢菁菹韭菹鄭大夫讀茆爲茅茅菹茅初生或曰茆水草杜子春讀茆爲卯玄謂菁蔓菁也茆鳧葵也凡菹醢皆以氣味相成其狀未聞○韭音久菹莊魚反醓吐感反臡乃兮反菁作寧反茆音卯北人音柳麋京倫反骭戶諫反膊普博反莝倉臥反

饋食之豆其實葵菹蠃醢脾析䗪醢蜃蚳醢豚拍魚醢

蠃螔蝓蜃大蛤蚳蛾子鄭司農云脾析牛百葉也䗪蛤也鄭大夫杜子春皆以拍爲膊謂脅也或曰豚拍肩也今河間名豚脅聲如鍜鎛○蠃力禾反脾婢支反䗪蒲佳反蜃市軫反拍音博蚳音移蝓音揄蛾魚綺反膊音搏

加豆之實芹菹兔醢深蒲醓醢箈菹鴈醢筍菹魚醢

芹楚葵也鄭司農云深蒲蒲蒻入水深故曰深蒲或曰深蒲桑耳醓醢肉醬也箈水中魚衣故書鴈或爲鶉杜子春云當爲鴈玄謂深蒲蒲始生水中子箈箭萌筍竹萌○箈音迨筍息尹反蒻音弱

羞豆之實酏食糝食

鄭司農云酏食以酒酏爲餅糝食菜餗蒸玄謂酏餈也内則曰取稻米舉糔溲之小切狼臅膏以與稻米爲餈又曰糝取牛羊豕之肉三如一小切之與稻米稻米二肉一合以爲餌煎之○酏食音嗣糝素感反餈之然反糔思柳反溲所柳反臅昌蜀反一音粟

凡祭祀共薦羞之豆實賓客喪紀亦如之爲王及后世子共其内羞王舉則共醢六十罋以五齊七醢七菹三臡實之

齊當爲齏五齏昌本脾析蜃豚拍深蒲也七醢醓蠃䗪蚳魚兔鴈醢七菹韭菁茆葵芹箈筍菹三臡麋鹿麋臡也凡醯醬所和細切爲齏全物若牒爲菹少儀曰麋鹿爲菹野豕爲軒皆牒而不切麋爲辟雞兔爲宛脾皆牒而切之切葱若薤實之醯以柔之由此言之則齏菹之稱菜肉通○爲王于僞反齊子西反下同牒直輒反少儀詩照反軒音獻辟必亦反

賓客之禮共醢五十罋

致饔餼時

凡事共醢

醯人掌共五齊七菹凡醯物以共祭祀之齊菹凡醯醬之物賓客亦如之

齊菹醬屬醯人者皆須醯成味○齊子兮反下皆同

王舉則共齊菹醯物六十罋共后及世子之醬齊菹賓客之禮共醯五十罋凡事共醯

鹽人掌鹽之政令以共百事之鹽

政令謂受入教所處置求者所當得

祭祀共其形鹽散鹽。杜子春讀苦爲盬，謂出鹽直用不湅治。鄭司農云：散鹽，湅治者。玄謂散鹽，鬻水爲鹽。○湅，悉但反。湅音練。鬻音煑。盬音古。

賓客共其形鹽散鹽。形鹽，鹽之似虎形。

王之膳羞共飴鹽，后及世子亦如之。飴鹽，鹽之恬者，今戎鹽有焉。

凡齊事鬻鹽以待戒令。齊事，和五味之事。鬻鹽，湅治之。○齊，才細反。

冪人掌共巾冪。共巾可以覆物。○冪，莫歷反。

祭祀以疏布巾冪八尊。以疏布者，天地之神尚質。

以畫布巾冪六彝。宗廟可以文，畫者畫其雲氣與。

凡王巾皆黼。四飲三酒皆畫黼。周尚武，其用文德則黼可。

宮人掌王之六寢之脩。大寢者，路寢一，小寢五。玉藻曰：朝，辨色始入。君日出而視朝，退適路寢聽政，使人視大夫，大夫退，然後適小寢釋服。是路寢以治事，小寢以時燕息焉。春秋書魯莊公薨于路寢，僖公薨于小寢，是則人君非一寢明矣。○朝，直遙反。

爲其井匽，除其不蠲，去其惡臭。井，漏井，所以受水潦。蠲猶潔也。詩云：吉蠲爲饎。鄭司農云：匽，路廁也。玄謂匽豬，謂霤下之池，受畜水而流之者。○匽，於建反。蠲，古玄反。去，起呂反。饎，尺志反。霤，力救反。畜，救六反。

共王之沐浴。沐浴所以自潔清。

凡寢中之事，埽除，執燭，共鑪炭，凡勞事。勞事，勞褻之事。

四方之舍事亦如之。從王適四方，及會同所舍。

掌舍掌王之會同之舍，設梐枑再重。故書枑爲柜。鄭司農云：梐，榱梐也。柜，受居溜水涑橐者也。杜子春讀爲梐枑，梐枑謂行馬。玄謂行馬再重者，以周衞有外內列。○梐，步禮反。枑，戶故反。重，直龍反。柜音矩。溜，力救反。涑，色遘反。

設車宮轅門。謂王行止宿阻險之處，備非常，次車以爲藩，則仰車以其轅表門。

爲壇壝宮棘門。謂王行止宿平地，築壇，又委壝土起堳埒以爲宮。鄭司農云：棘門，以戟爲門。杜子春云：棘門或爲材門。○壝，謂季反。埒音劣。

爲帷宮設旌門。謂王行晝止有所展肆，若食息，張帷爲宮，則樹旌以表門。

無宮則共人門。

謂王行有所逢遇若住遊觀陳列周衛則立長大之人以表門○觀工喚反

凡舍事則掌之。

王行所舍止。

幕人掌帷幕幄帟綬之事。

王出宮則有是事在旁曰帷在上曰幕幕或在地展陳于上帷幕皆以布爲之四合象宮室曰幄王所居之帳也鄭司農云帟平帳也綬組綬所以繫帷也玄謂帟主在幕若幄中坐上承塵幄帟皆以繒爲之凡四物者以綬連繫焉○帟音亦

凡朝覲會同軍旅田役祭祀共其帷幕幄帟綬。

共之者掌次當以張

大喪共帷幕帟綬。

爲賓客飾也帷以帷堂或與幕張之於庭帟在柩上

三公及卿大夫之喪共其帟。

唯士無帟王有惠則賜之檀弓曰君於士有賜帟

掌次掌王次之灋以待張事。

灋大小丈尺

王大旅上帝則張氈案設皇邸。

大旅上帝祭天於圓丘國有故而祭亦曰旅此以旅見祀也張氈案以氈爲牀於幄中鄭司農云皇羽覆上邸後版也玄謂後版屏風與染羽象鳳皇羽色以爲之○邸當禮反

朝日祀五帝則張大次小次設重帟重案合諸侯亦如之。

朝日春分拜日於東門之外祀五帝於四郊次謂幄也大幄初往所止居也小幄謂接祭退俟之處祭義曰周人祭日以朝及闇雖有強力孰能支之是以退俟與諸臣代有事焉合諸侯於壇王亦以時休息重帟復帟重案牀重席也鄭司農云五帝五色之帝○朝直遙反注朝日同重直龍反注同

師田則張幕設重帟重案。

不張幄者於是臨誓衆王或回顧占察

諸侯朝覲會同則張大次小次。

大次亦初往所止居小次卽宮待事之處

師田則張幕設案。

鄭司農云師田謂諸侯相與師田玄謂此掌次張之諸侯從王而御田者

孤卿有邦事則張幕設案。

有邦事謂以事從王若以王命出也孤王之孤三人副三公論道者不言公公如諸侯禮從王祭祀合諸侯張大次小次師田亦張幕設案

凡喪王則張帟三重諸侯再重孤卿大夫不重。

張帟柩上承塵

凡祭祀張其旅幕張尸次。

旅衆也公卿以下卽位所祭祀之門外以待事爲之張大幕尸則有幄鄭司農云尸次祭祀之尸所居更衣帳○爲于僞反

射則張耦次。

耦俱升射者次在洗東大射曰遂命三耦取弓矢于次

掌凡邦之張事。

大府掌九貢九賦九功之貳，以受其貨賄之入，頒其貨于受藏之府，頒其賄于受用之府。

九功謂九職也。受藏之府若內府也。受用之府若職內也。凡貨賄皆藏以給用耳。良者以給王之用，其餘以給國之用。或言受藏，或言受用，又雜言貨賄，皆互文。○藏，才浪反，注受藏同。

凡官府都鄙之吏及執事者受財用焉。

凡頒財，以式灋授之：關市之賦，以待王之膳服；邦中之賦，以待賓客；四郊之賦，以待稍秣；家削之賦，以待匪頒；邦甸之賦，以待工事；邦縣之賦，以待幣帛；邦都之賦，以待祭祀；山澤之賦，以待喪紀；幣餘之賦，以待賜予。

待猶給也。此九賦之財給九式者。膳服即羞服也。稍秣即芻秣也。謂之稍，稍用之物也。喪紀即喪荒也。賜予即好用也。鄭司農云：幣餘，使者有餘來還也。玄謂幣餘，占賣國之斥幣。○秣音末。好，呼報反。下同。使，色吏反。

凡邦國之貢以待弔用。

此九貢之財所給也。給弔用，給凶禮之五事。

凡萬民之貢以充府庫。

此九職之財，充猶足。

凡式貢之餘財以共玩好之用。

謂先給九式及弔用，足府庫而有餘財，乃可以共玩好。明玩好非治國之用。言式言貢，互文。

凡邦之賦用取具焉。

賦用，用賦。

歲終則以貨賄之入出會之。

玉府掌王之金玉玩好兵器，凡良貨賄之藏。

良，善也。此物皆式貢之餘財所作，其不良又有受而藏之者。○好，呼報反。藏，才浪反，注同。

共王之服玉、佩玉、珠玉。

佩玉者，王之所帶者。玉藻曰：君子於玉比德焉。天子佩白玉而玄組綬。詩傳曰：佩玉上有葱衡，下有雙璜衝牙，蠙珠以納其閒。鄭司農云：服玉，冠飾十二玉。○蠙音頻。

王齊則共食玉。

玉是陽精之純者，食之以禦水氣。鄭司農云：王齊當食玉屑。

大喪共含玉、復衣裳、角枕、角柶。

角枕以枕尸。鄭司農云：復，招魂也。衣裳生時服。招魂復魄于太廟，至四郊。角柶，角匕也，以楔齒，士喪禮曰：楔齒用角柶。楔齒者，令可飯含。玄謂復於四郊以綏。○含，戶暗反。楔，先結反。令，力呈反。飯，扶晚反。

掌王之燕衣服、衽席、牀笫，凡褻器。

燕衣服者，巾絮、寢衣、袍襗之屬，皆良貨賄所成。笫，簀也。鄭司農云：衽席，單席也。褻器，清器，虎子之屬。○衽，而甚反。笫，側美反。襗，劉音澤。簀音責。

若合諸侯，則共珠槃、玉敦。

敦，槃類，珠玉以為飾。古者以槃盛血，以敦盛食。合諸侯者必割牛耳，取其血歃之以盟。珠槃以盛牛耳，尸盟者執之。故書珠為夷。鄭司農云：夷槃或為珠槃。玉敦，歃血玉器。○敦音對，徐丁雷反。盛音成。

歛色洽反

凡王之獻金玉兵器文織良貨賄之物受而藏之 謂百工爲王所作可以獻遺諸侯古者致物於人尊之則曰獻通行曰饋春秋曰齊侯來獻戎捷尊魯也文織畫及繡錦○織音志爲于僞反遺唯季反

凡王之好賜共其貨賄

【內府】掌受九貢九賦九功之貨賄良兵良器以待邦之大用 大用朝覲之頒賜

凡四方之幣獻之金玉齒革兵器凡良貨賄入焉 諸侯朝聘所獻國珍

凡適四方使者共其所受之物而奉之 王所以遺諸侯者○使所吏反

凡王及冢宰之好賜予則共之 冢宰待四方賓客之小治或有所善亦賜予之

【外府】掌邦布之入出以共百物而待邦之用凡有灋者 布泉也布讀爲宣布之布其藏曰泉其行曰布取名於水泉其流行無不徧入出謂受之復出之共百物者或作之或買之待猶給也有法百官之公用也泉始蓋一品周景王鑄大泉而有二品後數變易不復識本制至漢惟有五銖久行王莽改貨而異作泉布多至十品今存於民間多者有貨布大泉貨泉貨布長二尺五寸廣寸首長八分有奇廣八分其圜好徑二分半足枝長八分其右文曰貨左文曰布重二十五銖直貨泉二十五大泉徑一寸二分重十二銖文曰大泉直十五貨泉貨泉徑一寸重五銖右文曰貨左文曰泉直一也○數音朔奇紀宜反

共王及后世子之衣服之用凡祭祀賓客喪紀會同軍旅共其財用之幣齎賜予之財用 齎行道之財用也聘禮曰問幾月之齎鄭司農云齎或爲資今禮家定齎作資玄謂齎資同耳其字以齊次爲聲從貝變易古字亦多或○齎音咨

凡邦之小用皆受焉 皆來受

歲終則會唯王及后之服不會

【司會】掌邦之六典八灋八則之貳以逆邦國都鄙官府之治 逆受而鉤考之

以九貢之灋致邦國之財用以九賦之灋令田野之財用以九功之灋令民職之財用以九式之灋均節邦之財用掌國之官府郊野縣都之百物財用凡在書契版圖者之貳以逆羣吏之治而聽其會計 郊四郊去國百里野甸稍也甸去國二百里稍三百里縣四百里都五百里書謂簿書契其最凡也版戶籍也圖土地形象田地廣狹

以參互攷日成以月要攷月成以歲會攷歲成 參互謂司書之要貳與職內之入職歲之出故書互爲巨杜子春讀爲參互○攷音考

以周知四國之治，以詔王及冢宰廢置。

周，猶徧也。言四國者，本逆邦國之治，亦鉤考以告。

周禮卷六

周禮卷七

漢大司農北海鄭　玄註

明　後學東吳金　蟠訂

冢宰治官之職

司書掌邦之六典八灋八則九職九正九事邦中之版土地之圖以周知入出百物以敘其財受其幣使入于職幣。九正謂九賦九貢正稅也九事謂九式變言之者重其職明本而掌之非徒相副貳也敘猶比次也謂鉤考其財幣所給及其餘見為之簿書故書受為授鄭司農云授當為受謂受財幣之簿書也玄謂亦受錄其餘幣而為之簿書使之入于職幣幣物當以時用之久藏將朽蠹○正音征注同比毗志反見賢遍反

凡上之用財用必攷于司會。上謂王與冢宰王雖不會亦當知多少而關之司會以九式均節邦之財用

三歲則大計羣吏之治以知民之財器械之數以知田野夫家六畜之數以知山林川澤之數以逆羣吏之徵令。械猶兵也逆受而鉤考之山林川澤童枯則不稅○畜許又反

凡稅斂掌事者受灋焉及事成則入要貳焉。灋猶數也應當稅者之數成猶畢也

凡邦治攷焉。考其灋於司書

職內掌邦之賦入辨其財用之物而執其總以貳官府都鄙之財入之數以逆邦國之賦用。辨財用之物辨之使種類相從總謂簿書之種別與大凡官府之有財入若關市之屬

凡受財者受其貳令而書之。受財受於職內以給公用者貳令者謂若今御史所寫下本奏王所可者書之若言某月某日某甲詔書出某物若干給某官某事○寫戶嫁反

及會以逆職歲與官府財用之出。亦參互鉤考之

而敘其財以待邦之移用。亦鉤考今藏中餘見為之簿移用謂轉運給他○藏才浪反

職歲掌邦之賦出以貳官府都鄙之財出賜之數以待會計而攷之。以貳者亦如職內書其貳令而編存之

凡官府都鄙羣吏之出財用受式灋于職歲。百官之公用式灋多少職歲掌出之舊用事存焉

凡上之賜予以敘與職幣授之。敘受賜者之尊卑

及會以式灋贊逆會。助司會鉤考羣吏之計

職幣掌式灋以斂官府都鄙與凡用邦財者之幣。幣謂給公用之餘凡用邦財者謂軍旅

振掌事者之餘財。振猶抍也檢也掌事謂以王命有所作爲先言斂幣後言振財互之○抍音拯

皆辨其物而奠其錄以書楬之以詔上之小用賜予。奠定也故書錄爲祿杜子春云祿當爲錄定其錄籍鄭司農云楬之若今時爲書以著其幣○楬其列反著直略反

歲終則會其出。

凡邦之會事以式灋贊之。

司裘掌爲大裘以共王祀天之服。鄭司農云大裘黑羔裘服以祀天示質

中秋獻良裘王乃行羽物。良善也中秋鳥獸毨毛因其良時而用之鄭司農云良裘王所服也行羽物以羽物飛鳥賜羣吏玄謂良裘玉藻所謂黼裘與此羽物小鳥鶉雀之屬鷹所擊者中秋鳩化爲鷹中春鷹化爲鳩順其始殺與其將止而大班羽物○中音仲注同毨音毛毨先典反鶉音淳

季秋獻功裘以待頒賜。功裘人功微麤謂狐青麛裘之屬鄭司農云功裘卿大夫所服○麛音迷

王大射則共虎侯熊侯豹侯設其鵠諸侯則共熊侯豹侯卿大夫則共麋侯皆設其鵠。大射者爲祭祀射王將有郊廟之事以射擇諸侯及羣臣與邦國所貢之士可以與祭者射者可以觀其德行其容體比於禮其節比於樂而中多者得與於祭諸侯謂三公及王子弟封於畿內者卿大夫亦皆有采地焉其將祀其先祖亦與羣臣射以擇之凡大射各於其射宮侯者其所射也以虎熊豹麋之皮飾其側又方制之以爲𩊡謂之鵠著于侯中所謂皮侯王之大射虎侯王所自射也熊侯諸侯所射豹侯卿大夫以下所射諸侯之大射熊侯諸侯所自射豹侯羣臣所射卿大夫之大射麋侯君臣共射焉凡此侯道虎九十弓熊七十弓豹麋五十弓列國之諸侯大射大侯亦九十參七十干五十遠尊得伸可同耳所射正謂之侯者天子中之則能服諸侯諸侯以下中之則得爲諸侯鄭司農云鵠鵠毛也方十尺曰侯四尺曰鵠二尺曰正四寸曰質玄謂侯中之大小取數於侯道鄉射記曰弓二寸以爲侯中則九十弓者侯中廣丈八尺七十弓者侯中廣丈四尺五十弓者侯中廣一丈尊卑異等此數明矣考工記曰梓人爲侯廣與崇方參分其廣而鵠居一焉然則侯中丈八尺者鵠方大尺侯中丈四尺者鵠方四尺大寸大半寸侯中一丈者鵠方三尺三寸少半寸謂之鵠者取名於鳱鵠鳱鵠小鳥而難中是以中之爲雋亦取鵠之言較較者直也射所以直己志用虎熊豹麋之皮示服猛討迷惑者射者大禮故取義衆也士不大射士無臣祭無所擇故書諸侯則共熊侯虎侯杜子春云虎當爲豹○爲祭于僞反以與音預下得與同行下孟反比毗志反而中丁仲反下天子中之以下中之而難中以中皆同所射食亦反下自射所射共射皆同𩊡諸允反本亦作準著直略反參素感反干五旦反干本又作豻正音征下同鳱音干

大喪廞裘飾皮車。皮車遣車之革路故書廞爲淫鄭司農云淫裘陳裘也玄謂廞興也若詩之興謂象似而作之凡爲神之偶衣物必沽而小耳○廞許金反遣棄戰反興虛膺反

凡邦之皮事掌之。歲終則會。唯王之裘與其皮事不會。

掌皮掌秋斂皮。冬斂革。春獻之。

皮革踰歲乾，久乃可用。獻之，獻其良者於王，以入司裘給王用。

遂以式灋頒皮革于百工。

式灋，作物所用多少故事。

共其毳毛爲氊，以待邦事。

當用氊，則共之。毳毛，毛細縟者。○毳，尺稅反。縟，音辱。

歲終，則會其財齎。

財，斂財本數及餘見者。齎，所給予人以物曰齎。今時詔書或曰齎計吏。鄭司農云：齎或爲資。○見，賢遍反。

內宰掌書版圖之灋，以治王內之政令，均其稍食，分其人民以居之。

版，謂宮中閽寺之屬及其子弟錄籍也。圖，王及后、世子之宮中吏官府之形象也。政令，謂施閽寺者。稍食，吏祿稟也。人民，吏子弟。分之，使衆者就寡，均宿衛。

以陰禮教六宮。

鄭司農云：陰禮，婦人之禮。六宮後五前一，王之妃百二十人：后一人，夫人三人，嬪九人，世婦二十七人，女御八十一人。玄謂六宮，謂后也。婦人稱寢曰宮，宮，隱蔽之言。后象王立六宮而居之，亦正寢一，燕寢五。教者不敢斥言之，謂之六宮，若今稱皇后爲中宮矣。昏禮毋戒女曰：夙夜毋違宮事。

以陰禮教九嬪。

教以婦人之禮。不言教夫人、世婦者，舉中省文。

以婦職之灋教九御，使各有屬，以作二事，正其服，禁其奇衺，展其功緒。

婦職，謂織紝、組紃、縫線之事。九御，女御也。九九而御于王，因以號焉。使之九九爲屬，同時御，又同事也。正其服，止踰侈。奇衺，若今媚道。展，猶錄也。緒，業也。故書二爲三，杜子春云：當爲二。二事，謂絲枲之事。○衺，似嗟反，本亦作邪。紝，女金反。紃，似倫反。

大祭祀，后祼獻，則贊瑤爵，亦如之。

謂祭宗廟，王既祼而出迎牲，后乃從後祼也。祭統曰：君執圭瓚祼尸，大宗執璋瓚亞祼。此大宗亞祼，謂夫人不與而攝耳。獻，謂王薦腥薦孰，后亦從後獻也。瑤爵，謂尸卒食，王既酳尸，后亞獻之，其爵以瑤爲飾。○祼，古亂反。與，音預。酳，七靳反。

正后之服位，而詔其禮樂之儀。

薦徹之禮，當與樂相應。位，請房中、戶內及阼所立處。

贊九嬪之禮事。

助九嬪贊后之事。九嬪者，贊后薦玉齍，薦徹豆籩。○齍，音咨。

凡賓客之祼獻、瑤爵，皆贊。

謂王同姓及二王之後來朝覲爲賓客者。祼之禮，亞王而禮賓。獻，謂王饗燕，亞王獻賓也。瑤爵所以亞王酬賓也。坊記曰：陽侯殺繆侯而竊其夫人，故大饗廢夫人之禮。

致后之賓客之禮。

謂諸侯來朝覲，及女賓之賓客。

凡喪事，佐后使治外內命婦，正其服位。

使，使其屬之上士。內命婦，謂九嬪、世婦、女御。鄭司農云：外命婦，卿大夫之妻，王命其夫，后命其婦。玄謂士妻亦爲命婦。

凡建國佐后立市設其次置其敘正其肆陳其貨賄出其度量淳制祭之以陰禮

市朝者君所以建國也建國者必面朝後市王立朝而后立市陰陽相承之義次司次也敘介次也陳猶處也度丈尺也量豆區之屬鄭司農云佐后立市者始立市后立之也祭之以陰禮者市中之社先后所立社也故書淳為敦杜子春讀敦為純純謂幅廣也制謂匹長玄謂純制天子巡守禮所云制幣丈八尺純四衹與陰禮婦人之祭禮○敦直遙反純諸允反衹音紙

中春詔后帥外內命婦始蠶于北郊以為祭服

蠶于北郊婦人以純陰為尊郊必有公桑蠶室焉○中音仲

歲終則會內人之稍食稽其功事

內人主謂九御

佐后而受獻功者比其小大與其麤良而賞罰之

獻功者九御之屬鄭司農云枲而獻功玄謂典婦功曰及秋獻功

會內宮之財用

計夫人以下所用財

正歲均其稍食施其功事憲禁令于王之北宮而糾其守

均猶調度也施猶賦也北宮后之六宮謂之北宮者繫于王言之明用王之禁令令之守宿衛者○調徒弔反度待洛反

上春詔王后帥六宮之人而生穜稑之種而獻之于王

六宮之人夫人以下分居后之六宮者古者使后宮藏種以其有傳類蕃孳之祥必生而獻之示能育之使不傷敗且以佐王耕事共禘郊也鄭司農云先種後孰謂之穜後種先孰謂之稑王當以耕種于耤田玄謂詩云黍稷穜稑是也夫人以下分居后之六宮者每宮九嬪一人世婦三人女御九人其餘九嬪三人世婦九人女御二十七人從后唯其所燕息焉從后者五日而沐浴其次又上十五日而徧云夫人如三公從容論婦禮○穜直龍反稑音六種章勇反

【內小臣】掌王后之命正其服位

命謂使令所為或言王后或言后通耳○令力呈反

后出入則前驅

道之

若有祭祀賓客喪紀則擯詔后之禮事相九嬪之禮事正內人之禮事徹后之俎

擯為后傳辭有所求為詔相正者異尊卑也俎謂后受尸之爵飲于房中之俎○相息亮反注同為于偽反

后有好事于四方則使往有好令於卿大夫則亦如之

后於其族親所善者使往問遺之○好呼報反遺唯季反

掌王之陰事陰令

陰事羣妃御見之事若今掖庭令晝漏不盡八刻日錄所記推當御見者陰令王所求為於北宮○見賢遍反

【閽人】掌守王宮之中門之禁

中門於外內爲中，若今宮闕門。鄭司農云：王有五門外曰皐門，二曰雉門，三曰庫門，四曰應門，五曰路門。路門一曰畢門。玄謂雉門，三門也。春秋傳曰：雉門災及兩觀。○觀，古亂反。

喪服凶器不入宮。潛服賊器不入宮。奇服怪民不入宮。

喪服，衰絰也。凶器，明器也。潛服，若衷甲者。賊器，盜賊之任器，兵物皆有刻識。奇服，衣非常。春秋傳曰：尨奇無常。怪民，狂易。○衰，徐音崔。識，式志反。尨，亡江反。易，以豉反。

凡內人公器賓客無帥，則幾其出入。

三者之出入，當須使者符節乃行。鄭司農云：公器，將持公家器出入者。幾，謂無將帥引之者，則苛其出入。○帥，色類反，注同。使，色吏反。將帥，子匠反。

以時啓閉。

時，漏盡。

凡外內命夫命婦出入，則爲之闢。

辟行人，使無干也。內命夫，卿大夫士之在宮中者。○爲，于僞反。闢，本又作辟。

掌埽門庭。

門庭，門相當之地。○埽，素報反。

大祭祀喪紀之事，設門燎，蹕宮門廟門。

燎，地燭也。蹕，止行者。廟在中門之外。

凡賓客亦如之。

〔寺人〕掌王之內人及女宮之戒令，相道其出入之事而糾之。

內人，女御也。女宮，刑女之在宮中者。糾猶割察也。○相，息亮反。道，徒報反，後同。

若有喪紀賓客祭祀之事，則帥女宮而致于有司。

有司，謂宮卿世婦。

佐世婦治禮事。

世婦，二十七世婦。

掌內人之禁令，凡內人弔臨于外，則帥而往，立于其前而詔相之。

從世婦所弔，若哭其族親。立其前者，賤也。賤而必詔相之者，出入於王宮，不可以闕於禮。

〔內豎〕掌內外之通令，凡小事。

內，后六宮。外，卿大夫也。使童豎通王內外之命，給小事者，以其無與爲禮，出入便疾。內外以大事聞王，則俟朝而自復。○朝，直遙反。

若有祭祀賓客喪紀之事，則爲內人蹕。

內人從世婦有事於廟者，內豎爲六宮蹕者，以其掌內小事。○爲，于僞反。

王后之喪遷于宮中，則前蹕。及葬，執褻器以從遣車。

喪遷者，將葬朝于廟。褻器，振飾䫂沐之器。○遣，棄戰反。䫂，呼內反。

〔九嬪〕掌婦學之灋，以教九御婦德、婦言、婦容、婦功，各帥其屬而以時御敘于王所。

婦德謂貞順，婦言謂辭令，婦容謂婉娩，婦功謂絲枲。自九嬪以下，九九而御於王所。九嬪者既習於四事，又備於從人之道，是以教女御也。教各帥其屬者，使亦九九相與從於王所息之燕寢。御猶進也，勸也，進勸王息，亦相次敘。凡羣妃御見之法，月與后妃其象也，卑者宜先，尊者宜後。女御八十一人。當九夕。世婦二十七人。當三夕。九嬪九人。當一夕。三夫人當一夕。后當一夕。亦十五日而徧。云自一望後反之。孔子云。日者天之明。月者地之理。陰契制。故月上屬爲天。使婦從夫。放月紀。○娩音晚。見賢遍反。月上時掌反。放方往反

凡祭祀。贊玉齍。贊后薦徹豆籩。玉齍。玉敦。受黍稷器。后進之而不徹。故書玉爲王。杜子春讀爲玉。○齍音咨。敦音對

若有賓客。則從后。當贊后事。

大喪。帥敘哭者亦如之。亦從后帥。猶道也。后哭之。衆次敘者乃哭。

周禮卷七

周禮卷八

漢大司農北海鄭　玄註

明　後學東吳葛　鼒訂

冢宰治官之職

世婦掌祭祀賓客喪紀之事。帥女宮而濯概。爲齍盛。

概拭也。爲猶差擇。○槪古愛反。拭音式。

及祭之日。涖陳女宮之具。凡內羞之物。

涖臨也。內羞謂房中之羞。

掌弔臨于卿大夫之喪。

王使往弔。

女御掌御叙于王之燕寢。

言掌御叙。防上之專妬者。于王之燕寢。則王不就后宮息。

以歲時獻功事。

絲枲成功之事。

凡祭祀。贊世婦。

助其帥涖女宮。

大喪。掌沐浴。

王及后之喪。

后之喪。持翣。

翣棺飾也。持而從柩車。○翣所甲反。

從世婦而弔于卿大夫之喪。

從之數蓋如使者之介云。○使所吏反。

女祝掌王后之內祭祀。凡內禱祠之事。

內祭祀。六宮之中。竈門戶。禱疾病求瘳也。祠報福。

掌以時招梗襘禳之事。以除疾殃。

鄭大夫讀梗爲亢。謂招善而亢惡去之。杜子春讀梗爲更。玄謂梗禦未至也。除災害曰襘。襘猶刮去也。御變異曰禳。禳攘也。四禮唯禳其遺象今存。○襘古外反。禳如羊反。去起呂反。

女史掌王后之禮職。掌內治之貳。以詔后治內政。

內治之法。本在內宰。書而貳之。

逆內宮。

鉤考六宮之計。

書內令。

后之令。

凡后之事。以禮從。

亦如大史之從於王。

典婦功掌婦式之灋。以授嬪婦。及內人女功之事齎。

婦式。婦人事之模範。灋其用財舊數。嬪婦。九嬪世婦。言及以人殊之者。容國中婦人賢善工於事者。齎謂以女功之事來取絲枲。故書齎爲資。杜子春讀爲資。鄭司農云。內人謂女御。女功事資。謂女功絲枲之事。○齎音咨。本亦作資。

凡授嬪婦功。及秋獻功。辨其苦良。比其小大而賈之。

物書而楬之。
授當爲受聲之誤也國中嬪婦所作成卽送之不須獻功時價之者物不正齊當以泉計通功鄭司農苦讀爲盬謂分別其縑帛與布紵之麤細皆比方其大小書其賈數而著其物若今時題署物

以共王及后之用頒之于內府。

典絲 掌絲入而辨其物以其賈楬之。
絲入謂九職之嬪婦所貢絲

掌其藏與其出以待興功之時。
絲之貢少藏之出之可同官也時者若溫煖宜縑帛清涼宜文繡

頒絲于外內工皆以物授之。
外工外嬪婦也內工女御

凡上之賜予亦如之。
王以絲物賜人

及獻則受良功而藏之辨其物而書其數以待有司之政令上之賜予。
良當爲苦字之誤受其麤盬之功以給有司之公用其良功者典婦功受之以共王及后之用鄭司農云良功絲功縑帛○良音苦出注

凡祭祀共黼畫組就之物。
以給衣服冕旒及依盥巾之屬白與黑謂之黼采色一成曰就○依音於豈反盥音管

喪紀共其絲纊組文之物。
以給線縷著旰口綦握之屬青與赤謂之文○纊音曠著直略反旰香于反

凡飾邦器者受文織絲組焉。
謂茵席屏風之屬○織音志茵音因

歲終則各以其物會之。
種別爲計鄭司農云各以其所飾之物計會傅著之○傅音附

典枲 掌布緦縷紵之麻草之物以待時頒功而受齎。
緦十五升布抽其半者白而細疏曰紵雜言此數物者以著其類衆多草葛蕡之屬故書齎作資○數色主反蕡苦迴反

及獻功受苦功以其賈楬而藏之以待時頒。
其良功亦入於典婦功以共王及后之用鄭司農云苦功謂麻功布紵○苦音古

頒衣服授之賜予亦如之。
授之授受班者帛言待有司之政令布言班衣服互文

歲終則各以其物會之。

內司服 掌王后之六服褘衣揄狄闕狄鞠衣展衣緣衣素沙。
鄭司農云褘衣畫衣也祭統曰君卷冕立于阼夫人副褘立于東房揄狄闕狄畫羽飾展衣白衣也喪大記曰復者朝服君以卷夫人以屈狄世婦以襢衣屈者音聲與闕相似襢與展相似皆婦人之服鞠衣黃衣也素沙赤衣也玄謂狄當爲翟翟雉名伊雒而南素質五色皆備成章曰翬江淮而南青質五色皆備成章曰搖王后之服刻繒爲之形而采畫之綴於衣以爲文章褘衣畫翬者揄翟畫搖者闕翟刻而不畫此三者皆祭服從王祭先王則服褘衣祭先公則服揄翟祭羣小祀則服闕翟今世有圭衣者蓋三翟之遺俗鞠衣黃桑服也色如鞠塵象桑葉始生月令三月薦鞠衣于先帝告

桑事展衣以禮見王及賓客之服字當爲襢襢之言亶亶誠也詩國風曰玼兮玼兮其之翟也下云胡然而天也胡然而帝也言其德當神明又曰瑳兮瑳兮其之展也下云展如之人兮邦之媛也言其行配君子二者之義與禮合矣雜記曰夫人服稅衣揄狄又喪大記曰士妻以褖衣言褖者甚衆字或作稅此緣衣者實作褖衣也褖衣御于王之服亦以燕居男子之褖衣黑則是亦黑也六服備於此矣褘揄狄展聲相近緣字之誤也以下推次其色則闕狄赤揄狄青褘衣玄婦人尚專一德無所兼連衣裳不異其色素沙者今之白縛也六服皆袍制以白縛爲裏使之張顯今世有沙縠者名出于此○褘音暉揄音遙緣吐亂反卷古本反翺直遙反襢張彥反翬音暉見王賢遍反亶丹但反玼音此本亦作瑳倉我反行下孟反稅吐亂反縛劉音絹

辨外內命婦之服。鞠衣。展衣。緣衣。素沙。

內命婦之服鞠衣九嬪也展衣世婦也緣衣女御也外命婦者其夫孤也則服鞠衣其夫卿大夫也則服展衣其夫士也則服緣衣三夫人及公之妻其闕狄以下乎侯伯之夫人揄狄子男之夫人亦闕狄唯二王後褘衣

凡祭祀賓客。共后之衣服。及九嬪世婦。凡命婦。共其衣服。共喪衰亦如之。

凡者凡女御與外命婦也言及言凡殊貴賤也春秋之義王人雖微者猶序乎諸侯之上所以尊尊也臣之命者再命以上受服則下士之妻不共也外命婦唯王祭祀賓客以禮佐后得服此上服自於其家則降焉○衰七雷反上時掌反

后之喪。共其衣服。凡內具之物。

內具紛帨線纊鞶袠之屬○帨如銳反徐音歲鞶步干反袠陳乙反

縫人掌王宮之縫線之事。以役女御。以縫王及后之衣服。

女御裁縫王及后之衣服則爲役助之宮中絲裁縫事則專爲焉鄭司農云線縷也

喪。縫棺飾焉。

孝子既啓見棺猶見親之身既載飾而以行遂以葬若存時居于帷幕而加文繡喪大記曰飾棺君龍帷三池振容黼荒火三列黻三列素錦褚加僞荒纁紐六齊五采五貝黼翣二黻翣二畫翣二皆戴圭魚躍拂池君纁戴六纁披六此諸侯禮也禮器曰天子八翣諸侯六翣大夫四翣漢禮器制度飾棺天子龍火黼黻皆五列又有龍翣二其戴皆加璧故書焉爲馬杜子春云當爲焉○翣本又作菨所甲反披彼僞反

衣翣柳之材。

必先纏衣其木乃以張飾也柳之言聚諸飾之所聚書曰分命和仲度西曰柳穀故書翣柳作接櫝鄭司農云接讀爲歰櫝讀爲柳皆棺飾檀弓曰周人牆置翣春秋傳曰四歰不蹕○衣於既反注同度西音宅古文厇與度字相似接櫝上所甲反下音柳歰所甲反

掌凡內之縫事。

染人掌染絲帛。凡染。春暴練。夏纁玄。秋染夏。冬獻功。

暴練練其素而暴之故書纁作䌸鄭司農云䌸讀當爲纁纁謂絳也夏大也秋乃大染玄謂纁玄者謂始可以染此色者玄纁者天地之色以爲祭服石染當及盛暑熱潤始湛研之三月而後可用考工記鍾氏則染纁術也染玄則史傳闕矣染夏者染五色謂之夏者其色以夏狄爲飾禹貢曰羽畎夏狄是其總名其類有六曰翬曰搖曰鷂曰甾曰希曰蹲其毛羽五色皆備成章染者擬以爲深淺之度是以放而取名焉○暴步卜反夏戶雅反後除春夏之守皆同可以意求䌸音勳湛子廉反畎古畎字鷂直劉反劉音壽放方往反

掌凡染事。

追師掌王后之首服。爲副編次追衡笄。爲九嬪及外內命婦之首服。以待祭祀賓客。

鄭司農云追冠名士冠禮記曰委貌周道也章甫殷道也牟追夏后氏之道也追師掌冠冕之官故并主王后之首服副者婦人之首服祭統曰君卷冕立于阼夫人副褘立于東房衡維持冠者春秋傳曰衡紞紘綖玄謂副之言覆所以覆首爲之飾其遺象若今步繇矣服之以從王祭祀編編列髮爲之其遺象若今假紒矣服之以桑也次次第髮長短爲之所謂髲鬄服之以見王王后之燕居亦纚笄緫而已追猶治也詩云追琢其章王后之衡笄皆以玉爲之唯祭服有衡垂于副之兩旁當耳其下以紞縣瑱詩云玼兮玼兮其之翟也鬒髮如雲不屑髢也玉之瑱也是之謂也笄卷髮者外內命婦衣鞠衣襢衣者服編衣褖衣者服次外內命婦非王祭祀賓客佐后之禮自於其家則亦降焉少牢饋食禮曰主婦髲鬄衣移袂特牲饋食禮曰主婦纚笄宵衣是也昏禮女次純衣攝盛服耳主人爵弁以迎移袂褖衣之袂凡諸侯夫人於其國衣服與王后同○追丁回反編步典反毋追音牟紞丁敢反紘音宏綖以然反繇以招反紒音計髲皮寄反鬄本又作髢大計反以見賢遍反纚所賣反琢丁角反縣音玄瑱它見反鬒之忍反髢大計反下同沈音剃卷眷免反劉羌權反衣鞠於既反下衣褖同移昌氏反純側其反

喪紀共笄絰亦如之。

屨人掌王及后之服屨。爲赤舄。黑舄。赤繶。黃繶。青句。素屨葛屨。

屨自明矣必連言服者著服各有屨也複下曰舄襌下曰屨古人言屨以通於複今世言屨以通於襌俗易語反與舄屨有絇有繶有純者飾也鄭司農云赤繶黃繶以赤黃之絲爲下緣士喪禮曰夏葛屨冬皮屨皆繶緇純禮家說繶亦謂以采絲礫其下玄謂凡屨舄各象其裳之色士冠禮曰玄端黑屨青絇繶純素積白屨緇絇繶純爵弁纁屨黑絇繶純是也王吉服有九舄有三等赤舄爲上冕服之舄詩云王錫韓侯玄衮赤舄則諸侯與王同下有白舄黑舄王后吉服六唯祭服有舄玄舄爲上禕衣之舄也下有青舄赤舄鞠衣以下皆屨耳句當爲絇聲之誤也絇繶純者同色今云赤繶黃繶青絇雜互言之明舄屨衆多反覆以見之凡舄之飾如繢之次赤繶者王黑舄之飾黃繶者王后玄舄之飾青絇者王白舄之飾言繶必有絇純言絇亦有繶純三者相將王及后之赤舄皆黑飾后之青舄白飾凡屨之飾如繢之次黃屨白飾白屨黑飾黑屨青飾絇謂之拘著舄屨之頭以爲行戒繶縫中紃也純緣也天子諸侯吉事皆舄其餘唯冕衣翟著舄耳士爵弁纁屨黑絇繶純尊祭服之屨飾從繢也素屨者非純吉有凶去飾者言葛屨明有用皮時也○繶於力反句音劬服徐丁庶反絇音劬有純章允反緣悅面反礫音歷覆芳服反以見賢遍反著舄知略反又直略反紃音巡衣翟於既反去起呂反

辨外內命夫命婦之命屨。功屨。散屨。

命夫之命屨纁屨命婦之命屨黃屨以下功屨次命屨於孤卿大夫則白屨黑屨九嬪內子亦然世婦命婦以黑屨爲功屨女御士妻命屨而已士及士妻謂再命受服者散屨亦謂去飾○散素但反

凡四時之祭祀。以宜服之。

祭祀而有素屨散屨者唯大祥時

夏采掌大喪以冕服復于大祖。以乘車建綏復于四郊。

求之王平生常所有事之處乘車玉路於大廟以冕服不出宮也四郊以綏出國門此行道也鄭司農云復謂始死招魂復魄士喪禮曰士死于適室復者一人以爵弁服升自東榮中屋北面招以衣

曰皐某復三降衣于前受用篋升自阼階以衣尸喪大記曰復男子稱名婦人稱字唯哭先復復言死
而哭哭而復冀其復反故檀弓曰復盡愛之道也望反諸幽求諸鬼神之道也北面求諸幽之義也
檀弓又曰君復於小寢大寢小祖大祖庫門四郊喪大記又曰復者朝服君以卷夫人以屈狄大夫
以玄赬世婦以襢衣士以爵弁士妻以稅衣雜記曰諸侯行而死於館則其復如於其國如於道則
升其乘車之左轂以其綏復大夫死於館則其復如於其家死於道則升其乘車之左轂以其綏復喪
大記又曰為賓則公館復私館不復夏采天子之官故以冕服復于大祖以乘車建綏復于四郊天
子之禮也大祖始祖廟也故書綏為襚杜子春云當為綏襚非是也玄謂明堂位曰凡四代之服器
魯兼用之有虞氏之旂夏后氏之綏則旌旂有是綏者當作緌字之誤也緌以旄牛尾為之綴於橦
上所謂注旄於干首者王祀四郊乘玉路建大常今以之復去其旒異之於生亦因先王有徒緌者
士冠禮及玉藻冠緌之字故書亦多作綏者今禮家定作蕤○乘繩證反注乘車皆同綏作緌誤作
綏耳適丁歷反衣尸於既反復扶又反朝直遙反卷古本反赬勑貞反襢音維橦直江反

周禮卷八

周禮卷九

漢大司農北海鄭　玄註

明　後學東吳金　蟠訂

地官司徒第二

惟王建國辨方正位體國經野設官分職以爲民極。乃立地官司徒使帥其屬而掌邦教以佐王安擾邦國。

教所以親百姓訓五品有虞氏五而周十有二焉擾亦安也言饒衍之

教官之屬大司徒卿一人。小司徒中大夫二人。鄉師下大夫四人。上士八人。中士十有六人。旅下士三十有二人。府六人。史十有二人。胥十有二人。徒百有二十人。

師長也司徒掌六鄉鄉師分而治之二人者共三鄉之事相左右也○長丁丈反

鄉老二鄉則公一人。鄉大夫每鄉卿一人。州長每州中大夫一人。黨正每黨下大夫一人。族師每族上士一人。閭胥每閭中士一人。比長五家下士一人。

老尊稱也王置六鄉則公有三人也三公者內與王論道中參六官之事外與六鄉之教其要爲民是以屬之鄉焉州黨族閭比鄉之屬別正師胥皆長也正之言政也師之言帥也胥有才知之稱載師職曰以官田牛田賞田牧田在遠郊之地司勳職曰掌六鄉之賞地六鄉地在遠郊之內則居四同鄭司農云百里內爲六鄉外爲六遂○比毗志反爲民于僞反帥所類反

封人中士四人。下士八人。府二人。史四人。胥六人。徒六十人。

聚土曰封謂堳埒及小封疆也○堳音眉埒音劣疆居良反

鼓人中士六人。府二人。史二人。徒二十人。

舞師下士二人。胥四人。舞徒四十人。

舞徒給繇役能舞者以爲之○繇音遙

牧人下士六人。府一人。史二人。徒六十人。

牧人養牲於野田者詩云爾牧來思何蓑何笠或負其餱三十維物爾牲則具○何胡可反上素禾反笠音立餱音侯

牛人中士二人。下士四人。府二人。史四人。胥二十人。徒二百人。

主牧公家之牛者詩云誰謂爾無牛九十其犉犉者九十其餘多矣○犉而純反

充人下士二人。史二人。胥四人。徒四十人。

充猶肥也養繫牲而肥之

載師上士二人。中士四人。府二人。史四人。胥六人。徒六十人。

載之言事也事民而稅之禹貢曰冀州既載載師者閭師縣師遺人均人官之長

閭師中士二人。史二人。徒二十人。

主徵六鄉賦貢之稅者鄉官有州黨族閭比止言閭者徵民之稅宜督其親民者凡其賦貢入大府穀入倉人

縣師上士二人中士四人府二人史四人胥八人徒八十人

主天下土地人民已下之數徵野賦貢也名曰縣師者自大夫以至邦國縣居中焉鄭司農云四百里曰縣

遺人中士二人下士四人府二人史四人胥四人徒四十人

鄭司農云遺讀如詩曰棄予如遺之遺玄謂以物有所饋遺○遺維季反注同

均人中士二人下士四人府二人史四人胥四人徒四十人

均猶平也主平土地之力政者

師氏中大夫一人上士二人府二人史二人胥十有二人徒百有二十人

師教人以道者之稱也保氏司諫司救官之長鄭司農云詩云楀維師氏○楀俱禹反

保氏下大夫一人中士二人府二人史二人胥六人徒六十人

保安也以道安人者也書敘曰周公爲師召公爲保相成王爲左右聖賢兼此官也○相息亮反

司諫中士二人史二人徒二十人

諫猶正也以道正人行○行下孟反

司救中士二人史二人徒二十人

救猶禁也以禮防禁人之過者也

調人下士二人史二人徒十人

調猶和合也

媒氏下士二人史二人徒十人

媒之言謀也謀合異類使和成者今齊人名麴麩曰媒○麴起六反麩魚列反

司市下大夫二人上士四人中士八人下士十有六人府四人史八人胥十有二人徒百有二十人

司市市官之長

質人中士二人下士四人府二人史四人胥二人徒二十人

質平也主平定物賈者○賈音嫁下物賈及賈八人同

廛人中士二人下士四人府二人史四人胥二人徒二十人

故書廛爲壇杜子春讀壇爲廛說云市中空地玄謂廛民居區域之稱

胥師二十肆則一人皆二史賈師二十肆則一人皆二史司虣十肆則一人司稽五肆則一人胥二肆則一人肆長每肆則一人

自胥師以及司稽皆司市所自辟除也胥及肆長市中給繇役者胥師領羣胥賈師定物賈司虣禁暴亂司稽察留連不時去者○賈音古辟必亦反

泉府上士四人中士八人下士十有六人府四人史八人賈八人徒八十人

鄭司農云故書泉或作錢

司門下大夫二人上士四人中士八人下士十有六人府二人史四人胥四人徒四十人每門下士二人府一人史二人徒四人

司門若今城門校尉主王城十二門

司關上士二人中士四人府二人史四人胥八人徒八十人每關下士二人府一人史二人徒四人

關界上之門

掌節上士二人中士四人府二人史四人胥二人徒二十人

節猶信也行者所執之信

遂人中大夫二人遂師下大夫四人上士八人中士十有六人旅下士三十有二人府四人史十有二人胥十有二人徒百有二十人

遂人主六遂若司徒之於六鄉也六遂之地自遠郊以達于畿中有公邑家邑小都大都焉鄭司農云遂謂王國百里外

遂大夫每遂中大夫一人縣正每縣下大夫一人鄙師每鄙上士一人酇長每酇中士一人里宰每里下士一人鄰長五家則一人

縣鄙酇里鄰遂之屬別也○酇作管反

旅師中士四人下士八人府二人史四人胥八人徒八十人

主斂縣師所徵野之賦穀者也旅猶處也六遂之官里宰之師也止用里宰者亦斂民之稅宜督其親民

稍人下士四人史二人徒十有二人

主為縣師令都鄙丘甸之政也距王城三百里曰稍家邑小都大都自稍以出焉○為于僞反

委人中士二人下士四人府二人史四人徒四十人

主斂甸稍芻薪之賦以共委積者也

土均上士二人中士四人下士八人府二人史四人胥四人徒四十人

均猶平也主平土地之政令者也

草人下士四人史二人徒十有二人

草除草

稻人上士二人中士四人下士八人府二人史四人胥十人徒百人

土訓中士二人下士四人史二人徒八人

鄭司農云訓讀為馴謂以遠方土地所生異物告道王也爾雅云訓道也玄謂能訓說土地善惡之勢

誦訓中士二人下士四人史二人徒八人

能訓說四方所誦習及人所作為久時事

山虞每大山中士四人下士八人府二人史四人胥八人徒八十人中山下士六人史二人胥六人徒六十人小山下士二人史一人徒二十人

虞度也度知山之大小及所生者○度徒洛反

林衡每大林麓下士十有二人史四人胥十有二人徒百有二十人中林麓如中山之虞小林麓如小山之虞

衡平也平林麓之大小及所生者竹木生平地曰林山足曰麓○麓音祿

川衡每大川下士十有二人史四人胥十有二人徒百有二十人中川下士六人史二人胥六人徒六十人小川下士二人史一人徒二十人

川流水也禹貢曰九川滌源

澤虞每大澤大藪中士四人下士八人府二人史四人胥八人徒八十人中澤中藪如中川之衡小澤小藪如小川之衡

澤水所鍾也水希曰藪禹貢曰九澤既陂爾雅有八藪○陂彼宜反

迹人中士四人下士八人史二人徒四十人

迹之言跡知禽獸處

丱人中士二人下士四人府二人史二人胥四人徒四十人

丱之言礦也金玉未成器曰礦○丱徐音礦虢猛反

角人下士二人府一人徒八人

羽人下士二人府一人徒八人

掌葛下士二人府一人史一人胥二人徒二十人

掌染草下士二人府一人史二人徒八人

染草藍蒨象斗之屬○蒨千見反象本或作橡音同

掌炭下士二人史二人徒二十人

掌荼下士二人府一人史一人徒二十人

荼茅莠○荼音徒

掌蜃下士二人府一人史一人徒八人

蜃大蛤月令孟冬雉入大水爲蜃○蜃上忍反蛤古答反

囿人中士四人下士八人府二人胥八人徒八十人

囿今之苑

場人每場下士二人府一人史一人徒二十人

場築地爲墠季秋除圃中爲之詩云九月築場圃十月納禾稼○墠音善

廩人下大夫二人上士四人中士八人下士十有六人府八人史十有六人胥三十人徒三百人

藏米曰廩廩人舍人倉人司祿官之長

舍人上士二人中士四人府二人史四人胥四人徒四十人

舍猶宮也主平宮中用穀者也

倉人中士四人下士八人府二人史四人胥四人徒四十人

主班祿

司祿中士四人下士八人府二人史四人徒四十人

司稼下士八人史四人徒四十人

種穀曰稼如嫁女以有所生

舂人奄二人女舂抌二人奚五人

女舂抌女奴能舂與抌者抌抒臼也詩云或舂或抌○抌音由又音揄抒時女反

饎人奄二人女饎八人奚四十人

鄭司農云饎人主炊官也特牲饋食禮曰主婦視饎爨故書饎作𩝐○饎尺志反注𩝐同爨七亂反

槀人奄八人女槀每奄二人奚五人

鄭司農云槀讀爲犒師之犒主冗食者故謂之犒○冗如勇反

周禮卷九

周禮卷十

漢大司農北海鄭　玄註

明　後學東吳葛　鼒訂

司徒教官之職

大司徒之職。掌建邦之土地之圖。與其人民之數。以佐王安擾邦國。土地之圖若今司空郡國輿地圖。

以天下土地之圖。周知九州之地域。廣輪之數。辨其山林。川澤。丘陵。墳。衍。原。隰。之名物。周猶徧也。九州揚。荊。豫。青。兗。雍。幽。冀。幷也。輪從也。積石曰山。竹木曰林。注瀆曰川。水鍾曰澤。土高曰丘。大阜曰陵。水崖曰墳。下平曰衍。高平曰原。下濕曰隰。名物者十等之名。與所生之物。○雍於用反從子容反

而辨其邦國都鄙之數。制其畿疆而溝封之。設其社稷之壝而樹之田主。各以其野之所宜木。遂以名其社與其野。千里曰畿。疆猶界也。春秋傳曰。吾子疆理天下。溝穿地為阻固也。封起土界也。社稷。后土及田正之神。壝。壇與埒也。田主田神。后土田正之所依也。詩人謂之田祖。所宜木。謂若松柏栗也。若以松為社者。則名松社之野。以別方面。○壝維癸反別彼列反

以土會之灋。辨五地之物生。一曰山林。其動物宜毛物。其植物宜皁物。其民毛而方。二曰川澤。其動物宜鱗物。其植物宜膏物。其民黑而津。三曰丘陵。其動物宜羽物。其植物宜覈物。其民專而長。四曰墳衍。其動物宜介物。其植物宜莢物。其民晳而瘠。五曰原隰。其動物宜贏物。其植物宜叢物。其民豐肉而庳。會計也。以土計貢稅之法。因別此五者也。毛物貂狐貒貉之屬。縟毛者也。鱗物魚龍之屬。津潤也。羽物翟雉之屬。核物李梅之屬。專圜也。介物龜鼈之屬。水居陸生者。莢物薺莢王棘之屬。晳白也。瘠臞也。贏物虎豹貔貙之屬。淺毛者。叢物萑葦之屬。豐猶厚也。庳猶短也。杜子春讀生為性。鄭司農云。植物根生之屬。皁物柞栗之屬。今時間謂柞實為皁斗。膏物謂楊柳之屬。理致且白如膏。玄謂膏當為櫜。字之誤也。蓮芡之實有櫜韜。○皁本作皂專徒丸反注同莢古協反贏力果反庳音婢貂音彫貒吐官反貉胡洛反臞其俱反貔音毗貙勑宜反萑音丸柞子洛反致直記反櫜古毛反芡音儉

因此五物者民之常。而施十有二教焉。一曰以祀禮教敬。則民不苟。二曰以陽禮教讓。則民不爭。三曰以陰禮教親。則民不怨。四曰以樂禮教和。則民不乖。五曰以儀辨等。則民不越。六曰以俗教安。則民不偷。七曰以刑教中。則民不虣。八曰以誓教恤。則民不怠。九曰以度教節。則民知足。十曰以世事教能。則民不失職。十有一曰以賢制爵。則民慎德。十有二曰以庸制祿。則民興功。陽禮謂鄉射飲酒之禮也。陰禮謂男女之禮。昏姻以時。則男不曠。女不怨。儀謂君南面。臣北面。父坐子伏之屬。俗謂土地所生習也。偷謂朝不謀夕。恤謂災危相憂。民有凶患。憂之則民不解怠。度謂宮

室車服之制世事謂士農工商之事少而習焉其心安焉因教以能不易其業慎德謂矜其善德勸爲善也庸功也爵以顯賢祿以賞功故書儀或爲義杜子春讀爲儀謂九儀○虣薄報反解佳賣反少詩照反

以土宜之灋辨十有二土之名物以相民宅而知其利害以阜人民以蕃鳥獸以毓草木以任土事

十二土分野十二邦上繫十二次各有所宜也相占視也阜猶盛也蕃蕃息也毓生也任謂就地所生因民所能○相息亮反分扶問反

辨十有二壤之物而知其種以教稼穡樹蓺

壤亦土也變言耳以萬物自生焉則言土土猶吐也以人所耕而樹蓺焉則言壤壤和緩之貌詩云樹之榛栗又曰我蓺黍稷蓺猶蒔也○種章勇反蒔時至反

以土均之灋辨五物九等制天下之地征以作民職以令地貢以斂財賦以均齊天下之政

均平也五物五地之物也九等騂剛赤緹之屬征稅也民職民九職也地貢貢地所生謂九穀財謂泉穀賦謂九賦及軍賦○騂雖營反緹音低

以土圭之灋測土深正日景以求地中日南則景短多暑日北則景長多寒日東則景夕多風日西則景朝多陰

土圭所以制四時日月之景也測猶度也不知廣深故曰測故書求爲救杜子春云當爲求鄭司農云測土深謂南北東西之深也日南謂立表處大南近日也日北謂立表處大北遠日也景夕謂日昳景乃中立表之處大東近日也景朝謂日未中而景中立表處大西遠日也玄謂晝漏半而置土圭表陰陽審其南北景短于土圭謂之日南是地于日爲近南也景長于土圭謂之日北是地于日爲近北也東于土圭謂之日東是地於日爲近東也西于土圭謂之日西是地于日爲近西也如是則寒暑陰風偏而不和是未得其所求凡日景于地千里而差一寸○深尺鴆反度待洛反昳待結反

日至之景尺有五寸謂之地中天地之所合也四時之所交也風雨之所會也陰陽之所和也然則百物阜安乃建王國焉制其畿方千里而封樹之

景尺有五寸者南戴日下萬五千里地與星辰四遊升降於三萬里之中是以半之得地之中也畿方千里取象于日一寸爲正樹木溝上所以表助阻固也鄭司農云土圭之長尺有五寸以夏至之日立八尺之表其景適與土圭等謂之地中今潁川陽城地爲然

凡建邦國以土圭土其地而制其域諸公之地封疆方五百里其食者半諸侯之地封疆方四百里其食者參之一諸伯之地封疆方三百里其食者參之一諸子之地封疆方二百里其食者四之一諸男之地封疆方百里其食者四之一

土其地猶言度其地鄭司農云土其地但爲正四方耳其食者半公所食租稅得其半耳其半皆附庸小國也屬天子參之一者亦然故魯頌曰錫之山川土地附庸奄有龜蒙遂荒大東至于海邦論語曰季氏將伐顓臾孔子曰先王以爲東蒙主且在邦域之中是社稷之臣此非七十里所能容然則方五百里四百里合于魯頌論語之言諸男食者四之一適方五十里獨此與今五經家說合耳玄謂其食者半參之一四之一者土均均邦國地貢輕重之等其率之也公之地以一易侯伯之地

以再易于男之地以三易必足其國禮俗喪紀祭祀之用乃貢其餘若今度支經用餘爲司農穀矣大國貢重正之也小國貢輕字之也凡諸侯爲牧正帥長及有德者乃有附庸爲其有祿者當取焉公無附侯附庸九同伯附庸七同子附庸五同男附庸三同進則取焉退則歸焉魯于周法不得有附庸故言錫之也地方七百里者包附庸以大言之也附庸二十四言得兼此四等矣○附疆居良反率音律又音類正之音征爲其于僞反

凡造都鄙制其地域而封溝之以其室數制之不易之地家百畮一易之地家二百畮再易之地家三百畮

都鄙王子弟公卿大夫采地其界曰都鄙所居也王制曰天子之縣內方百里之國九七十里之國二十有一五十里之國六十有三此蓋夏時采地之數周未聞矣春秋傳曰遷鄭焉而鄙留城郭之宅曰室詩云嗟我婦子曰爲改歲入此室處以其室數制之謂制丘甸之屬王制曰凡居民量地以制邑度地以居民地邑民居必參相得鄭司農云不易之地歲種之地美故家百畮一易之地休一歲乃復種地薄故家二百畮再易之地休二歲乃復種故家三百畮○畝本亦作古畮字復扶又反

乃分地職奠地守制地貢而頒職事焉以爲地灋而待政令

分地職分其九職所宜也定地守謂衡麓虞侯之屬制地貢謂九職所稅也頒職事者分命使各爲其所職之事○奠劉音定

以荒政十有二聚萬民一曰散利二曰薄征三曰緩刑四曰弛力五曰舍禁六曰去幾七曰眚禮八曰殺哀九曰蕃樂十曰多昏十有一曰索鬼神十有二曰除盜賊

荒凶年也鄭司農云救飢之政十有二品散利貸種食也薄征輕租稅也弛力息繇役也去幾關市不幾也眚禮掌客職所謂凶荒殺禮者也多昏不備禮而娶昏者多也索鬼神求廢祀而脩之雲漢之詩所謂靡神不舉靡愛斯牲者也除盜賊急其刑以除之饑饉則盜賊多不可不除也杜子春讀蕃樂爲藩樂謂閉藏樂器而不作玄謂去幾去其稅耳舍禁若公無禁利眚禮謂殺吉禮也殺哀謂省凶禮○弛式氏反舍音捨殺所界反蕃方袁反

以保息六養萬民一曰慈幼二曰養老三曰振窮四曰恤貧五曰寬疾六曰安富

保息謂安之使蕃息也慈幼謂愛幼少也產子三人與之母二人與之餼十四以下不從征養老七十養於鄉五十異粻之屬振窮抍捄天民之窮者也窮者有四曰矜曰寡曰孤曰獨恤貧貧無財業稟貸之寬疾若今癃不可事不算卒可事者半之也安富平其繇役不專取○少詩照反抍音拯捄音救矜古頑反癃音隆卒子忽反

以本俗六安萬民一曰媺宮室二曰族墳墓三曰聯兄弟四曰聯師儒五曰聯朋友六曰同衣服

本猶舊也媺善也謂約椓攻堅風雨攸除各有攸宇族猶類也同宗者生相近死相迫連猶合也兄弟昏姻嫁娶也師儒鄉里教以道藝者同師曰朋同志曰友同猶齊也民雖有富者衣服不得獨異○媺音美椓陟角反

正月之吉始和布教于邦國都鄙乃縣教象之灋于象魏使萬民觀教象挾日而斂之乃施教灋于邦國都鄙使之各以教其所治民

正月之吉周正月朔日也司徒以布五教至正歲又書教法而縣焉○縣音玄

令五家爲比使之相保五比爲閭使之相受四閭爲族使之相葬五族爲黨使之相救五黨爲州使之相賙五州爲鄉使之相賓

此所以勸民者也使之者皆謂立其長而教令使之保猶任也救救凶災也賓賓客其賢者故書受爲授杜子春云當爲受謂民移徙所到則受之所去則出之又云賙當爲糾謂糾其惡玄謂受者宅舍有故相受寄託也賙者謂禮物不備相給足也鄉閭二十五家族百家黨五百家州二千五百家鄉萬二千五百家○比毗志反賙音周足劉子喻反

頒職事十有二于邦國都鄙使以登萬民一曰稼穡二曰樹蓺三曰作材四曰阜蕃五曰飭材六曰通財七曰化材八曰斂材九曰生材十曰學藝十有一曰世事十有二曰服事

鄭司農云稼穡謂三農生九穀也樹蓺謂園圃毓草木作材謂虞衡作山澤之材阜蕃謂藪牧養蕃鳥獸飭材謂百工飭化八材通財謂商賈阜通貨賄化材謂嬪婦化治絲枲斂材謂臣妾聚斂疏材生材謂閒民無常職轉移執事學藝謂學道藝世事謂以世事教能則民不失職服事謂爲公家服事者玄謂生材養竹木者○賈音古閒音閑

以鄉三物教萬民而賓興之一曰六德知仁聖義忠和二曰六行孝友睦婣任恤三曰六藝禮樂射御書數

物猶事也興猶舉也民三事教成鄉大夫舉其賢者能者以飲酒之禮賓客之既則獻其書於王矣知明於事仁愛人以及物聖通而先識義能斷時宜忠言以中心和不剛不柔善於父母爲孝善於兄弟爲友睦親於九族婣親於外親任信於友道恤振憂貧者禮五禮之義樂六樂之歌舞射五射之法御五御之節書六書之品數九數之計

以鄉八刑糾萬民一曰不孝之刑二曰不睦之刑三曰不婣之刑四曰不弟之刑五曰不任之刑六曰不恤之刑七曰造言之刑八曰亂民之刑

糾猶割察也不弟不敬師長造言訛言惑衆亂民亂名改作執左道以亂政也鄭司農云任謂朋友相任恤謂相憂

以五禮防萬民之僞而教之中

禮所以節止民之僞使其行得中鄭司農云五禮謂吉凶賓軍嘉

以六樂防萬民之情而教之和

樂所以蕩正民之情思使其心應和也鄭司農云六樂謂雲門咸池大韶大夏大濩大武○思息吏反濩音護

凡萬民之不服教而有獄訟者與有地治者聽而斷之其附于刑者歸于士

不服教不厭服於十二教貪冒者也爭罪曰獄爭財曰訟有地治者謂鄉州及治都鄙者也附麗也士司寇士師之屬鄭司農云與有地治者聽而斷之與其地部界所屬吏共聽斷之士謂主斷刑之官春秋傳曰士榮爲大士或謂歸于圜土圜土謂獄也獄城圜○斷丁亂反厭於涉反

祀五帝奉牛牲羞其肆

牛能任載地類也奉猶進也鄭司農云羞進也肆陳骨體也玄謂進所肆解骨體士喪禮曰肆解去

疇。○肆，託歷反，注肆解肆去同。司農音四，注肆陳同。

享先王亦如之。

大賓客，令野脩道委積。

令，令遺人使爲之也。少曰委，多曰積，皆所以給賓客。

大喪，帥六鄉之衆庶，屬其六引，而治其政令。

衆庶所致役也。鄭司農云：六引謂引喪車索也。六鄉主六引，六遂主六紼。○引如字，又音胤。紼音弗。

大軍旅、大田役，以旗致萬民，而治其徒庶之政令。

旗，畫熊虎者也。徵衆，刻日樹旗，期於其下。

若國有大故，則致萬民於王門，令無節者不行於天下。

大故，謂王崩及寇兵也。節，六節。有節乃得行，防姦私。

大荒大札，則令邦國移民、通財、舍禁、弛力、薄征、緩刑。

大荒，大凶年也。大札，大疫病也。移民，辟災就賤，其有守不可移者，則輸之穀，春秋定五年夏歸粟於蔡是也。○札，側八反。

歲終，則令教官正治而致事。

歲終，自周季冬也。教官，其屬六十。正治，明據其文書。致事，上其計簿。○上，時掌反。

正歲，令于教官曰：各共爾職，修乃事，以聽王命。其有不正，則國有常刑。

正歲，夏正月朔日。

周禮卷十

周禮卷十一

漢大司農北海鄭　玄註

明　後學東吳金　蟠訂

司徒教官之職

小司徒之職掌建邦之教灋以稽國中及四郊都鄙之夫家九比之數以辨其貴賤老幼廢疾凡征役之施舍與其祭祀飲食喪紀之禁令

稽猶考也夫家猶言男女也鄭司農云九比謂九夫爲井玄謂九比者冢宰職出九賦者之人數也貴謂爲卿大夫賤謂占會販賣者廢疾謂癃病也施當爲弛○比毗志反注下同施式氏反

乃頒比灋於六鄉之大夫使各登其鄉之衆寡六畜車輦辨其物以歲時入其數以施政教行徵令

登成也成猶定也衆寡民之多少物家中之財歲時入其數若今四時言事○畜許又反後六畜皆同

及三年則大比大比則受邦國之比要

大比謂使天下更簡閱民數及其財物也受邦國之比要則亦受鄉遂矣鄭司農云五家爲比故以比爲名今時八月案比是也要謂其簿

乃會萬民之卒伍而用之五人爲伍五伍爲兩四兩爲卒五卒爲旅五旅爲師五師爲軍以起軍旅以作田役以比追胥以令貢賦

用謂使民事之伍兩卒旅師軍皆衆之名兩二十五人卒百人旅五百人師二千五百人軍萬二千五百人此皆先王所因農事而定軍令者也欲其恩足相恤義足相救服容相別音聲相識作爲也役功力之事追逐寇也春秋莊十八年夏公追戎于濟西胥伺捕盜賊也貢嬪婦百工之物賦九賦也鄉之田制與遂同○別彼列反

乃均土地以稽其人民而周知其數上地家七人可任也者家三人中地家六人可任也者二家五人下地家五人可任也者家二人

均平也周猶徧也一家男女七人以上則授之以上地所養者衆也男女五人以下則授之以下地所養者寡也正以七人六人五人爲率者有夫有婦然後爲家自二人以至於十爲九等七六五者爲其中可任謂丁强任力役之事者出老者一人其餘男女强弱相半其大數○以上時掌反

凡起徒役毋過家一人以其餘爲羨唯田與追胥竭作

鄭司農云羨饒也田謂獵也追追寇賊也竭作盡行○毋音無

凡用衆庶則掌其政教與其戒禁聽其辭訟施其賞罰誅其犯命者

命所以誓告之

凡國之大事致民大故致餘子

大事謂戎事也大故謂災寇也鄭司農云國有大事當徵召會聚百姓則小司徒召聚之餘子謂羨也玄謂餘子卿大夫之子當守於王宮者也

乃經土地而井牧其田野九夫爲井四井爲邑四邑爲丘四丘爲甸四甸爲縣四縣爲都以任地事而令

貢賦。凡稅斂之事。

此謂造都鄙也采地制井田異於鄉遂重立國小司徒爲經之立其五溝五塗之界其制似井之字因取名焉孟子曰夫仁政必自經界始經界不正井地不均穀祿不平是故暴君姦吏必慢其經界經界既正分田制祿可坐而定也鄭司農云井牧者春秋傳所謂井衍沃牧隰皋者也玄謂隰皋之牧地九夫爲牧二牧而當一井今造都鄙授民田有不易有一易有再易通率二而當一是之謂井牧昔夏少康在虞思有田一成有衆一旅一旅之衆而田一成則井牧之法先古然矣九夫爲井井者方一里九夫所治之田也此制小司徒經之匠人爲之溝洫相包乃成耳邑丘之屬相連比以出田稅溝洫爲除水害四井爲邑方二里四邑爲丘方四里四丘爲甸甸之言乘也讀如衷甸之甸甸方八里旁加一里則方十里爲一成積百井九百夫其中六十四井五百七十六夫出田稅三十六井三百二十四夫治洫四甸爲縣方二十里四縣爲都方四十里四都方八十里旁加十里乃得方百里爲一同也積萬井九萬夫其四千九十六井三萬六千八百六十四夫出田稅二千三百四井二萬七百三十六夫治洫三千六百井三萬二千四百夫治澮井田之法備於一同今止於都者采地食者皆四之一其制三等百里之國凡四都一都之田稅入於王五十里之國凡四縣一縣之田稅入於王二十五里之國凡四甸一甸之田稅入於王地事謂農牧衡虞也貢謂九穀山澤之材也賦謂出車徒給繇役也司馬法曰六尺爲步步百爲晦晦百爲夫夫三爲屋屋三爲井井十爲通通爲匹馬三十家士一人徒二人通十爲成成百井三百家革車一乘士十人徒二十人十成爲終終千井三千家革車十乘士百人徒二百人十終爲同同方百里萬井三萬家革車百乘士千人徒二千人○甸繩證反出注注同夫仁音扶少康詩照反洫況逼反爲除于僞反乘繩證反下同澮古外反

乃分地域。而辨其守。施其職。而平其政。

分地域謂建邦國造都鄙制鄉遂也辨其守謂衡虞之屬職謂九職也政稅也政當作征故書域爲邦杜子春云當爲域○政音征

凡小祭祀。奉牛牲。羞其肆。

小祭祀王玄冕所祭○肆託歷反

小賓客。令野修道委積。

小賓客諸侯之使臣○使所吏反

大軍旅。帥其衆庶。

帥而致於大司徒

小軍旅。巡役。治其政令。

巡役小力役之事則巡行之○行下孟反

大喪。帥邦役。治其政教。

喪役正棺引窆復土○窆彼驗反

凡建邦國。立其社稷。正其畿疆之封。

畿九畿

凡民訟。以地比正之。

鄭司農云以田畔所與比正斷其訟○斷丁亂反

地訟。以圖正之。

地訟爭疆界者圖謂邦國本圖

歲終。則攷其屬官之治成而誅賞。

治成治事之計

令羣吏正要會而致事。正歲。則帥其屬。而觀教灋之

象狗以木鐸曰不用灋者國有常刑令羣吏憲禁令

脩灋糾職以待邦治

憲表縣之

及大比六鄉四郊之吏平教治正政事攷夫屋及其衆寡六畜兵器以待政令

四郊之吏在四郊之內主民事者夫三爲屋屋三爲井出地貢者三三相任

鄉師之職各掌其所治鄉之教而聽其治

聽謂平察之

以國比之灋以時稽其夫家衆寡辨其老幼貴賤癈疾馬牛之物辨其可任者與其施舍者掌其戒令糾禁聽其獄訟

施舍謂應復免不給繇役○復音福

大役則帥民徒而至治其政令既役則受州里之役要以攷司空之辟以逆其役事

而至至作部曲也既已也役要所遣民徒之數辟功作章程逆猶鉤考也鄭司農云辟法也○辟婢亦反

凡邦事令作秩敘

事功力之事秩常也敘猶次也事有常次則不偪匱○偪鄙力反

大祭祀羞牛牲共茅蒩

杜子春云蒩當爲菹以茅爲菹若葵菹也鄭大夫讀蒩爲藉謂祭前藉也易曰藉用白茅无咎玄謂蒩士虞禮所謂苴刌茅長五寸束之者是也祝設于几東席上命佐食取黍稷祭于苴三取膚祭祭如初此所以承祭既祭蓋束而去之守祧云既祭藏其隋是與○蒩子餘反藉如字下皆慈夜反苴子都反刌音忖而去羌呂反祧他彫反隋吁恚反與音餘

大軍旅會同正治其徒役與其輂輦戮其犯命者

輂駕馬輦人輓行所以載任器也止以爲蕃營司馬法曰夏后氏謂輦曰余車殷曰胡奴車周曰輜輦輦一斧一斤一鑿一梩一鉏周輦加二版二築又曰夏后氏二十人而輦殷十八人而輦周十五人而輦故書輦作連鄭司農云連讀爲輦○輂九玉反輓音晚梩里其反

大喪用役則帥其民而至遂治之

治謂監督其事

及葬執纛以與匠師御匶而治役

匠師事官之屬其於司空若鄉師之於司徒也鄉師主役匠師主衆匠共主葬引雜記曰升正柩諸侯執綍五百人四綍皆銜枚司馬執鐸左八人右八人匠人執翿以御柩天子六引禮依此云鄭司農云翿羽葆幢也爾雅曰纛翳也以指麾輓柩之役正其行列進退○纛音毒匶音舊綍音弗翿音桃幢直江反行戶剛反下同

及窆執斧以涖匠師

匠師主豐碑之事執斧以涖之使戒其事故書涖作立鄭司農云窆謂葬下棺也春秋傳曰日中而塴禮記所謂封者立讀爲涖涖謂臨視也○塴補鄧反封彼驗反

凡四時之田前期出田灋于州里簡其鼓鐸旗物兵器修其卒伍

田法人徒及所當有

及期。以司徒之大旗。致衆庶而陳之。以旗物辨鄉邑。而治其政令刑禁。巡其前後之屯而戮其犯命者。斷其爭禽之訟。司徒致衆庶者以熊虎之旗此又以之明爲司徒致之大夫致衆當以鳥隼之旗陳之以旗物以表正其行列辨別異也故書巡作述屯或爲臀鄭大夫讀屯爲課殿杜子春讀爲在後曰殿謂前後屯兵也玄謂前後屯車徒異部也今書多爲屯從屯○斷丁亂反旗音餘別彼列反殿都遍反

凡四時之徵令有常者。以木鐸徇於市朝。徵令有常者謂田狩及正月命修封疆二月命雷且發聲○朝直遙反

以歲時巡國及野。而賙萬民之囏阨。以王命施惠。歲時者隨其事之時不必四時也囏阨飢乏也鄭司農云賙讀爲周急之周○囏古艱反

歲終。則攷六鄉之治。以詔廢置。

正歲。稽其鄉器。比共吉凶二服。閭共祭器。族共喪器。黨共射器。州共賓器。鄉共吉凶禮樂之器。吉服者祭服也凶服者弔服也比長主集爲之祭器者簠簋鼎俎之屬閭胥主集爲之喪器者夷槃素俎楬豆輁軸之屬族師主集爲之此三者民所以相共也射器者弓矢楅中之屬黨正主集爲之爲州長或時射於此黨也賓器者尊俎笙瑟之屬州長主集爲之爲於鄉大夫或時賓賢能於此州也吉器若閭祭器者也凶器若族喪器者也禮樂之器若州黨賓射之器者鄉大夫備集此四者爲州黨族閭有故而不共也此鄉器者旁使相共則民無廢事上下相補則禮行而教成○楬苦轄反輁九勇反軸音逐楅音福又音逼

若國大比。則考教。察辭。稽器。展事。以詔誅賞。考教視賢能以知道藝與不察辭視吏言事知其情實不展猶整具

周禮卷十一

周禮卷十二

漢大司農北海鄭　玄註

明　後學東吴葛　鼒訂

司徒教官之職

鄉大夫之職，各掌其鄉之政教禁令。

鄭司農云：萬二千五百家爲鄉。

正月之吉，受教灋于司徒，退而頒之于其鄉吏，使各以教其所治，以攷其德行，察其道藝。

其鄉吏，州長以下。○行，下孟反。

以歲時登其夫家之衆寡，辨其可任者。國中自七尺以及六十，野自六尺以及六十有五，皆征之。其舍者，國中貴者、賢者、能者、服公事者、老者、疾者皆舍，以歲時入其書。

登，成也，定也。國中，城郭中也。晚賦稅而早免之，以其所居復多役少；野早賦稅而晚免之，以其復少役多。鄭司農云：征之者，給公上事也。舍者，謂有復除舍不收役事也。貴者，謂若今宗室及關內侯皆復也。服公事者，謂若今吏有復除也。老者，謂若今八十九十復羨卒也。疾者，謂若今癃不可事者復之。玄謂入其書者，言於大司徒。○復音福，下同。

三年則大比，攷其德行道藝，而興賢者能者。鄉老及鄉大夫帥其吏與其衆寡，以禮禮賓之。

賢者，有德行者。能者，有道藝者。衆寡，謂鄉人之善者無多少也。鄭司農云：興賢者，謂若今舉孝廉；興能者，謂若今舉茂才。賓，敬也。敬所舉賢者能者。玄謂變舉言興者，謂合衆而尊寵之，以鄉飲酒之禮禮而賓之。

厥明，鄉老及鄉大夫羣吏獻賢能之書于王，王再拜受之，登于天府，內史貳之。

厥，其也。其賓之明日也。獻，猶進也。王拜受之，重得賢者。王上其書于天府。天府，掌祖廟之寶藏者。內史副寫其書者，當詔王爵祿之時。○上其，時掌反。藏，才浪反。

退而以鄉射之禮五物詢衆庶：一曰和，二曰容，三曰主皮，四曰和容，五曰興舞。

以，用也。行鄉射之禮，而以五物詢于衆民。鄭司農云：詢，謀也。問于衆庶，寧復有賢能者。和，謂閨門之內行也。容，謂容貌也。主皮，謂善射，射所以觀士也。故書舞爲無。杜子春讀和容爲和頌，謂能爲樂也。無讀爲舞，謂能爲六舞。玄謂和，載大德；容，包六行也。庶民無射禮，因田獵分禽，則有主皮。主皮者，張皮射之，無侯也。主皮、和容、興舞，則六藝之射與禮樂與？當射之時，民必觀焉，因詢之也。孔子射於矍相之圃，蓋觀者如堵牆。射至于司馬，使子路執弓矢出誓射者，又使公罔之裘、序點揚觶而語，詢衆庶之儀若是乎。○寧，復扶又反。皮射，食亦反。矍，俱縛反。相，息亮反。觶，支豉反。

此謂使民興賢，出使長之；使民興能，入使治之。

言是乃所謂使民自舉賢者，因出之而使之長民，教以德行道藝於外也。使民自舉能者，因入之而使之治民之貢賦田役之事於內也。言爲政以順民爲本也。書曰：天聰明自我民聰明，天明威自我民明威。老子曰：聖人無常心，以百姓心爲心。如是，則古今未有遺民而可爲治。

歲終，則令六鄉之吏皆會政致事。

會，計也。致事，言其歲盡文書。

正歲令羣吏攷灋于司徒以退各憲之于其所治之國

大詢于衆庶則各帥其鄉之衆寡而致于朝大詢者詢國危詢國遷詢立君鄭司農云大詢于衆庶洪範所謂謀及庶民

國有大故則令民各守其閭以待政令使民皆聚於閭胥所治處

以旌節輔令則達之民雖以徵令行其將之者無節則不得通

州長各掌其州之教治政令之灋鄭司農云二千五百家爲州論語曰雖州里行乎哉春秋傳曰鄉取一人焉以歸謂之夏州

正月之吉各屬其州之民而讀灋以攷其德行道藝而勸之以糾其過惡而戒之屬猶合也聚也因聚衆而勸戒之者欲其善○屬音燭

若以歲時祭祀州社則屬其民而讀灋亦如之春秋以禮會民而射于州序序州黨之學也會民而射所以正其志也射儀曰射之爲言繹也繹者各繹己之志

凡州之大祭祀大喪皆涖其事大祭祀謂州社稷也大喪鄉老鄉大夫于是卒者也涖臨也

若國作民而師田行役之事則帥而致之掌其戒令與其賞罰致之致之于司徒也掌其戒令賞罰則是於軍因爲師帥

歲終則會其州之政令正歲則讀教灋如初雖以正月讀之至正歲猶復讀之因此四時之正重申之

三年大比則大攷州里以贊鄉大夫廢興廢興所廢退所興進也鄭司農云贊助也

黨正各掌其黨之政令教治鄭司農云五百家爲黨論語曰孔子于鄉黨又曰闕黨童子

及四時之孟月吉日則屬民而讀邦灋以糾戒之以四孟之月朔日讀灋者彌親民者於教亦彌數○數所角反

春秋祭禜亦如之禜謂雩禜水旱之神蓋亦爲壇位如祭社稷云○禜榮敬反

國索鬼神而祭祀則以禮屬民而飲酒于序以正齒位一命齒于鄉里再命齒于父族三命而不齒國索鬼神而祭祀謂歲十二月大蜡之時建亥之月也正齒位者鄉飲酒義所謂六十者坐五十者立侍六十者三豆七十者四豆八十者五豆九十者六豆是也必正之者爲民三時務農將闕於禮至此農隙而教之尊長養老見孝悌之道也黨正飲酒禮亡以此事屬於鄉飲酒之義微失少矣凡射飲酒此鄉民雖爲卿大夫必來觀禮鄉飲酒鄉射記大夫樂作不入士既旅不入是也齒于鄉里者以年與衆賓相次也齒于父族者父族有爲賓者以年與之相次異姓雖有老者居于其上不齒者席于尊東所謂遵○蜡仕詐反依字作䄍爲于僞反

凡其黨之祭祀喪紀昏冠飲酒教其禮事掌其戒禁

其黨之民。○冠古亂反

凡作民而師田行役則以其灋治其政事。

亦於軍因爲旅帥。

歲終則會其黨政帥其吏而致事。

正歲屬民讀灋而書其德行道藝。

書記之。

以歲時涖校比。

涖臨也。鄭司農云：校比，族師職所謂以時屬民而校登其族之夫家衆寡辨其貴賤老幼廢疾可任者及其六畜車輦如今小案比。

及大比亦如之。

族師各掌其族之戒令政事。

政事，邦政之事。鄭司農云：百家爲族。

月吉則屬民而讀邦灋書其孝弟睦婣有學者。

月吉，每月朔日也。故書上句或無事守。杜子春云：當爲正月吉，書亦或爲戒令政事。月吉則屬民而讀邦灋。

春秋祭酺亦如之。

酺者，爲人物烖害之神也。故書酺或爲步。杜子春云：當爲酺。玄謂校人職又有冬祭馬步，則未知此世所云蝝螟之酺與，人鬼之步與，蓋亦爲壇位如雩禜。云族長無飲酒之禮，因祭酺而與其民以長幼相獻酬焉。○酺音步。校戶教反。蝝悅全反。螟覓經反。禜榮敬反。

以邦比之灋帥四閭之吏以時屬民而校登其族之夫家衆寡辨其貴賤老幼廢疾可任者及其六畜車輦。

登成也，定也。

五家爲比，十家爲聯。五人爲伍，十人爲聯。四閭爲族，八閭爲聯。使之相保相受，刑罰慶賞相及相共，以受邦職，以役國事，以相葬埋。

相共猶相救相賙。

若作民而師田行役則合其卒伍簡其兵器以鼓鐸旗物帥而至掌其治令戒禁刑罰。

亦於軍因爲卒長。

歲終則會政致事。

閭胥各掌其閭之徵令。

鄭司農云：二十五家爲閭。

以歲時各數其閭之衆寡辨其施舍。凡春秋之祭祀役政喪紀之數聚衆庶，既比則讀灋書其敬敏任恤者。

祭祀謂州社黨禜族酺也。役，田役也。政，若州射黨飲酒也。喪紀，大喪之事也。四者及比，皆會聚衆民，因以讀灋以勑戒之。故書既爲暨。杜子春讀政爲征，暨爲既。○數色主反。政役如字，杜音征。

凡事掌其比觵撻罰之事。

觵撻者，失禮之罰也。觵用酒，其爵兕角爲之。撻，扑也。故書或言觵撻之罰事。杜子春云：當言觵撻罰

之事○觵古橫反扑普卜反

比長各掌其比之治五家相受相和親有辠奇衺則相及衺猶惡也○辠本亦作罪衺似嗟反

徙于國中及郊則從而授之徙謂不便其居也或國中之民出徙郊或郊民人徙國中皆從而付所處之吏明無罪惡

若徙于他則爲之旌節而行之徙于他謂出居異鄉也授之者有節乃達

若無授無節則唯圜土內之鄉中無授出鄉無節過所則呵問繫之圜土考辟之也圜土者獄城也獄必圜者規主仁以仁心求其情古之治獄閔于出之

封人掌設王之社壝爲畿封而樹之壝謂壇及堳埒也畿上有封若今時界矣不言稷者稷社之細也

凡封國設其社稷之壝封其四疆封國建諸侯立其國之封

造都邑之封域者亦如之

令社稷之職將祭之時令諸有職事於社稷者也郊特牲曰唯爲社事單出里唯爲社田國人畢作唯爲社丘乘共粢盛所以報本反始也○爲于僞反下同單音丹乘繩證反

凡祭祀飾其牛牲設其楅衡置其絼共其水槀飾謂刷治絜清之也鄭司農云楅衡所以楅持牛也絼著牛鼻繩所以牽牛者今時謂之雉與古者名同皆謂夕牲時也杜子春云楅衡所以持牛令不得抵觸人玄謂楅設于角衡設于鼻如椵狀也水槀給殺時洗薦牲也絼字當以豸爲聲○楅音福絼本又作紖持忍反槀古老反著直略反令力呈反椵音加豸直抵反

歌舞牲及毛炮之豚謂君牽牲入時隨歌舞之言其肥香以歆神也毛炮豚者爛去其毛而炮之以備八珍鄭司農云封人主歌舞其牲云博碩肥腯○炮薄交反爛似鹽反去起呂反腯徒忍反

凡喪紀賓客軍旅大盟則飾其牛牲大盟會同之盟

鼓人掌教六鼓四金之音聲以節聲樂以和軍旅以正田役音聲五聲合和者

教爲鼓而辨其聲用教爲鼓教擊鼓者大小之數又別其聲所用之事○別彼列反

以雷鼓鼓神祀雷鼓八面鼓也神祀祀天神也

以靈鼓鼓社祭靈鼓六面鼓也社祭祭地祇也

以路鼓鼓鬼享路鼓四面鼓也鬼享享宗廟也

以鼖鼓鼓軍事。（大鼓謂之鼖鼖鼓長八尺○鼖扶云反）

以鼛鼓鼓役事。（鼛鼓長丈二尺○鼛音羔）

以晉鼓鼓金奏。（晉鼓長六尺六寸金奏謂樂作擊編鐘）

以金錞和鼓。（錞錞于也圜如碓頭大上小下樂作鳴之與鼓相和○錞音淳碓音對）

以金鐲節鼓。（鐲鉦也形如小鐘軍行鳴之以爲鼓節司馬職曰軍行鳴鐲○鐲直角反鉦音征）

以金鐃止鼓。（鐃如鈴無舌有秉執而鳴之以止擊鼓司馬職曰鳴鐃且卻○鐃女交反卻起略反）

以金鐸通鼓。（鐸大鈴也振之以通鼓司馬職曰司馬振鐸○鈴音零）

凡祭祀百物之神鼓兵舞帗舞者。（兵謂干戚也帗列五采繒爲之有秉皆舞者所執○帗音佛劉音弗）

凡軍旅夜鼓鼜。（鼜夜戒守鼓也司馬灋曰昏鼓四通爲大鼜夜半三通爲晨戒旦明五通爲發昫○鼜千歷反昫本又作呴亦作煦休具反）

軍動則鼓其衆。（動曰行）

田役亦如之。

救日月則詔王鼓。（救日月食王必親擊鼓者聲大異春秋傳曰非日月之眚不鼓）

大喪則詔大僕鼓。（始崩及窆時也）

舞師掌教兵舞帥而舞山川之祭祀。教帗舞帥而舞社稷之祭祀。教羽舞帥而舞四方之祭祀。教皇舞帥而舞旱暵之事。（羽析白羽爲之形如帗也四方之祭祀謂四望也旱暵之事謂雩也暵熱氣也鄭司農云皇舞蒙羽舞書或爲翌或爲義玄謂皇析五采羽爲之亦如帗○暵呼但反翌音皇）

凡野舞則皆教之。（野舞謂野人欲學舞者）

凡小祭祀則不興舞。（小祭祀王玄冕所祭者興猶作也）

周禮卷十二

周禮卷十三

漢大司農北海鄭　玄註

明　後學東吳金　蟠訂

司徒教官之職

牧人掌牧六牲。而阜蕃其物。以共祭祀之牲牷。六牲謂牛馬羊豕犬雞鄭司農云牷純也玄謂牷體完具○牷音全

凡陽祀。用騂牲毛之。陰祀。用黝牲毛之。望祀。各以其方之色牲毛之。騂牲赤毛之取純毛也陰祀祭地北郊及社稷也望祀五嶽四鎮四瀆也鄭司農云陽祀春夏也黝讀爲幽幽黑也玄謂陽祀祭天於南郊及宗廟○黝于糾反

凡時祀之牲。必用牷物。時祀四時所常祀謂山川以下至四方百物

凡外祭毀事。用尨可也。外祭謂表貉及王行所過山川用事者故書毀爲甈尨作庬杜子春云甈當爲毁庬當爲尨尨謂雜色不純毁謂副辜侯禳毁除殃咎之屬○尨亡江反貉莫霸反甈丘例反副並逼反辜音孤禳如羊反

凡祭祀共其犧牲。以授充人繫之。犧牲毛羽完具也授充人者當殊養之周景王時賓起見雄雞自斷其尾曰雞憚其爲犧

凡牲不繫者共奉之。謂非時而祭祀者

牛人掌養國之公牛。以待國之政令。公猶官也

凡祭祀共其享牛求牛。以授職人而芻之。鄭司農云享牛前祭一日之牛也求牛禱於鬼神祈求福之牛也玄謂享獻也獻神之牛謂所以祭者也求終也終事之牛謂所以繹者也宗廟有繹者孝子求神非一處職讀爲樴樴謂之杙可以繫牛樴人者謂牧人充人與芻牲之芻牛人擇於公牛之中而以授養之○職之式反扗樴同杙餘式反

凡賓客之事。共其牢禮積膳之牛。牢禮飧饔也積所以給賓客之用若司儀職曰主國五積者也膳所以問禮賓客若掌客云殷膳太牢○積子賜反飧音孫

饗食賓射。共其膳羞之牛。羞進也所進賓之膳燕禮小臣請執冪者與羞膳者至獻賓而膳宰設折俎王之膳羞亦猶此○羞食音嗣下文同冪民狄反

軍事。共其犒牛。鄭司農云犒師之牛○犒苦報反

喪事。共其奠牛。謂殷奠遣奠也喪所薦饋曰奠

凡會同軍旅行役。共其兵車之牛。與其牽徬。以載公任器。牽徬在轅外輓牛也人御之居其前曰牽居其旁曰徬任猶用也○徬蒲浪反

凡祭祀共其牛牲之互與其盆簝以待事

鄭司農云互謂楅衡之屬盆簝皆器名盆所以盛血簝受肉籠也玄謂互若今屠家縣肉格○互劉音護徐音牙簝音寮盛音成縣音玄

充人掌繫祭祀之牲牷祀五帝則繫于牢芻之三月

牢閑也必有閑者防禽獸觸齧養牛羊曰芻三月一時節氣成

享先王亦如之

凡散祭祀之牲繫于國門使養之

散祭祀謂司中司命山川之屬國門謂城門司門之官鄭司農云使養之使守門者養之○散素但反

展牲則告牷

鄭司農云展具也具牲若今時選牲也充人主以牲牷告展牲者也玄謂展牷若今夕牲也特牲饋食之禮曰宗人視牲告充舉獸尾告備近之

碩牲則贊

贊助也君牽牲入將致之助持之也春秋傳曰故奉牲以告曰博碩肥腯

地官司徒下

載師掌任土之灋以物地事授地職而待其政令

任土者任其力勢所能生育且以制貢賦也物物色之以知其所宜之事而授農牧衡虞使職之

以廛里任國中之地以場圃任園地以宅田士田賈田任近郊之地以官田牛田賞田牧田任遠郊之地以公邑之田任甸地以家邑之田任稍地以小都之田任縣地以大都之田任畺地

故書廛或作壇郊或為蒿稍或作削鄭司農云讀為廛廛市中空地未有肆城中空地未有宅者民宅曰宅宅田者以備益多也士田者士大夫之子得而耕之田也賈田者吏為縣官賣財與之田官田者公家之所耕田牛田者以養公家之牛賞田者賞賜之田牧田者牧六畜之田以司馬法曰王國百里為郊二百里為州三百里為野四百里為縣五百里為都杜子春云蒿讀為郊五十里為近郊百里為遠郊玄謂廛里者若今云邑里居矣民居之區域也里居也圃樹果蓏之屬季秋於中為場樊圃謂之圃宅田致仕者之家所受田也士相見禮曰宅者在邦則曰市井之臣在野則曰草茅之臣士讀為仕仕者亦受田所謂圭田也孟子曰自卿以下必有圭田圭田五十畮賈田在市賈人其家所受田也官田庶人在官者其家所受田也牛田牧田畜牧者之家所受田也公邑謂六遂餘地天子使大夫治之自此以外皆然二百里三百里其上大夫如州長四百里五百里其下大夫如縣正是以或謂二百里為州四百里為縣云遂人亦監焉家邑大夫之采地小都卿之采地大都公之采地王子弟所食邑也畺五百里王畿界也皆言任者地之形實不方平如圖受田邑者遠近不得盡如制其所生育賦貢取正於是爾以廛里任國中而遂人職授民田夫一廛田百畮是廛里不謂民之邑居在都城者與凡王畿內方千里積百同九百萬夫之地也有山陵林麓川澤溝瀆城郭宮室涂巷三分去一餘六百萬夫又以田不易一易再易上中下相通定受田者三百萬家也遠郊之內地居四同三十六萬夫之地也三分去一其餘二十四萬夫六鄉之民七萬五千家通不易一易再易一家受二夫則十五萬夫之地其餘九萬夫廛里也場圃也宅田也士田也賈田也官田也牛田也賞田也牧田也九者亦通受一夫焉則半農人也定受田十二萬家也食貨志云農民戶一人已受田其家衆男為餘夫亦以口受田如此士工商家受田五口乃當農夫一人今餘夫在遂地之中如此則士工商以事入在官而餘夫以力出耕公邑甸稍縣都合居九十六同八百六十四

萬夫之地城郭宮室差少塗巷又狹于三分所去六而存一焉以十八分之十三率之則其餘六百二十四萬夫之地通上中下六家而受十三夫定受田二百八十八萬家也其在甸十萬五千家爲大遂餘則公邑○塲直良反賈音古註同量居良反吏爲于僞反蓏力果反州長丁丈反後皆同監古衡反麓音鹿涂音徒去起呂反下同率音律又音類

凡任地國宅無征園廛二十而一近郊十一遠郊二十而三甸稍縣都皆無過十二唯其漆林之征二十而五

征稅也言征者以共國政也鄭司農云任地謂任土地以起稅賦也國宅城中宅也無征無稅也故書漆林爲桼林杜子春云當爲桼林玄謂國宅凡官所有宮室吏所治者也周稅輕近而重遠近者多役也園廛亦輕之者廛無穀園少利也古之宅必樹而畺塲有瓜○桼本又作漆

凡宅不毛者有里布凡田不耕者出屋粟凡民無職事者出夫家之征

鄭司農云宅不毛者謂不樹桑麻也里布者布參印書廣二寸長二尺以爲幣貿易物詩云抱布貿絲抱此布也或曰布泉也春秋傳曰買之百兩一布又廛人職掌斂市之次布儳布質布罰布廛布孟子曰廛無夫里之布則天下之民皆說而願爲其民矣故曰宅不毛者有里布民無職事出夫家之征欲令宅樹桑麻民就四業則無稅賦以勸之也故孟子曰五畝之宅樹之以桑則五十者可以衣帛不知言布參印書者何見舊時說也玄謂宅不毛者罰以一里二十五家之泉空田者罰以三家之稅粟以其吉凶二服及喪器也民雖有閒無職事者猶出夫稅家稅也夫稅者百畝之稅家稅者出士徒車輦給繇役○儳音讒說音悅令力呈反衣於既反閒音閑

以時徵其賦

閭師掌國中及四郊之人民六畜之數以任其力以待其政令以時徵其賦

國中及四郊是所主數六鄉之中自廛里至遠郊也掌六畜數者農事之本也賦謂九賦及九貢

凡任民任農以耕事貢九穀任圃以樹事貢草木任工以飭材事貢器物任商以市事貢貨賄任牧以畜事貢鳥獸任嬪以女事貢布帛任衡以山事貢其物任虞以澤事貢其物

貢草木謂葵韭果蓏之屬○畜許大反

凡無職者出夫布

獨言無職者掌其九賦

凡庶民不畜者祭無牲不耕者祭無盛不樹者無椁不蠶者不帛不績者不衰

掌罰其家事也盛黍稷也椁周棺也不帛不得衣帛也不衰喪不得衣衰也皆所以恥不勉○衰七回反

縣師掌邦國都鄙稍甸郊里之地域而辨其夫家人民田萊之數及其六畜車輦之稽三年大比則以攷羣吏而以詔廢置

郊里郊所居也自邦國以及四郊之內是所主數周天下也萊休不耕者郊內謂之易郊外謂之萊言近○比毗志反

若將有軍旅會同田役之戒則受灋于司馬以作其

衆庶及馬牛車輦會其車人之卒伍使皆備旗鼓兵器以帥而至

受灋於司馬者知所當徵衆寡

凡造都邑量其地辨其物而制其域

物謂地所有也名山大澤不以封○量音良

以歲時徵野之賦貢

野謂甸稍縣都也所徵賦貢與閭師同

遺人掌邦之委積以待施惠鄉里之委積以恤民之囏阨門關之委積以養老孤郊里之委積以待賓客野鄙之委積以待羈旅縣都之委積以待凶荒

委積者廩人倉人計九穀之數足國用以其餘共之所謂餘法用也職內邦之移用亦如此也皆以餘財共之少曰委多曰積鄉里鄉所居也囏阨猶困乏也門關以養老孤人所出入易以取飯廩也羈旅過行寄止者待凶荒謂邦國所當通給者也故書囏阨作權阨羈作寄杜子春云權阨當爲囏阨寄當爲羈○遺唯季反施惠式豉反易以豉反權音囏又音謹

凡賓客會同師役掌其道路之委積凡國野之道十里有廬廬有飲食三十里有宿宿有路室路室有委五十里有市市有候館候館有積

廬若今野候徙有庌也宿可止宿若今亭有室矣候館樓可以觀望者也一市之間有三廬一宿○庌音雅

凡委積之事巡而比之以時頒之

周禮卷十三

周禮卷十四

漢大司農北海鄭　玄註

明　後學東吳葛　鼒訂

司徒教官之職

均人掌均地政。均地守。均地職。均人民牛馬車輦之力政。政讀爲征。地征謂地守地職之稅也。地守衡虞之屬。地職農圃之屬。力征人民則治城郭涂巷溝渠。牛馬車輦則轉委積之屬。○政音征。下同。

凡均力政。以歲上下。豐年則公旬用三日焉。中年則公旬用二日焉。無年則公旬用一日焉。豐年人食四鬴之歲也。人食三鬴爲中歲。人食二鬴爲無歲。歲無贏儲也。公事也。旬均也。讀如營營原隰之營。易坤爲均。今書亦有作旬者。○上時掌反。鬴士甫反。營音均。又音旬。

凶札則無力政。無財賦。無力政恤其勞也。無財賦恤其乏困也。財賦九賦也。

不收地守地職。不均地政。不收山澤及地稅。亦不平計地稅也。非凶札之歲當收稅。乃均之耳。

三年大比則大均。有年無年大平計之。若久不修。則數或闕。

師氏掌以媺詔王。告王以善道也。文王世子曰。師也者教之以事而論諸德者也。○媺音美。

以三德教國子。一曰至德以爲道本。二曰敏德以爲行本。三曰孝德以知逆惡。教三行。一曰孝行以親父母。二曰友行以尊賢良。三曰順行以事師長。德行內外之稱。在心爲德。施之爲行。至德中和之德。覆燾持載含容者也。孔子曰。中庸之爲德。其至矣乎。敏德仁義順時者也。說命曰。敬孫務時敏。厥修乃來。孝德尊祖愛親。守其所以生者也。孔子曰。武王周公其達孝矣乎。夫孝者善繼人之志。善述人之事者也。孝在三德之下。三行之上。德有廣於孝。而行莫尊焉。國子公卿大夫之子弟。師氏教之。而世子亦齒焉。學君臣父子長幼之道。○行下孟反。下及注同。知音智。燾徒報反。說音悅。孫音遜。夫音扶。

居虎門之左。司王朝。虎門路寢門也。王日視朝於路寢門外。畫虎焉。以明勇猛於守宜也。司猶察也。察王之視朝。若有善道可行者。則當前以詔王。○朝直遙反。下皆同。

掌國中失之事。以教國子弟。教之者使識舊事也。中中禮者也。失失禮者也。故書中爲得。杜子春云。當爲得。記君得失。若春秋是也。○中丁仲反。注同。

凡國之貴遊子弟學焉。貴遊子弟。王公之子弟。遊無官司者。杜子春云。遊當爲猶。言雖貴猶學。

凡祭祀。賓客。會同。喪紀。軍旅。王舉則從。舉猶行也。故書舉爲與。杜子春云。當爲與。謂王與會同喪紀之事。○從才用反。與音預。

聽治亦如之。謂王舉於野外以聽朝。

使其屬帥四夷之隸各以其兵服守王之門外且蹕。

兵服旃布弓劍不同也門外中門之外蹕止行人不得迫王宮也故書隸或作肄鄭司農云讀爲隸○蹕音畢

朝在野外則守內列。

內列蕃營之在內者也其屬亦帥四夷之隸守之如守王宮

保氏掌諫王惡。

諫者以禮義正之文王世子曰保也者慎其身以輔翼之而歸諸道者也

而養國子以道乃教之六藝一曰五禮二曰六樂三曰五射四曰五馭五曰六書六曰九數乃教之六儀一曰祭祀之容二曰賓客之容三曰朝廷之容四曰喪紀之容五曰軍旅之容六曰車馬之容。

養國子以道者以師氏之德行審諭之而後教之以藝儀也五禮吉凶賓軍嘉也六樂雲門大咸大韶大夏大濩大武也鄭司農云五射白矢參連剡注襄尺井儀也五馭鳴和鸞逐水曲過君表舞交衢逐禽左六書象形會意轉注處事假借諧聲也九數方田粟米差分少廣商功均輸方程贏不足旁要今有重差夕桀句股也祭祀之容穆穆皇皇賓客之容嚴恪矜莊朝廷之容濟濟蹌蹌喪紀之容涕涕翔翔軍旅之容闞闞仰仰車馬之容顛顛堂堂玄謂祭祀之容齊齊皇皇賓客之容穆穆皇皇朝廷之容濟濟翔翔喪紀之容纍纍顛顛軍旅之容暨暨詻詻車馬之容匪匪翼翼○纍纍剡羊甚反襄音讓本作讓重直龍反夕桀音的沈祥易反此二字非鄭注濟子禮反蹌七良反闞呼檻反仰本又作卬五剛反纍顛上律悲反下音田詻五格反

凡祭祀賓客會同喪紀軍旅王舉則從聽治亦如之。

使其屬守王闈。

闈宮中之巷門

司諫掌糾萬民之德而勸之朋友正其行而強之道藝巡問而觀察之以時書其德行道藝辨其能而可任於國事者。

朋友相切磋以善道也強猶勸也學記曰強而弗抑則易巡問行問民間也可任於國事任吏職○強其丈反易以豉反

以攷鄉里之治以詔廢置以行赦宥。

因巡問勸強萬民而考鄉里吏民罪過以告王所當罪不○行下孟反

司救掌萬民之衺惡過失而誅讓之以禮防禁而救之。

衺惡謂侮慢長老語言無忌而未麗於罪者過失亦由衺惡酗醟好訟若抽拔兵器誤以行傷害人麗於罪者誅誅責也古者重刑且責怒之未卽罪也○衺似嗟反注作邪同酗況付反醟音詠好呼報反

凡民之有衺惡者三讓而罰三罰而士加明刑恥諸嘉石役諸司空。

罰謂撻擊之也加明刑者去其冠飾而書其衺惡之狀著之背也嘉石朝士所掌在外朝之門左使坐焉以恥辱之既而役諸司空使事官作之也坐役之數存於司寇○去起呂反著直略反

其有過失者三讓而罰三罰而歸於圜土。

圜土獄城也過失近罪晝日任之以事而收之夜藏於獄亦加明刑以恥之不使坐嘉石其罪已著

未忍刑之。

凡歲時有天患民病，則以節巡國中及郊野，而以王命施惠。天患謂烖害也。節，旌節也。施惠，賙恤之。

調人掌司萬民之難而諧和之。難，相與爲仇讎。諧猶調也。

凡過而殺傷人者，以民成之。過，無本意也。成，平也。鄭司農云：以民成之，謂立證佐成其罪也。一說以鄉里之民共和解之。春秋傳曰：惠伯成之之屬。

鳥獸亦如之。過失殺傷人之畜產者。○畜，許又反。

凡和難，父之讎辟諸海外，兄弟之讎辟諸千里之外，從父兄弟之讎不同國；君之讎眡父，師長之讎眡兄弟，主友之讎眡從父兄弟。和之使辟於此，不得就而仇之。九夷、八蠻、六戎、五狄，謂之四海。主，大夫君也。春秋傳曰：晉荀偃卒而視，不可含。宣子盥而撫之曰：事吳敢不如事主。○辟音避，從才用反，眡音視。

弗辟，則與之瑞節而以執之。瑞節，玉節之剡圭也。和之而不肯辟者，是不從王命也。王以剡圭使調人執之，治其罪。

凡殺人有反殺者，使邦國交讎之。反，復也。復殺之者，此欲除害弱敵也。邦國交讎之，明不和，諸侯得者即誅之。鄭司農云：有反殺者，謂重殺也。

凡殺人而義者，不同國，令勿讎，讎之則死。義，宜也。謂父母兄弟師長嘗辱焉而殺之者，如是爲得其宜。雖所殺者人之父兄，不得讎也，使之不同國而已。

凡有鬬怒者，成之；不可成者，則書之，先動者誅之。鬬怒，辨訟者也。不可成，不可平也。書之，記之。姓名，辨本也。鄭司農云：成之，謂和之也。和之，猶今二千石以令解仇怨，後復相報，移徙之。此其類也。玄謂上言立證佐成其罪，似非。

媒氏掌萬民之判。判，半也。得耦爲合，主合其半，成夫婦也。喪服傳曰：夫妻判合。鄭司農云：主萬民之判合。

凡男女自成名以上，皆書年月日名焉。鄭司農云：成名，謂子生三月父名之。

令男三十而娶，女二十而嫁。二三者，天地相承覆之數也。易曰：參天兩地而奇數焉。○奇本或作倚，音同。

凡娶判妻入子者，皆書之。書之者，以別未成昏禮者。鄭司農云：入子者，謂嫁女者也。玄謂言入子者，容媵姪娣不聘之者。

中春之月，令會男女。中春陰陽交，以成昏禮，順天時也。

於是時也，奔者不禁。重天時，權許之也。

若無故而不用令者，罰之。

無故謂無喪禍之變也有喪禍者娶得用非仲春之月雜記曰己雖小功既卒哭可以冠子娶妻○冠古喚反

司男女之無夫家者而會之。司猶察也無夫家謂男女之鰥寡者

凡嫁子娶妻入幣純帛無過五兩。純實緇字也古緇以才爲聲納幣用緇婦人陰也凡於娶禮必用其類五兩十端也必言兩者欲得其配合之名十者象五行十日相成也士大夫乃以玄纁束帛天子加以穀圭諸侯加以大璋雜記曰納幣一束束五兩兩五尋然則每端二丈○純側其反

禁遷葬者與嫁殤者。遷葬謂生時非夫婦死既葬遷之使相從也殤十九以下未嫁而死者生不以禮相接死而合之是亦亂人倫者也鄭司農云嫁殤者謂嫁死人也今時娶會是也

凡男女之陰訟聽之于勝國之社其附于刑者歸之于士。陰訟爭中冓之事以觸法者勝國亡國也亡國之社奄其上而棧其下使無所通就之以聽陰訟之情明不當宣露其罪不在赦宥者直歸士而刑之不復以聽士司寇之屬詩云牆有茨不可掃也中冓之言不可道也所可道也言之醜也○冓古侯反棧士板反茨疾私反

司市掌市之治教政刑量度禁令。量豆區斗斛之屬度丈尺也○區烏侯反

以次敘分地而經市。次謂吏所治舍思次介次也若今市亭然敘肆行列也經界也○行戶剛反

以陳肆辨物而平市。陳猶列也辨物物異肆也肆異則市平

以政令禁物靡而均市。物靡者易售而無用禁之則市均鄭司農云靡謂侈靡也○易以豉反

以商賈阜貨而行布。通物曰商居賣物曰賈阜猶盛也鄭司農云布謂泉也○賈音古

以量度成賈而徵儥。徵召也儥買也物有定賈則買者來也○成賈音嫁注下不音者皆同儥劉音育

以質劑結信而止訟。質劑謂兩書一札而別之也若今下手書言保物要還矣鄭司農云質劑月平○劑子隨反平皮命反

以賈民禁僞而除詐。賈民胥師賈師之屬必以賈民爲之者知物之情僞與實詐○賈民音嫁

以刑罰禁虣而去盜。刑罰憲徇扑○虣薄報反去起呂反扑普卜反

以泉府同貨而斂賒。同共也同者謂民貨不售則爲斂而買之民無貨則賒貰而予之○賒傷蛇反爲于僞反貰音世

大市日昃而市百族爲主朝市朝時而市商賈爲主夕市夕時而市販夫販婦爲主。日昃昳中也市雜聚之處言主者謂其多者也百族必容來去商賈家於市城販夫販婦朝資夕賣

因其便而分爲三時之市所以了物極衆鄭司農云百族百姓也○仄音側本又作昃

凡市入則胥執鞭度守門。市之羣吏平肆展成奠賈。上旌于思次以令市。市師涖焉而聽大治大訟。胥師賈師涖于介次而聽小治小訟。

凡市入謂三時之市市者入也胥守門察僞詐也必執鞭度以威正人衆也度謂殳也因刻丈尺耳羣吏胥師以下也平肆平賣物者之行列使之正也展之言整也成平也會平成市物者也奠讀爲定整勑會者使定物賈防誑豫也上旌者以爲衆望也見旌則知當市也思次若今市亭也市師司市也介次市亭之屬別小者也故書涖作立杜子春云奠當爲定鄭司農云思辭也次市中候樓也立當爲涖涖視也玄謂思當爲司字聲之誤也○奠音定上時掌反殳音殊

凡萬民之期于市者、辟布者、量度者、刑戮者，各於其地之敘。

期謂欲賣買期決于市也量度者若今處斗斛及丈尺也故書辟爲辭鄭司農云辭布辭訟泉物者也玄謂辟布市之羣吏者實諸泉入及有遺忘

凡得貨賄六畜者亦如之，三日而舉之。

得遺物者亦使置其地貨於貨之肆馬於馬之肆則主求之易也三日而無識認者舉之沒入官

凡治市之貨賄六畜珍異，亡者使有，利者使阜，害者使亡，靡者使微。

利利於民謂物實厚者害害於民謂物行苦者使有使阜起其賈以徵之也使亡使微抑其賈以卻之也靡細好使富民好奢微之而已○鄭司農云亡者使有無此物則開利其道使之有○苦音古好呼報反

凡通貨賄以璽節出入之。

璽節印章如今斗檢封矣使人執之以通商以出貨賄者王之司市也以內貨賄者邦國之司市也

國凶荒札喪則市無征而作布。

有災害物貴市不稅爲民乏困也金銅無凶年因物貴大鑄泉以饒民

凡市僞飾之禁在民者十有二，在商者十有二，在賈者十有二，在工者十有二。

鄭司農云所以俱十有二者工不得作賈不得粥商不得資民不得畜玄謂王制曰用器不中度不粥粥於市兵車不中度不粥於市布帛精麤不中數幅廣狹不中量不粥於市姦色亂正色不粥於市五穀不時果實未熟不粥於市木不中伐不粥於市禽獸魚鼈不中殺不粥於市亦其類也於四十八則未聞數十二焉○賈音古注同粥音育中丁仲反下同

市刑小刑憲罰，中刑徇罰，大刑扑罰，其附于刑者歸于士。

徇舉以示其地之衆也扑撻也鄭司農云憲罰播其肆也故書附爲祔杜子春云當爲附○祔方符反

國君過市則刑人赦。夫人過市罰一幕。世子過市罰一帟。命夫過市罰一蓋。命婦過市罰一帷。

謂諸侯及夫人世子過其國之市大夫內子過其都之市也市者人之所交利而行刑之處君子無故不遊觀焉若遊觀則施惠以爲說也國君則赦其刑人夫人世子命夫命婦則使之出罰異尊卑也所罰謂憲徇扑也必罰幕帟蓋帷市者衆也此四物者在衆之用也此王國之市而說國君以下過市者諸侯之於其國與王同以其足以互明之○幕劉音莫帟音亦觀古亂反下同

凡會同師役，市司帥賈師而從，治其市政，掌其賣價之事。

市司，司市也。價，買也。會同師役，必有市者，大衆所在，來物以備之。

周禮卷十四

周禮卷十五

漢大司農北海鄭　玄註

明　後學東吳金　蟠訂

司徒教官之職

質人掌成市之貨賄人民牛馬兵器珍異。成平也會者平物賈而來主成其平也人民奴婢也珍異四時食物

凡賣價者質劑焉大市以質小市以劑。鄭司農云質劑月平賈也質大賈劑小賈玄謂質劑者爲之券藏之也大市人民馬牛之屬用長券小市兵器珍異之物用短券○長如字

掌稽市之書契同其度量壹其淳制巡而攷之犯禁者舉而罰之。稽猶考也治也書契取予市物之券也其券之象書兩札刻其側杜子春云淳當爲純純謂幅廣制謂匹長也皆當中度量玄謂淳讀如淳尸盥之淳○其淳音准長直亮反中丁仲反淳尸劉章純反

凡治質劑者國中一旬郊二旬野三旬都三月邦國朞期內聽期外不聽。謂齎券契者來訟也以期內來則治之後期則不治所以絕民之好訟且息文書也郊遠郊也野甸稍也都小都大都

廛人掌斂市絘布總布質布罰布廛布而入于泉府。布泉也鄭司農云絘布列肆之稅布杜子春云總當爲儳謂無肆立持者之稅也玄謂總讀如租䆃之䆃布謂守斗斛銓衡者之稅也質布者質人之所罰犯質劑者之泉也罰布者犯市令者之泉也廛布者貨賄諸物邸舍之稅○絘音次儳音讒䆃音總

凡屠者斂其皮角筋骨入于玉府。以當稅給作器物也其無皮角筋骨不中用亦稅之

凡珍異之有滯者斂而入于膳府。故書滯或作廛鄭司農云謂滯貨不售者官爲居之貨物沈滯於廛中不決民待其直以給喪疾而不可售買賤者也廛謂市中之地未有肆而可居以畜藏貨物者也孟子曰市廛而不征法而不廛則天下之商皆說而願藏於其市矣謂貨物諸藏於市中而不租稅也故曰廛而不征其有貨物久滯於廛而不售者官以法爲居取之故曰法而不廛玄謂滯讀如沈滯之滯珍異四時食物也不售而在廛久則將瘦臞腐敗爲買之入膳夫之府所以紓民事而官不失實○爲買于僞反膳下同畜勑六反說音悅諸知呂反本或作貯瘦本又作腴所又反臞其俱反

胥師各掌其次之政令而平其貨賄憲刑禁焉。憲表縣之○縣音玄

察其詐僞飾行價慝者而誅罰之。鄭司農云價買也慝惡也謂行且賣姦僞惡物者玄謂飾行價慝謂使人行賣惡物於市巧飾之令欺誑買者○行下孟反令力呈反

聽其小治小訟而斷之。○斷丁亂反

賈師各掌其次之貨賄之治辨其物而均平之展其成而奠其賈然後令市。辨別也

凡天患禁貴儥者使有恆賈

恆常也謂若儲米穀棺木而睹久雨疫病者貴賣之因天災害阨民使之重困

四時之珍異亦如之

薦宗廟之物

凡國之賣儥各帥其屬而嗣掌其月

儥買也故書賣爲買鄭司農云謂官有所斥令賣買飭帥其屬而更相代直月爲官賣之均勞逸○爲官于僞反

凡師役會同亦如之

〔司虣〕掌憲市之禁令禁其鬬嚻者與其虣亂者出入相陵犯者以屬遊飲食于市者

虣讙也鄭司農云以屬遊飲食羣飲食者○虣五羔反讙音歡

若不可禁則搏而戮之

〔司稽〕掌巡市而察其犯禁者與其不物者而搏之

不物衣服視古不與衆同及所操物不如品式

掌執市之盜賊以徇且刑之

〔胥〕各掌其所治之政執鞭度而巡其前掌其坐作出入之禁令襲其不正者

作起也坐起禁令當市而不得空守之屬故書襲爲習杜子春云當爲襲謂掩捕其不正者

凡有罪者撻戮而罰之

罰之使出布

〔肆長〕各掌其肆之政令陳其貨賄名相近者相遠也實相近者相爾也而平正之

爾亦近也俱是物也使惡者遠善善自相近鄭司農云謂若珠玉之屬俱名爲珠俱名爲玉而賈或百萬或數萬恐農夫愚民見欺故別異令相遠使賈人不得雜亂以欺人

斂其總布掌其戒禁

杜子春云總當爲儳

〔泉府〕掌以市之征布斂市之不售貨之滯於民用者以其賈買之物楬而書之以待不時而買者買者各從其抵都鄙從其主國人郊人從其有司然後予之

故書滯爲癉杜子春云癉當爲滯鄭司農云物楬而書之物物爲揃書書其賈楬著其物也不時買者謂急求者也抵故賈也主者別治大夫也然後予之爲封符信然後予之玄謂抵實柢字柢本也本謂所屬吏主有司是也○楬音竭癉音旦揃音牋著直略反

凡賒者祭祀無過旬日喪紀無過三月

鄭司農云賒貰也以祭祀喪紀故從官貰買物

凡民之貸者與其有司辨而授之以國服爲之息

有司其所屬吏也與之別其貸民之物定其賈以與之鄭司農云貸者謂從官借本賈也故有息使民弗利以其所賈之國所出爲息也假令其國出絲絮則以絲絮償其國出絺葛則以絺葛償玄謂以國服爲之息以其於國服事之稅爲息也於國事受園廛之田而貸萬泉者則朞出息五百王莽時民貸以治產業者但計贏所得受息無過歲什一○本賈音嫁所賈音古

凡國事之財用取具焉歲終則會其出入而納其餘

會計也。納入也。入餘於職幣。

司門掌授管鍵，以啓閉國門。

鄭司農云：鍵讀爲蹇。管謂籥也，鍵謂牡。○鍵，其展反。

幾出入不物者，正其貨賄。凡財物犯禁者舉之。

不物，衣服視瞻不與衆同，及所操物不如品式者。正讀爲征，征，稅也。犯禁，謂商所不資者。舉之，沒入官。

以其財養死政之老與其孤。

財，所謂門關之委積也。死政之老，死國事者之父母也。孤，其子。

祭祀之牛牲繫焉，監門養之。

監門，門徒。○監，古銜反。

凡歲時之門，受其餘。

鄭司農云：受祭門之餘。

凡四方之賓客造焉，則以告。

造猶至也。告，告於王，而止客以俟逆。

司關掌國貨之節，以聯門市。

貨節，謂商本所發司市之璽節也。自外來者，則案其節，而書其貨之多少，通之國門，國門通之司市。自內出者，司市爲之璽節，通之國門，國門通之關門，參相聯以檢猾商。○猾，音滑。

司貨賄之出入者，掌其治禁與其征廛。

征廛者，貨賄之稅與所止邸舍也。關下亦有邸客舍，其出布如市之廛。

凡貨不出於關者，舉其貨，罰其人。

不出於關，謂從私道出辟稅者。則沒其財而撻其人。○辟，音避。

凡所達貨賄者，則以節傳出之。

商或取貨於民間，無璽節者，至關，關爲之璽節及傳出之。其有璽節，亦爲之傳。傳，如今移過所文書。○傳，張戀反，注下皆同。

國凶札，則無關門之征，猶幾。

鄭司農云：凶謂凶年饑荒也。札謂疾疫死亡也。越人謂死爲札。春秋傳曰：札瘥夭昏。無關門之征者，出入關門無租稅。猶幾，謂無租稅猶苛察，不得令姦人出入。孟子曰：關幾而不征，則天下之行旅皆說而願出於其塗。○瘥，才何反。說，音悅。

凡四方之賓客敂關，則爲之告。

謂朝聘者也。敂關，猶謁關人也。鄭司農說以國語曰：周之秩官有之曰：敵國賓至，關尹以告，行理以節逆之。○敂，音叩。爲，于僞反。朝，直遙反。

有外內之送令，則以節傳出內之。

有送令，謂奉貢獻及文書，以常事往來。環人之職所送逆通賓客，來至關，則爲之節與傳以通之。

掌節掌守邦節而辨其用，以輔王命。

邦節者，珍圭、牙璋、穀圭、琬圭、琰圭也。王有命，則別其節之用，以授使者。輔王命者，執以行爲信。○別，彼列反。使，所吏反。

守邦國者用玉節，守都鄙者用角節。

謂諸侯於其國中，公卿大夫王子弟於其采邑，有命者亦自有節以輔之。玉節之制，如王爲之，以命數爲小大。角用犀角，其制未聞。

凡邦國之使節，山國用虎節，土國用人節，澤國用龍

節皆金也以英蕩輔之

使節使卿大夫聘於天子諸侯行道所執之信也土平地也山多虎平地多人澤多龍以金爲節鑄象焉必自以其國所多者於以相別爲信明也今漢有銅虎符杜子春云蕩當爲帑謂以函器盛此節或曰英蕩畫函○帑吐黨反盛音成

門關用符節貨賄用璽節道路用旌節皆有期以反節

門關司門司關也貨賄者主通貨賄之官謂司市也道路者主治五涂之官謂鄉遂大夫也凡民遠出至於邦國邦國之民若來入由門者司門爲之節由關者司關爲之節其商則司市爲之節其以徵令及家徙則鄉遂大夫爲之節唯時事而行不出關不用節也變司市言貨賄者璽節主以通貨賄貨賄非必由市或資於民家焉變鄉遂言道路者容公邑及小都大都之吏皆主治五涂亦有民道路也符節者如今宮中諸官詔符也璽節者今之印章也旌節今使者所擁節是也將送者執此節以送行者皆以道里日時課如今郵行有程矣以防容姦擅有所通也凡節有法式藏於掌節○郵音尤

凡通達於天下者必有節以傳輔之

必有節言遠行無有不得節而出者也輔之以傳者節爲信耳傳說所齎操及所適

無節者有幾則不達

圖土內之

遂人掌邦之野

郊外曰野此野爲甸稍縣都

以土地之圖經田野造縣鄙形體之法五家爲鄰五鄰爲里四里爲酇五酇爲鄙五鄙爲縣五縣爲遂皆有地域溝樹之使各掌其政令刑禁以歲時稽其人民而授之田野簡其兵器教之稼穡

經形體皆爲制分界也鄰里酇鄙縣遂猶郊內比閭族黨州鄉也鄭司農云田野之居其比伍之名與國中異制故五家爲鄰玄謂異其名者示相變耳遂之軍法追胥起徒役如六鄉○酇作管反比毗志反

凡治野以下劑致甿以田里安甿以樂昬擾甿以土宜教甿稼穡以興耡利甿以時器勸甿以彊予任甿以土均平政

變民言甿異外內也甿猶懵懵無知貌也致猶會也民雖受上田中田下田及會之以下劑爲率謂可任者家二人樂昏勸其昏姻如媒氏會男女也擾順也時器鑄作耒耜錢鎛之屬彊予謂民有餘力復予之田若餘夫然政讀爲征土均掌均平其稅鄭大夫讀耡爲藉杜子春讀耡爲助謂起民人令相佐助○甿亡耕反彊其良反懵莫耕反率音律又音類鎛音博

辨其野之土上地中地下地以頒田里上地夫一廛田百晦萊五十晦餘夫亦如之中地夫一廛田百晦萊百晦餘夫亦如之下地夫一廛田百晦萊二百晦餘夫亦如之

萊謂休不耕者鄭司農云戶計一夫一婦而賦之田其一戶有數口者餘夫亦受此田也廛居也揚子雲有田一廛謂百晦之居也玄謂廛城邑之居孟子所云五晦之宅樹之以桑麻者也六遂之民可受一廛雖上地猶有萊皆所以饒遠也王莽時城郭中宅不樹者爲不毛出三夫之布○令力呈

反晦音畝萊音來奇居宜反

凡治野夫間有遂遂上有徑十夫有溝溝上有畛百夫有洫洫上有涂千夫有澮澮上有道萬夫有川川上有路以達于畿

十夫二鄰之田百夫一酇之田千夫二鄙之田萬夫四縣之田遂溝洫澮皆所以通水於川也遂廣深各二尺溝倍之洫倍溝澮廣二尋深二仞徑畛涂道路皆所以通車徒於國都也徑容牛馬畛容大車涂容乘車一軌道容二軌路容三軌都之野涂輿環涂同可也萬夫者方三十三里少半里九而方一同以南畝圖之則遂從溝橫洫從澮橫九澮而川周其外焉去山陵林麓川澤溝瀆城郭宮室涂巷三分之制其餘如此以至于畿則中雖有都鄙遂人盡主其地○洫況域反澮古外反乘繩證反從子容反去起呂反

以歲時登其夫家之衆寡及其六畜車輦辨其老幼廢疾與其施舍者以頒職作事以令貢賦以令師田以起政役

登成也猶定也夫家猶言男女也施讀爲弛職謂民九職也分其農牧衡虞之職使民爲其事也載師職云以物地事授地職互言矣貢九貢也賦九賦也政役出士徒役○施式氏反政音征

若起野役則令各帥其所治之民而至以遂之大旗致之其不用命者誅之

役謂師田若有功作也遂之大旗熊虎

凡國祭祀共野牲令野職

共野牲入於牧人以待事也野職薪炭之屬

凡賓客令修野道而委積

委積於廬宿市

大喪帥六遂之役而致之掌其政令及葬帥而屬六綍及窆陳役

致役致於司徒給墓上事及竁也綍舉棺索也葬舉棺者謂載與說時也用綍旁六執之者天子其千人與陳役者主陳列之耳匠師帥監之鄉師以斧涖焉大喪之正棺殯啓朝及引六鄉役之載及窆六遂役之亦即遠相終始也鄭司農云窆謂下棺時遂人主陳役也禮記謂之封春秋謂之塴皆葬下棺也聲相似○屬音燭綍音弗竁昌絹反輿說始銳反朝直遙反之封彼驗反塴補鄧反

凡事致野役而師田作野民帥而至掌其政治禁令

【遂師】各掌其遂之政令戒禁以時登其夫家之衆寡六畜車輦辯其旅舍與其可任者經牧其田野辨其可食者周知其數而任之以徵財征作役事則聽其治訟

施讀亦弛也經牧制田界與井也可食謂今年所當耕者也財征賦稅之事

巡其稼穡而移用其民以救其時事

移用其民使轉相助救時急事也四時耕耨斂艾芟地之宜晚早不同而有天期地澤風雨之急○艾音刈

凡國祭祀審其誓戒共其野牲

審亦聽也

入野職野賦于玉府

民所入貨賄以當九職九賦中玉府之用者

賓客則巡其道脩庀其委積

巡其道脩行治道路也故書庀爲比鄭司農云比讀爲庀庀具也○庀匹爾反行下孟反

大喪使帥其屬以幄帟先道野役及窆抱磨共丘籠及蜃車之役

使以幄帟先者大宰也其餘司徒也幄帟先所以爲葬窆之間先張神坐也道野役帥以至墓也邱籠之役窾復土也其器曰籠蜃車柩路也柩路載柳四輪迫地而行有似於蜃因取名焉行至壙乃說更復載以龍輴蜃禮記或作槫或作輇役謂執綍者鄭司農云抱磨磨下車也玄謂磨者適歷執綍者名也遂人主陳之而遂師以名行校之○磨音歷籠力董反乃說如銳反或吐活反輴勑倫反槫市專反輇市專反適音的

軍旅田獵平野民掌其禁令比敘其事而賞罰

平謂正其行列部伍也鄭司農云比讀爲庀

遂大夫各掌其遂之政令以歲時稽其夫家之衆寡六畜田野辨其可任者與其可施舍者以教稼穡以稽功事掌其政令戒禁聽其治訟

施讀亦爲弛功事九職之事民所以爲功業

令爲邑者歲終則會政致事

不言其遂之吏而言爲邑者容公邑及鄉大夫王子弟之采邑政令戒禁遂大夫亦施焉

正歲簡稼器修稼政

簡猶閱也稼器耒耜鎡基之屬稼政孟春之月令所云皆修封疆審端徑術善相邱陵阪險原隰土地所宜五穀所殖以教道民必躬親之○術音遂相息亮反道音導

三歲大比則帥其吏而興甿明其有功者屬其地治者

興甿舉民賢者能者如六鄉之爲也興猶舉也屬猶聚也又因舉吏治有功者而聚勑其餘以職事○比毗志反屬音燭

凡爲邑者以四達戒其功事而誅賞廢興之

四達者治民之事大通者有四夫家衆寡也六畜車輦也稼穡耕耨也旗鼓兵革也

縣正各掌其縣之政令徵比以頒田里以分職事掌其治訟趨其稼事而賞罰之

徵徵召也比案比○趨本又作趣音促

若將用野民師田行役移執事則帥而至治其政令

移執事移用其民鄭司農云謂轉相佐助

既役則稽功會事而誅賞

鄙師各掌其鄙之政令祭祀

祭祀祭禜也○禜音詠

凡作民則掌其戒令

作民謂起役也

以時數其衆庶而察其媺惡而誅賞

時四時也○媺音美

歲終則會其鄙之政而致事

酇長各掌其酇之政令以時校登其夫家比其衆寡以治其喪紀祭祀之事校猶數也若作其民而用之則以旗鼓兵革帥而至若歲時簡器與有司數之簡器簡稼器也兵器亦存焉有司遂大夫凡歲時之戒令皆聽之趨其耕耨稽其女功聽之受而行之也女功絲枲之事

里宰掌比其邑之衆寡與其六畜兵器治其政令邑猶里也以歲時合耦于耡以治稼穡趨其耕耨行其秩敘以待有司之政令而徵斂其財賦考工記曰耜廣五寸二耜爲耦此言兩人相助耦而耕也鄭司農云耡讀爲藉杜子春云耡讀爲助謂相佐助也玄謂耡者里宰治處也若今街彈之室於此合耦使相佐助因放而爲名季冬之月令農師計耦耕事修耒耜具田器是其歲時與合人耦則牛耦亦可知也秩敘受耦相佐助之次第○放方往反

鄰長掌相糾相受相糾相舉察凡邑中之政相贊長短使相補助徙于他邑則從而授之從猶隨也授猶付也

周禮卷十五

周禮卷十六

漢大司農北海鄭　玄註

明　後學東吳葛　鼒訂

司徒教官之職

旅師掌聚野之耡粟屋粟閒粟

野謂遠郊之外也耡粟民相助作一井之中所出九夫之稅粟也屋粟民有田不耕所罰三夫之稅粟閒粟閒民無職事者所出一夫之征粟

而用之以質劑致民平頒其興積施其惠散其利而均其政令

而讀爲若聲之誤也若用之謂恤民之艱阨委積於野如遺人於鄉里也以質劑致民案入稅者名會而貸之與積所與之積謂三者之粟也平頒之不得偏頗有多少縣官徵聚物曰興今云軍興是也是粟縣師徵之旅師斂之而用之以賙衣食曰惠以作事業曰利均其政令者皆以國服爲之息○積子賜反

凡用粟春頒而秋斂之

困時施之饒時收之

凡新甿之治皆聽之使無征役以地之媺惡爲之等

新甿新徙來者也治謂有所求乞也使無征役之也王制曰自諸侯來徙家期不從政以地美惡爲之等七人以上授以上地六口授以中地五口以下授以下地與舊民同旅師掌斂地稅而又惠施散利是以屬用新民焉○復音福

稍人掌令丘乘之政令

丘乘四丘爲甸甸讀與維禹敶之之敶同其訓曰乘由是改云是掌令都鄙修治井邑丘甸縣都之溝涂云丘甸者舉中言之溝涂之人名井別邑異則民之家數存焉

若有會同師田行役之事則以縣師之灋作其同徒輂輦帥而以至治其政令以聽於司馬

有軍旅會同田役之戒縣師受灋於司馬邦國都鄙稍甸郊里唯司馬所調以其灋作其眾庶及馬牛車輦會其車人之卒伍使皆備旗鼓兵器以帥而至是以書令之耳其所調若在家邑小都大都則稍人用縣師所受司馬之灋作之帥之以至於司馬也同徒司馬所調之同凡用役者不必一時皆徧以人數調之使勞逸遞焉○輂居録反調徒弔反遞徒禮反

大喪帥蜃車與其役以至掌其政令以聽於司徒

蜃車及役遂人共之稍人者野監是以帥而致之既夕禮曰既正柩賓出遂匠納車于階閒則天子以至于士柩路皆從遂來

委人掌斂野之賦斂薪芻凡疏材木材凡畜聚之物

野謂遠郊以外也所斂野之賦謂野之園圃山澤之賦也凡疏材草木有實者也凡畜聚之物瓜瓠葵芋禦冬之具也野之農賦旅師斂之工商嬪婦遂師以入玉府其牧則遂師又以共野牲○畜敕六反芋于附反

以稍聚待賓客以甸聚待羈旅

聚凡畜聚之物也故書羈作奇杜子春云當爲羈

凡其余聚以待頒賜

余當爲餘聲之誤也餘謂縣都畜聚之物

以式灋共祭祀之薪蒸木材賓客共其芻薪喪紀共

其薪蒸木材。軍旅共其委積薪芻。凡疏材共野委兵器與其野囿財用。

式灋故事之多少也。薪蒸給炊及燎。麤者曰薪，細者曰蒸。木材給張事。委積薪芻者，委積之薪芻也。軍旅又有疏材，以助禾粟。野委謂廬宿止之薪芻也。其兵器謂守衛陳兵之器也。野囿之財用者，苑囿藩蘿之材。○蘿音羅。

凡軍旅之賓客館焉。

館，舍也。必舍此者，就牛馬之用。

土均掌平土地之政，以均地守，以均地事，以均地貢。

政讀爲征。所平之稅，邦國都鄙也。地守，虞衡之屬。地事，農圃之職。地貢，諸侯之九貢。

以和邦國都鄙之政令刑禁與其施舍禮俗喪紀祭祀，皆以地媺惡爲輕重之灋而行之，掌其禁令。

施讀爲弛也。禮俗，邦國都鄙民之所行先王舊禮也。君子行禮不求變俗，隨其土地厚薄爲之制豐省之節耳。禮器曰：禮也者，合於天時，設於地財，順於鬼神，合於人心，理於萬物。

草人掌土化之灋，以物地相其宜而爲之種。

土化之灋，化之使美，若氾勝之術也。以物地，占其形色爲之種，黃白宜以種禾之屬。○相，息亮反。氾音凡。

凡糞種，騂剛用牛，赤緹用羊，墳壤用麋，渴澤用鹿，鹹潟用貆，勃壤用狐，埴壚用豕，彊檃用蕡，輕爂用犬。

凡所以糞種者，皆謂煑取汁也。赤緹，縓色也。渴澤，故水處也。潟，鹵也。貆，貒也。勃壤，粉解者。埴壚，黏疏者。彊檃，彊堅者。輕爂，輕脆者。故書騂爲挈，墳作蚠。杜子春挈讀爲騂，謂地色赤而土剛強也。鄭司農云：用牛，以牛骨汁漬其種也，謂之糞種。墳壤，多蚠鼠也。壤，白色。蕡，麻也。玄謂墳壤，潤解。○緹音抵。麋音眉。潟音昔。貆，呼丸反。埴，時力反。壚音盧。檃，呼覽反。蕡，扶云反。爂，孚照反。縓，七絹反。貒，吐官反。蚠，符粉反。

稻人掌稼下地。

以水澤之地種穀也。謂之稼者，有似嫁女相生。

以豬畜水，以防止水，以溝蕩水，以遂均水，以列舍水，以澮寫水，以涉揚其芟作田。

鄭司農說豬防以春秋傳曰：町原防，規偃豬。以列舍水，列者，非一道以去水也。以涉揚其芟，以其水寫，故得行其田中，舉其芟鉤也。杜子春讀蕩爲和蕩，謂以溝行水也。玄謂偃豬者，畜流水之陂也。防，豬旁隄也。遂，田首受水小溝也。列，田之畦畛也。澮，田尾去水大溝。作，猶治也。開遂舍水於列中，因涉之，揚去前年所芟之草，而治田種稻。○列，祿計反。芟，所銜反。町，徒頂反。去，起呂反。畦，劉音圭。畛音劣。

凡稼澤，夏以水殄草而芟荑之。

殄，病也，絕也。鄭司農說芟荑以春秋傳曰：芟夷蘊崇之。今時謂禾下麥爲荑下麥，言芟刈其禾於下種麥也。玄謂將以澤地爲稼者，必於夏六月之時，大雨時行，以水病絕草之後生者，至秋水涸，芟之，明年乃稼。○荑音夷。蘊，紆粉反。

澤草所生，種之芒種。

鄭司農云：澤草之所生，其地可種芒種。芒種，稻麥也。○種，章勇反，注同。

旱暵共其雩斂。

稻人共雩斂，稻急水者也。鄭司農云：雩事所發斂。○暵，呼旦反。

喪紀共其葦事。

葦以圖攢槩爆之物○圖音因

土訓掌道地圖以詔地事。

道說也說地圖九州形勢山川所宜告王以施其事也若云荊揚地宜稻幽并地宜麻

道地慝以辨地物而原其生以詔地求。

地慝若瘴蠱然也辨其物者別其所有所無原其生生有時也以此二者告王之求也地所無及物未生則不求也鄭司農云地慝地所生惡物害人者若虺蝮之屬○蝮孚目反

王巡守則夾王車。

巡守行視所守也天子以四海爲守○行下孟反

誦訓掌道方志以詔觀事。

說四方所識久遠之事以告王觀博古所識若魯有大庭氏之庫殽之二陵

掌道方慝以詔辟忌以知地俗。

方慝四方言語所惡也不避其忌則其方以爲苟於言語也知地俗博事也鄭司農云以詔避忌不違其俗也曲禮曰君子行禮不求變俗○辟音避注同惡烏路反

王巡守則夾王車。

山虞掌山林之政令物爲之厲而爲之守禁。

物爲之厲每物有蕃界也爲之守禁爲守者設禁令也守者謂其地之民占伐林木者也鄭司農云厲遮列守之○爲守者于僞反

仲冬斬陽木仲夏斬陰木。

鄭司農云陽木春夏生者陰木秋冬生者若松柏之屬玄謂陽木生山南者陰木生山北者冬斬陽夏斬陰堅濡調○濡戚如兖反又音柔

凡服耜斬季材以時入之。

季猶穉也服與耜宜用穉材尚柔忍也服牝服車之材

令萬民時斬材有期日。

時斬材斬材之時也有期日入出有日數爲久盡物

凡邦工入山林而掄材不禁。

掄猶擇也不禁者山林國之有不拘日也

春秋之斬木不入禁。

非冬夏之時不得入所禁之中斬木也斬四野之木可

凡竊木者有刑罰。

竊盜也

若祭山林則爲主而脩除且蹕。

爲主主辦護之也脩除治道路場壇

若大田獵則萊山田之野及弊田植虞旗于中致禽而珥焉。

萊除其草萊也弊田田者止也植猶樹也田止樹旗令獲者皆致其禽而校其耳以知獲數也山虞有旗以其主山得畫熊虎其仞數則短也鄭司農云珥者取禽左耳以效功也大司馬職曰獲者取左耳○珥如志反又音耳

林衡掌巡林麓之禁令而平其守。

平其守者平其地之民守林麓之部分○麓音鹿分扶問反

以時計林麓而賞罰之。

計林麓者，計其守之功也。林麓蕃茂，民不竊盜，則有賞，不則罰之。

若斬木林，則受灋于山虞，而掌其政令。

灋，萬民入出時日之期。

【川衡】掌巡川澤之禁令，而平其守，以時舍其守，犯禁者，執而誅罰之。

舍其守者，時案視守者於其舍，申戒之。

祭祀、賓客，共川奠。

川奠，籩豆之實，魚鱅蠯蛤之屬。○奠音電，鱅所留反。

【澤虞】掌國澤之政令，爲之厲禁，使其地之人守其財物，以時入之于玉府，頒其餘于萬民。

其地之人，占取澤物者，因以部分使守之，以時入之于玉府，謂皮角珠貝也。入之以當邦賦，然後得取其餘以自爲也。入出亦有時日之期。○當丁浪反，爲于僞反。

凡祭祀、賓客，共澤物之奠。

澤物之奠，亦籩豆之實，芹茆蔆芡之屬。○茆音卯，蔆音陵，芡音險。

喪紀，共其葦蒲之事。

葦以闉壙，蒲以爲席。

若大田獵，則萊澤野，及弊田，植虞旌以屬禽。

屬禽，猶致禽而珥焉。澤虞有旌，以其主澤，澤，鳥所集，故得注析羽。

【迹人】掌邦田之地政，爲之厲禁而守之。

田之地，若今苑也。

凡田獵者受令焉。

令，謂時與處也。

禁麛卵者，與其毒矢射者。

爲其夭物，且害必多也。麛，麋鹿子。○麛音迷，卵力管反。

【丱人】掌金玉錫石之地，而爲之厲禁以守之。

錫，鈏也。○丱，華猛反，又虢猛反；鈏，以忍反。

若以時取之，則物其地圖而授之。

物地，占其形色，知鹹淡也。授之，教取者之處。

巡其禁令。

行其禁，明其令。

【角人】掌以時徵齒角凡骨物於山澤之農，以當邦賦之政令。

山澤出齒角骨物，大者犀象，其小者麋鹿。

以度量受之，以共財用。

骨入漆浣者，受之以量，其餘以度，度所中。○浣，戶翫反。度度，上如字，下待洛反。

【羽人】掌以時徵羽翮之政于山澤之農，以當邦賦之政令。

翮，羽本。○翮，戶革反。

凡受羽，十羽爲審，百羽爲摶，十摶爲縳。

審、摶、縳，羽數束名也。爾雅曰：一羽謂之箴，十羽謂之摶，百羽謂之緷。其名音相近也。一羽則有名，蓋失

之矣

【掌葛】掌以時徵絺綌之材于山農凡葛征徵草貢之材于澤農以當邦賦之政令

草貢出澤萯紵之屬可緝績者○萯苦迥反

以權度受之

以知輕重長短也故書受或爲授杜子春云當爲受

【掌染草】掌以春秋斂染草之物

染草茅蒐橐蘆豕首紫茢之屬○茢音列

以權量受之以待時而頒之

權量以知輕重多少時染夏之時

【掌炭】掌灰物炭物之徵令以時入之

灰炭皆山澤之農所出也灰給澣練炭之所共多

以權量受之以共邦之用凡炭灰之事

【掌荼】掌以時聚荼以共喪事

共喪事者以著物也既夕禮曰茵著用荼

徵野疏材之物以待邦事凡畜聚之物

荼茅莠疏材之類也因使掌焉徵者徵於山澤入於委人○畜敕六反

【掌蜃】掌斂互物蜃物以共闉壙之蜃

互物蚌蛤之屬闉猶塞也將井椁先塞下以蜃禦溼也鄭司農說以春秋傳曰始用蜃炭言僭天子也○蚌蒲項反

祭祀共蜃器之蜃

飾祭器之屬也鬯人職曰凡四方山川用蜃器春秋定十四年秋天王使石尚來歸蜃蜃之器以蜃飾因名焉鄭司農云蜃可以白器令色白

共白盛之蜃

盛猶成也謂飾牆使白之蜃也今東萊用蛤謂之叉灰云

【囿人】掌囿游之獸禁

囿游囿之離宮小苑觀處也養獸以宴樂視之禁者其蕃衛也鄭司農云囿游之獸游牧之獸○觀古亂反樂音洛

牧百獸

備養衆物也今掖庭有鳥獸自熊虎孔雀至於狐狸鳧鶴備焉

祭祀喪紀賓客共其生獸死獸之物

【場人】掌國之場圃而樹之果蓏珍異之物以時斂而藏之

果棗李之屬蓏瓜瓠之屬珍異蒲萄枇杷之屬○枇蒲梨反杷白加反

凡祭祀賓客共其果蓏享亦如之

享納牲

【廩人】掌九穀之數以待國之匪頒賙賜稍食

匪讀爲分分頒謂委人之職諸委積也賙賜謂王所賜予給好用之式也稍食祿廩○食音嗣注同好呼報反

以歲之上下數邦用以知足否以詔穀用以治年之

凶豐

數猶計也○上時掌反

凡萬民之食食者人四鬴上也人三鬴中也人二鬴下也

此皆謂一月食米也六斗四升曰鬴

若食不能人二鬴則令邦移民就穀詔王殺邦用

就穀就都鄙之有者殺猶減也○殺所界反

凡邦有會同師役之事則治其糧與其食

行道曰糧謂糒也止居曰食謂米也○糒音備

大祭祀則共其接盛

接讀為一扱再祭之扱扱以授舂人舂之大祭祀之穀藉田之收藏於神倉者也不以給小用○扱初洽反

舍人掌平宮中之政分其財守以灋掌其出入

政謂用穀之政也分其財守者計其用穀之數分送宮正內宰使守而頒之也而米出於廩人其有空缺則計之還入

凡祭祀共簠簋實之陳之

方曰簠圓曰簋盛黍稷稻粱器

賓客亦如之共其禮車米筥米芻禾

禮致饔餼之禮

喪紀共飯米熬穀

飯所以實口不忍虛也君用梁大夫用稷士用粱皆四升實者唯盈熬穀者錯于棺旁所以惑蚍蜉也喪大記曰熬君四種八筐大夫三種六筐士二種四筐加魚腊焉○飯扶晚反錯七故反蚍鼻夷反蜉音孚種章勇反下同

以歲時縣穜稑之種以共王后之春獻種

縣之者欲其風氣燥達也鄭司農云春王當耕于藉則后獻其種也后獻其種見內宰職○縣音玄

穜稑直龍反下音六

掌米粟之出入辨其物

九穀六米別為書

歲終則會計其政

政用穀之多少

倉人掌粟入之藏

九穀盡藏焉以粟為主

辨九穀之物以待邦用若穀不足則止餘灋用有餘則藏之以待凶而頒之

止猶殺也殺餘灋用謂道路之委積所以豐優賓客之屬

凡國之大事共道路之穀積食飲之具

大事謂喪戎

司祿闕

司稼掌巡邦野之稼而辨穜稑之種周知其名與其所宜地以為灋而縣于邑閭

周猶徧也徧知種所宜之地縣以示民後年種穀用爲灋也○種章勇反

巡野觀稼以年之上下出斂灋。

斂灋者豐年從正凶荒則損若今十傷二三實除減半

掌均萬民之食而賙其急而平其興。

均謂度其多少賙稟其艱阨興所徵賦

[舂人]掌共米物。

米物言非一米

祭祀共其齍盛之米。

齍盛謂黍稷稻粱之屬可盛以爲簠簋實

賓客共其牢禮之米。

謂可以實筐筥

凡饗食共其食米。

饗有食米則饗禮兼燕與食

掌凡米事。

[饎人]掌凡祭祀共盛。

炊而共之

共王及后之六食。

六食六穀之飯

凡賓客共其簠簋之實。

謂致饔餼

饗食亦如之。

[槀人]掌共外內朝宂食者之食。

外朝司寇斷獄弊訟之朝也今司徒府中有百官朝會之殿云天子與丞相舊決大事焉是外朝之存者與內朝路門外之朝也宂食者謂留治文書若今尚書之屬諸直上者

若饗耆老孤子士庶子共其食。

士庶子卿大夫士之子弟宿衛王宮者

掌豢祭祀之犬。

養犬豕曰豢不於餼人言其共至尊雖其潘瀾戔餘不可褻也

周禮卷十六

周禮卷十七

漢大司農北海鄭　玄註

明　後學東吳金　蟠訂

春官宗伯第三

惟王建國，辨方正位，體國經野，設官分職，以爲民極。乃立春官宗伯，使帥其屬而掌邦禮，以佐王和邦國。禮謂曲禮五，吉凶賓軍嘉，其別三十有六。鄭司農云：宗伯，主禮之官。故書堯典曰：帝曰咨四岳，有能典朕三禮？僉曰伯夷。帝曰俞，咨伯，汝作秩宗。宗官又主鬼神，故國語曰：使名姓之後能知四時之生、犧牲之物、玉帛之類、采服之宜、彝器之量、次主之度、屏攝之位、壇場之所、上下之神、祇氏姓之所出，而率舊典者爲之宗。春秋禘于大廟，躋僖公，而傳曰：夏父弗忌爲宗人。又曰：使宗人釁夏獻其禮。禮特牲曰：宗人升自西階，視壺濯及豆籩。然則唐虞歷三代以宗官典國之禮與其祭祀，漢之大常是也。○大廟音泰。釁，虛覲反。

禮官之屬：大宗伯，卿一人。小宗伯，中大夫二人。肆師，下大夫四人，上士八人，中士十有六人，旅下士三十有二人，府六人，史十有二人，胥十有二人，徒百有二十人。

肆猶陳也。肆師佐宗伯陳列祭祀之位及牲器粢盛。

鬱人，下士二人，府二人，史一人，徒八人。

鬱，鬱金香草，宜以和鬯。

鬯人，下士二人，府一人，史一人，徒八人。鬯，釀秬爲酒，芬香條暢於上下也。秬如黑黍，一稃二米。○秬，其許反。稃音孚。

雞人，下士一人，史一人，徒四人。

司尊彝，下士二人，府四人，史二人，胥二人，徒二十人。

彝亦尊也。鬱鬯曰彝。彝，灋也，言爲尊之灋也。

司几筵，下士二人，府二人，史一人，徒八人。

筵亦席也。鋪陳曰筵，藉之曰席。然其言之筵席通矣。

天府，上士一人，中士二人，府四人，史二人，胥二人，徒二十人。

府，物所藏。言天，者尊此所藏若天物然。

典瑞，中士二人，府二人，史二人，胥一人，徒十人。

瑞，節信也。典瑞若今符璽郎。

典命，中士二人，府二人，史二人，胥一人，徒十人。

命謂王遷秩羣臣之書。

司服，中士二人，府二人，史一人，胥一人，徒十人。

典祀，中士二人，下士四人，府二人，史二人，胥四人，徒四十人。

守祧，奄八人，女祧每廟二人，奚四人。

遠廟曰祧。周爲文王、武王廟，遷主藏焉。奄如今之宦者。女祧，女奴有才知者。天子七廟，三昭三穆。奚，

女奴也。○爲，于僞反。知音智。

世婦，每宮卿二人，下大夫四人，中士八人，女府二人，

女史二人奚十有六人

世婦后宮官也王后六宮漢始大長秋詹事中少府大僕亦用士人女府女史女奴有才智者○少詩照反

內宗凡內女之有爵者

內女王同姓之女謂之內宗有爵其嫁於大夫及士者凡無常數之言

外宗凡外女之有爵者

外女王諸姑姊妹之女謂之外宗

冢人下大夫二人中士四人府二人史四人胥十有二人徒百有二十人

冢封土爲邱壠象冢而爲之

墓大夫下大夫二人中士八人府二人史四人胥二十人徒二百人

墓冢塋之地孝子所思慕之處○塋音營

職喪上士二人中士四人下士八人府二人史四人胥四人徒四十人

職主也

大司樂中大夫二人樂師下大夫四人上士八人下士十有六人府四人史八人胥八人徒八十人

大司樂樂官之長○長丁丈反後皆放此

大胥中士四人小胥下士八人府二人史四人徒四十人

胥有才知之稱禮記文王世子曰小樂正學干大胥佐之

大師下大夫二人小師上士四人瞽矇上瞽四十人中瞽百人下瞽百有六十人眡瞭三百人府四人史八人胥十有二人徒百有二十人

凡樂之歌必使瞽矇爲焉命其賢知者以爲大師小師晉杜蒯云曠也大師也眡讀爲虎眡之眡瞭目明者鄭司農云無目眹謂之瞽有目眹而無見謂之矇有目無眸子謂之瞍○眡音視

典同中士二人府一人史一人胥二人徒二十人

同陰律也不以陽律名官者因其先言耳書曰協時月正日同律度量衡大師職曰執同律以聽軍聲

磬師中士四人下士八人府四人史二人胥四人徒四十人

鐘師中士四人下士八人府二人史二人胥六人徒六十人

笙師中士二人下士四人府二人史二人胥一人徒十人

鎛師中士二人下士四人府二人史二人胥二人徒二十人

鎛如鍾而大○鎛音博

韎師下士二人府一人史一人舞者十有六人徒四

十人。（鄭司農說以明堂位曰韎東夷之樂讀如味飲食之味杜子春讀韎爲菋荎著之菋玄謂讀如韎韐之韎○韎莫拜反菋莫戒反又音味荎直基反著直居反韐古洽反）

旄人下士四人舞者衆寡無數府二人史二人胥二人徒二十人。（旄旄牛尾舞者所持以指麾）

籥師中士四人府二人史二人胥二人徒二十人。（籥舞者所吹春秋宣八年壬午猶繹萬入去籥傳曰去其有聲者廢其無聲者詩云左手執籥右手秉翟○去起呂反）

籥章中士二人下士四人府一人史一人胥二人徒二十人。（籥章吹籥以爲詩章）

鞮鞻氏下士四人府一人史一人胥二人徒二十人。（鞮讀如屨也鞮屨四夷舞者所屝也今時倡蹋鼓沓行者自有屝○鞮丁兮反鞻九具反蹋徒臘反）

典庸器下士四人府四人史二人胥八人徒八十人。（庸功也鄭司農云庸器有功者鑄器銘其功春秋傳曰以所得於齊之兵作林鍾而銘魯功焉）

司干下士二人府二人史二人徒二十人。（干舞者所持謂楯也春秋傳曰萬者何干舞也○楯食允反）

大卜下大夫二人卜師上士四人卜人中士八人下士十有六人府二人史二人胥四人徒四十人。（問龜曰卜大卜卜筮官之長）

龜人中士二人府二人史二人工四人胥四人徒四十人。（工取龜攻龜）

菙氏下士二人史一人徒八人。（燋焌用荊菙之類○菙時髓反燋哉灼反焌音俊）

占人下士八人府一人史二人徒八人。（占蓍龜之卦兆吉凶）

簭人中士二人府一人史二人徒四人。（問蓍曰筮其占易）

占夢中士二人史二人徒四人。

眡祲中士二人史二人徒四人。（祲陰陽氣相侵漸成祥者魯史梓慎云吾見赤黑之祲○祲子鴆反）

大祝下大夫二人上士四人小祝中士八人下士十有六人府二人史四人胥四人徒四十人。（大祝祝官之長）

喪祝上士二人中士四人下士八人府二人史二人胥四人徒四十人。

甸祝下士二人府一人史一人徒四人。（甸之言田也田狩之祝○甸音電）

詛祝下士二人府一人史一人徒四人

詛謂祝之使沮敗也○詛側慮反祝之又反

司巫中士二人府一人史一人胥一人徒十人

司巫巫官之長

男巫無數女巫無數其師中士四人府二人史四人胥四人徒四十人

巫能制神之處位次主者

大史下大夫二人上士四人小史中士八人下士十有六人府四人史八人胥四人徒四十人

大史大官之長

馮相氏中士二人下士四人府二人史四人徒八人

馮乘也相視也世登高臺以視天文之次序天文屬大史月令曰乃命大史守典奉法司天日月星辰之行宿離不貸○馮音憑相息亮反

保章氏中士二人下士四人府二人史四人徒八人

保守也世守天文之變

內史中大夫一人下大夫二人上士四人中士八人下士十有六人府四人史八人胥四人徒四十人

外史上士四人中士八人下士十有六人胥二人徒二十人

御史中士八人下士十有六人其史百有二十人府四人胥四人徒四十人

御猶侍也進也其史百有二十人以掌贊書人多也

巾車下大夫二人上士四人中士八人下士十有六人府四人史八人工百人胥五人徒五十人

巾猶衣也巾車車官之長○衣於旣反

典路中士二人下士四人府二人史二人胥二人徒二十人

路王之所乘車

車僕中士二人下士四人府二人史二人胥二人徒二十人

司常中士二人下士四人府二人史二人胥四人徒四十人

司常主王旌旗

都宗人上士二人中士四人府二人史四人胥四人徒四十人

都謂王子弟所封及公卿所食邑

家宗人如都宗人之數

家謂大夫所食采邑

凡以神士者無數以其藝爲之貴賤之等

以神士者男巫之俊有學問才知者藝謂禮樂射御書數高者爲上士次之爲中士又次之爲下士

周禮卷十七

漢大司農北海鄭　玄註

明　後學東吳葛　鼒訂

宗伯禮官之職

大宗伯之職。掌建邦之天神人鬼地示之禮。以佐王建保邦國。

建立也立天神地祇人鬼之禮者謂祀之祭之享之禮吉禮是也保安也所以佐王立安邦國者主謂凶禮賓禮軍禮嘉禮也目吉禮於上承以立安邦國者互以相成明尊鬼神重人事○示音祇本或作祇下神示地示皆倣此

以吉禮事邦國之鬼神示。

事謂祀之祭之享之故書吉或爲告杜子春云書爲告禮者非是當爲吉禮書亦多爲吉禮吉禮之別十有二

以禋祀祀昊天上帝。以實柴祀日月星辰。以槱燎祀司中司命飌師雨師。

禋之言煙周人尚臭煙氣之臭聞者槱積也詩曰芃芃棫樸薪之槱之三祀皆積柴實牲體焉或有玉帛燔燎而升煙所以報陽也鄭司農云昊天天也上帝玄天也昊天上帝樂以雲門實柴實牛柴上也故書實柴或爲賓柴司中三能三階也司命文昌宮星風師箕也雨師畢也玄謂昊天上帝冬至於圜丘所祀天皇大帝星謂五緯辰謂日月所會十二次司中司命文昌第五第四星或曰中能上能也祀五帝亦用實柴之禮云○槱羊九反飌音風芃薄工反棫音域樸音卜能他來反

以血祭祭社稷五祀五嶽。以貍沈祭山林川澤。以疈辜祭四方百物。

不言祭地此皆地祇祭地可知也陰祀自血起貴氣臭也社稷土穀之神有德者配食焉共工氏之子曰句龍食於社有厲山氏之子曰柱食於稷湯遷之而祀棄故書祀作禩疈爲罷鄭司農云禩當爲祀書亦或作祀五祀五色之帝於王者宮中曰五祀罷辜披磔牲以祭若今時磔狗祭以止風玄謂此五祀者五官之神在四郊四時迎五行之氣於四郊而祭五德之帝亦食此神焉少昊氏之子曰重爲句芒食於木該爲蓐收食於金脩及熙爲玄冥食於水顓頊氏之子曰黎爲祝融后土食於火土五嶽東曰岱宗南曰衡山西曰華山北曰恆山中曰嵩高山不見四竇者四竇五嶽之匹或省文祭山林曰埋川澤曰沈順其性之含藏疈疈牲胷也疈而磔之謂磔禳及蜡祭郊特牲曰八蜡以記四方四方年不順成八蜡不通以謹民財也又曰蜡之祭也主先嗇而祭司嗇也祭百種以報嗇也饗農及郵表畷禽獸仁之至義之盡也○貍亡皆反疈孚逼反共音恭句古侯反禩音祀罷芳皮反磔張格反食此音嗣重直龍反畷音綴禳如羊反蜡七詐反種章勇反

以肆獻祼享先王。以饋食享先王。以祠春享先王。以禴夏享先王。以嘗秋享先王。以烝冬享先王。

宗廟之祭有此大享肆獻祼饋食在四時之上則是祫也禘也肆者進所解牲體謂薦熟時也獻醴謂薦血腥也祼之言灌灌以鬱鬯謂始獻尸求神時也郊特牲曰魂氣歸于天形魄歸于地故祭所以求諸陰陽之義也殷人先求諸陽周人先求諸陰灌是也祭必先灌乃後薦腥薦熟於祫逆言之者與下共文明六享俱然祫言肆獻祼禘言饋食者著有黍稷互相備也魯禮三年喪畢而祫於大祖明年春禘於羣廟自爾以後率五年而再殷祭一祫一禘○肆他歷反解骨體祼古亂反率五音律

以凶禮哀邦國之憂。

哀謂救患分烖凶禮之別有五

以喪禮哀死亡。

哀謂親者服焉疏者含襚○含戶暗反襚音遂

以哀禮哀凶札。

荒人物有害也曲禮曰歲凶年穀不登君膳不祭肺馬不食穀馳道不除祭事不縣大夫不食粱士飲酒不樂札讀為截謂疫厲○縣音玄

以弔禮哀禍烖。

禍烖謂遭水火宋大水魯莊公使人弔焉曰天作淫雨害於粢盛如何不弔廄焚孔子拜鄉人為火來者拜之士一大夫再亦相弔之道○為一于僞反

以襘禮哀圍敗。

同盟者會合財貨以更其所喪春秋襄三十年冬會于澶淵宋烖故是其類○襘古外反更音庚喪息浪反澶善然反

以恤禮哀寇亂。

恤憂也鄰國相憂兵作於外為寇作於內為亂

以賓禮親邦國。

親謂使之相親附賓禮之別有八

春見曰朝。夏見曰宗。秋見曰覲。冬見曰遇。時見曰會。殷見曰同。

此六禮者以諸侯見王為文六服之內四方以時分來或朝春或宗夏或覲秋或遇冬名殊禮異更遞而徧朝猶朝也欲其來之早宗尊也欲其尊王覲之言勤也欲其勤王之事遇偶也欲其若不期而偶至時見者言無常期諸侯有不順服者王將有征討之事則既朝覲王為壇於國外合諸侯而命事焉春秋傳曰有事而會不協而盟是也殷猶衆也十二歲王如不巡守則六服盡朝朝禮既畢王亦為壇合諸侯以命政焉所命之政如王巡守殷見四方四時分來終歲則徧○日朝直遙反遞音弟猶朝張遙反

時聘曰問。殷頫曰視。

時聘者亦無常期天子有事乃聘之焉竟外之臣既非朝者歲不敢瀆為小禮殷頫謂一服朝之歲以朝者少諸侯乃使卿以大禮衆聘焉一服朝在元年七年十一年○頫他弔反竟音境

以軍禮同邦國。

同謂威其不協僭差者軍禮之別有五

大師之禮用衆也。

用其義勇

大均之禮恤衆也。

均其地政地守地職之賦所以憂民

大田之禮簡衆也。

古者因田習兵閱其車徒之數

大役之禮任衆也。

築宮邑所以事民力彊弱

大封之禮合衆也。

正封疆溝塗之固所以合聚其民

以嘉禮親萬民。

嘉善也所以因人心所善者而為之制嘉禮之別有六

以飲食之禮親宗族兄弟。

親者使之相親人君有食宗族飲酒之禮所以親之也文王世子曰族食世降一等大傳曰繫之以姓而弗別綴之以食而弗殊百世而昏姻不通者周道然也○別彼列反

以昏冠之禮親成男女。

親其恩成其性○冠古亂反

以賓射之禮親故舊朋友。

射禮雖王亦立賓主也王之故舊朋友為世子時共在學者天子亦有友諸侯之義武王誓曰我友邦冢君是也司寇職有議故之辟議賓之辟

以饗燕之禮親四方之賓客。

賓客謂朝聘者

以脤膰之禮親兄弟之國。

脤膰社稷宗廟之肉以賜同姓之國同福祿也兄弟有共先王者魯定公十四年天王使石尚來歸脤○脤上忍反膰音煩

以賀慶之禮親異姓之國。

異姓王昏姻甥舅

以九儀之命正邦國之位。

每命異儀貴賤之位乃正春秋傳曰名位不同禮亦異數

壹命受職。

始見命為正吏謂列國之士於子男為大夫王之下士亦一命鄭司農云受職治職事

再命受服。

鄭司農云受服受祭衣服為上士玄謂此受玄冕之服列國之大夫再命於子男為卿卿大夫自玄冕而下如孤之服王之中士亦再命則爵弁服

三命受位。

鄭司農云受下大夫之位玄謂此列國之卿始有列位於王為王之臣也王之上士亦三命

四命受器。

鄭司農云受祭器為上大夫玄謂此公之孤始得有祭器者也禮運曰大夫具官祭器不假聲樂皆具非禮也王之下大夫亦四命

五命賜則。

鄭司農云則者法也出為子男玄謂則地未成國之名王之下大夫四命出封加一等五命賜之以方百里二百里之地者方三百里以上為成國王莽時以二十五成為則方五十里合今俗說子男之地獨劉子駿等識古有此制焉

六命賜官。

鄭司農云子男入為卿治一官也玄謂此王六命之卿賜官者使得自置其臣治家邑如諸侯春秋襄十八年冬晉侯以諸侯圍齊荀偃為君禱河既陳齊侯之罪而曰曾臣彪將率諸侯以討焉其官臣偃實先後之○先悉薦反後胡豆反

七命賜國。

王之卿六命出封加一等者鄭司農云出就侯伯之國

八命作牧。

諸侯有功德者加命得專征伐於諸侯鄭司農云一州之牧王之三公亦八命

九命作伯。

上公有功德者，加命爲二伯，得征五侯九伯者。鄭司農云：長諸侯爲方伯。

以玉作六瑞以等邦國。

等猶齊等也。

王執鎮圭。

鎮，安也，所以安四方。鎮圭者，蓋以四鎮之山爲瑑飾，圭長尺有二寸。

公執桓圭。

公，二王之後及王之上公。雙植謂之桓。桓，宮室之象，所以安其上也。桓圭，蓋亦以桓爲瑑飾，圭長九寸。

侯執信圭，伯執躬圭。

信當爲身，聲之誤也。身圭、躬圭，蓋皆象以人形爲瑑飾，文有麤縟耳。欲其慎行以保身。圭皆長七寸。〇信音身，行下孟反。

子執穀璧，男執蒲璧。

穀所以養人，蒲爲席所以安人。二玉蓋或以穀爲飾，或以蒲爲瑑飾。璧皆徑五寸。不執圭者，未成國也。

以禽作六摯以等諸臣。

摯之言至，所執以自致。〇摯本或作贄。

孤執皮帛，卿執羔，大夫執鴈，士執雉，庶人執鶩，工商執雞。

皮帛者，束帛而表以皮爲之飾。皮，虎豹皮。帛，如今璧色繒也。羔，小羊，取其羣而不失其類。鴈，取其侯時而行。雉，取其守介而死，不失其節。鶩，取其不飛遷。雞，取其守時而動。曲禮曰：飾羔鴈者以繢。謂衣之以布而又畫之者。自雉以下，執之無飾。士相見之禮：卿大夫飾摯以布，不言繢。此諸侯之臣與天子之臣異也。然則天子之孤飾摯以虎皮，公之孤飾摯以豹皮與？此孤卿大夫士之摯，皆以爵不以命數。凡摯無庭實。〇衣於既反。

以玉作六器，以禮天地四方。

禮謂始告神時薦於神坐。書曰：周公植璧秉圭是也。

以蒼璧禮天，以黃琮禮地，以青圭禮東方，以赤璋禮南方，以白琥禮西方，以玄璜禮北方。

此禮天以冬至，謂天皇大帝在北極者也。禮地以夏至，謂神在崐崘者也。禮東方以立春，謂蒼精之帝，而太昊、句芒食焉。禮南方以立夏，謂赤精之帝，而炎帝、祝融食焉。禮西方以立秋，謂白精之帝，而少昊、蓐收食焉。禮北方以立冬，謂黑精之帝，而顓頊、玄冥食焉。禮神者必象其類：璧圜象天；琮八方象地；圭銳象春物初生；半圭曰璋，象夏物半死；琥猛象秋嚴；半璧曰璜，象冬閉藏，地上無物，唯天半見。〇崙音倫。

皆有牲幣，各放其器之色。

幣以從爵，若人飲酒有酬幣。〇放方往反。

以天產作陰德，以中禮防之；以地產作陽德，以和樂防之。

鄭司農云：陰德謂男女之情，天性生而自然者。過時則奔隨，先時則血氣未定，聖人爲制其中，令民三十而娶，女二十而嫁，以防其淫泆，令無失德。情性隱而不露，故謂之陰德。陽德謂分地利以致富。富者之失，不驕奢則吝嗇，故以和樂防之。樂所以滌蕩邪穢，道人之正性者也。一說地產謂土地之

性各異若齊性舒緩楚性急悍則以和樂防其失令無失德樂所以移風易俗者也此皆露見於外

故謂之陽德陰德不失其正則民和而物各得其理故曰以諧萬民以致百物玄謂天產者動物謂六牲之屬地產者植物謂九穀之屬陰德陰氣在人者陰氣虛純之則劣故食動物作之使動過則傷性制中禮以節之陽德陽氣在人者陽氣盈純之則躁故食植物作之使靜過則傷性制和樂以節之如是然後陰陽平情性和而能育其類○爲制于僞反令力呈反

以禮樂合天地之化百物之產以事鬼神以諧萬民以致百物

禮濟虛樂損盈並行則四者乃得其和能生非類曰化生其種曰產

凡祀大神享大鬼祭大示帥執事而卜日宿眡滌濯涖玉鬯省牲鑊奉玉齍詔大號治其大禮詔相王之大禮

執事諸有事於祭者宿申戒也滌濯溉祭器也玉禮神之玉也始涖之祭又奉之鑊亨牲器也大號六號之大者以詔大祝以爲祝辭治猶簡習也豫簡習大禮至祭當以詔相王羣臣禮爲小禮故書涖作立鄭司農讀爲涖涖視也○鑊戶郭反齍音咨詔相息亮反後詔相皆放此溉古愛反亨普庚反

若王不與祭祀則攝位

王有故代行其祭事○與音預

凡大祭祀王后不與則攝而薦豆籩徹

薦徹豆籩王后之事

大賓客則攝而載果

載爲也果讀爲祼代王祼賓客以鬯君無酌臣之禮言爲者攝酌獻耳拜送則王也鄭司農云王不親爲主

朝覲會同則爲上相大喪亦如之王哭諸侯亦如之

相詔王禮也出接賓曰擯入詔禮曰相相者五人卿爲上擯大喪王后及世子也哭諸侯者謂薨於國爲位而哭之檀弓曰天子之哭諸侯也爵弁絰紂衣○紂側其反

王命諸侯則儐

儐進之也王將出命假祖廟立依前南鄉儐者進當命者延之命使登內史由王右以策命之降再拜稽首登受策以出此其略也諸侯爵祿其臣則於祭焉○假音格依於豈反鄉許亮反

國有大故則旅上帝及四望

故謂凶烖旅陳也陳其祭事以祈焉禮不如祀之備也上帝五帝也鄭司農云四望日月星海玄謂四望五嶽四鎮四瀆

王大封則先告后土

后土土神也黎所食者

乃頒祀于邦國都家鄉邑

頒讀爲班班其所當祀及其禮都家之鄉邑謂王子弟及公卿大夫所食采地

周禮卷十八

周禮卷十九

漢大司農北海鄭　玄註

明　後學東吳葛　鼒訂

宗伯禮官之職

小宗伯之職掌建國之神位右社稷左宗廟。庫門內雉門外之左右故書位作立鄭司農云立讀爲位古者立位同字古文春秋經公卽位爲公卽立

兆五帝於四郊四望四類亦如之。兆爲壇之營域五帝蒼曰靈威仰大昊食焉赤曰赤熛怒炎帝食焉黄曰含樞紐黄帝食焉白曰白招拒少昊食焉黑曰汁光紀顓頊食焉黄帝亦於南郊鄭司農云四望道氣出入四類三皇五帝九皇六十四民咸祀之玄謂四望五嶽四鎮四竇四類日月星辰運行無常以氣類爲之位兆日於東郊兆月與風師於西郊兆司中司命於南郊雨師於北郊○熛必消反

兆山川丘陵墳衍各因其方。順其所在

掌五禮之禁令與其用等。用等牲器尊卑之差鄭司農云五禮吉凶軍賓嘉

辨廟祧之昭穆。祧遷主所藏之廟自始祖之後父曰昭子曰穆

辨吉凶之五服車旗宮室之禁。五服王及公卿大夫士之服

掌三族之別以辨親疏其正室皆謂之門子掌其政令。三族謂父子孫人屬之正名喪服小記曰親親以三爲五以五爲九正室適子也將代父當門者也政令謂役守之事○適丁歷反

毛六牲辨其名物而頒之于五官使共奉之。毛擇毛也鄭司農云司徒主牛宗伯主雞司馬主馬及羊司寇主犬司空主豕

辨六齍之名物與其用使六宮之人共奉之。齍讀爲粢六粢謂六穀黍稷稻粱麥苽○苽音孤

辨六彝之名物以待果將。六彝雞彝鳥彝斝彝黄彝虎彝蜼彝果讀爲祼○斝音假又音嫁蜼音誄

辨六尊之名物以待祭祀賓客。待者有事則給之鄭司農云六尊獻尊象尊壺尊著尊大尊山尊○獻素何反著直略反大音泰

掌衣服車旗宮室之賞賜。王以賞賜有功者書曰車服以庸

掌四時祭祀之序事與其禮。序事卜日省牲視滌濯饔爨之事次序之時

若國大貞則奉玉帛以詔號。號神號幣號鄭司農云大貞謂卜立君卜大封

大祭祀省牲視滌濯祭之日逆齍省鑊告時于王告備于王。

逆齍，受饎人之盛以入。省鑊，視亨腥孰。時薦陳之晚早。備，謂饌具。○饎，昌志反。亨，普庚反。

凡祭祀賓客以時將瓚果。將，送也，猶奉也。祭祀以時奉而授王，賓客以時奉而授宗伯。天子圭瓚，諸侯璋瓚。

詔相祭祀之小禮。凡大禮，佐大宗伯。小禮，羣臣之禮。

賜卿大夫士爵則儐。賜猶命也。儐之，如命諸侯之儀。春秋文元年，天王使毛伯來錫公命。傳曰：錫者何？賜也。命者何？加我服也。

小祭祀掌事，如大宗伯之禮。大賓客，受其將幣之齎。謂所齎來貢獻之財物。○齎，子兮反。

若大師，則帥有司而立軍社，奉主車。有司，大祝也。王出軍，必先有事於社及遷廟，而以其主行。社主曰軍社，遷主曰祖。春秋傳曰：軍行祓社釁鼓，祝奉以從。曾子問曰：天子巡守，以遷廟主行，載于齊車，言必有尊也。書曰：用命賞于祖，不用命戮于社。社之主蓋用石爲之。奉，謂將行。○祓，孚物反。從，才用反。齊，側皆反。

若軍將有事，則與祭有司將事于四望。軍將有事，將與敵合戰也。鄭司農云：則與祭，謂軍祭表禡軍社之屬，小宗伯與其祭事。玄謂與祭有司，謂大祝之屬，蓋司馬之官實典焉。○與，音預。

若大甸，則帥有司而饁獸于郊。遂頒禽。甸讀曰田。有司，大司馬之屬。饁，饋也。以禽饋四方之神於郊，郊有羣臣之兆。頒禽，謂以予羣臣。詩傳曰：禽雖多，擇取三十焉，其餘以予大夫士，以習射於澤宮而分之。○饁，于輒反。

大烖，及執事禱祠于上下神示。執事，大祝及男巫女巫也。求福曰禱，得求曰祠。讄曰：禱爾于上下神祇。鄭司農云：小宗伯與執事共禱祠。○讄，音誄。

王崩，大肆以秬鬯渳。鄭司農云：大肆，大浴也。杜子春讀渳爲泯，以秬鬯浴尸。玄謂大肆，始陳尸伸之。○渳，亡婢反。

及執事涖大斂、小斂，帥異族而佐。執事，大祝之屬。涖，臨也。親斂者蓋事官之屬爲之。喪大記曰：小斂衣十九稱，君大夫士一也。大斂君百稱，大夫五十稱，士三十稱。異族佐斂，疏者可以相助。

縣衰冠之式于路門之外。制色宜齊同。○縣，音玄。衰，七雷反。

及執事眡葬獻器，遂哭之。執事蓋梓匠之屬。至將葬，獻明器之材，又獻素，獻成，皆於殯門外，王不親哭，有官代之。

卜葬兆，甫竁，亦如之。兆，墓塋域。甫，始也。鄭大夫讀竁皆爲穿，杜子春讀竁爲毳，皆謂葬穿壙也。今南陽名穿地爲竁，聲如腐脆之脺。○竁，昌絹反，杜昌銳反。脆，七歲反。脺，音卒。

既葬，詔相喪祭之禮。喪祭，虞祔也。檀弓曰：葬日虞，弗忍一日離也。是日也，以虞易奠。卒哭曰成事，是日也，以吉祭易喪祭。明日，祔于祖父。

成葬而祭墓爲位。成葬，丘已封也。天子之冢蓋不一日而畢。位，壇位也。先祖形體託於此地，祀其神以安之。冢人職曰大喪既有日，請度甫竁，遂爲之尸。

凡王之會同軍旅甸役之禱祠肄儀爲位。肄，習也。故書肄爲肆，儀爲義。杜子春讀肆當爲肄，義爲儀。若今時肄司徒府也。小宗伯主其位。○肄，以志反，李似二反。

國有禍烖，則亦如之。謂有所禱祈。

凡天地之大烖，類社稷宗廟，則爲位。禱祈禮輕，類者依其正禮而爲之。

凡國之大禮，佐大宗伯。凡小禮，掌事如大宗伯之儀。

【肆師】之職：掌立國祀之禮，以佐大宗伯。佐，助也。

立大祀，用玉帛牲牷；立次祀，用牲幣；立小祀，用牲。鄭司農云：大祀，天地；次祀，日月星辰；小祀，司命已下。玄謂大祀又有宗廟，次祀又有社稷、五祀、五嶽，小祀又有司中、風師、雨師、山川、百物。○牷音全。

以歲時序其祭祀及其祈珥。序，第次其先後大小。故書祈爲幾。杜子春讀幾當爲祈，珥當爲餌。玄謂祈當爲進禨之禨，珥當爲衈。禨衈者，釁禮之事。雜記曰：成廟則釁之，雍人舉羊升屋自中，中屋南面，刲羊血流于前，乃降。門、夾室皆用雞，其衈皆於屋下，割雞當門，夾室中室。然則是禨謂羊血也。小子職曰：掌珥于門，社稷祈于五祀是也。亦謂其宮兆始成時也。春秋僖十九年夏，邾人執鄫子，用之。傳曰：用之者何？蓋叩其鼻以衈社也。○珥，而志反，衈同。刲，苦圭反。

大祭祀，展犧牲，繫于牢，頒于職人。展，省閱也。職讀爲樴，樴可以繫牲者。此職人謂充人及監門人。○職，劉之弋反，戚音弋，注樴同。監，古銜反。

凡祭祀之卜日，宿爲期，詔相其禮，眡滌濯亦如之。宿，先卜祭之夕。

祭之日，表齍盛，告潔；展器陳，告備；及果，築鬻，相治小禮，誅其慢怠者。粢，六穀也。在器曰盛。陳，陳列也。果築鬻者，所築鬻以祼也。故書表爲剽。剽、表皆謂徽識也。鄭司農云：築煮，築香草，煮以爲鬯。○果，古亂反，下同。鬻音煮。相，息亮反。識，式志反。

掌兆中、廟中之禁令。兆，壇塋域。

凡祭祀，禮成，則告事畢。大賓客，涖筵几，築鬻。此王所以禮賓客。

贊果將。酌鬱鬯，授大宗伯載祼。

大朝覲，佐儐。爲承儐。

共設匪罋之禮。設於賓客之館。公食大夫禮曰：若不親食，使大夫以侑幣致之，豆實實于罋，簋實實于筐。匪，其筐字之誤與？禮不親饗，則以酬幣致之。或者匪以致饗。○食音嗣。

饗食授祭。

授賓祭肺

與祝侯禳于畺及郊。

侯禳小祝職也畺五百里遠郊百里近郊五十里

大喪大渳以鬯則築鬻。

築香草煮以爲鬯以浴尸香草鬱也

令外內命婦序哭。

序使相次秩

禁外內命男女之衰不中灋者且授之杖。

外命男六鄉以出也內命男朝廷卿大夫士也其妻爲外命女喪服爲夫之君齊衰不杖內命女王之三夫人以下不中法違升數與裁制者鄭司農云三日授子杖五日授大夫杖七日授士杖此舊說也喪大記曰君之喪三日子夫人杖五日既殯授大夫世婦杖無七日授士杖文玄謂授杖日數王喪依諸侯與七日授士杖四制云○衰七雷反中丁仲反爲夫于僞反下爲取同

凡師甸用牲于社宗則爲位。

社軍社也宗遷主也尚書傳曰王升舟入水鼓鍾亞觀臺亞將舟亞宗廟亞故書位爲涖杜子春云涖當爲位書亦或爲位宗謂宗廟○甸音田

類造上帝封于大神祭兵于山川亦如之。

造猶卽也爲兆以類禮卽祭上帝也類禮依郊祀而爲之者封謂壇也大神社及方嶽也山川蓋軍之所依止大傳曰牧之野武王之大事也既事而退柴於上帝祈于社設奠於牧室○造七報反

凡師不功則助牽主車。

助助大司馬也故書功爲工鄭司農工讀爲功古者工與功同字謂師無功肆師助牽之恐爲敵所得

凡四時之大甸獵祭表貉則爲位。

貉師祭也貉讀爲十百之百於所立表之處爲師祭造軍法者禱氣勢之增倍也其神蓋蚩蚘或曰黃帝○貉音陌蚘音尤

嘗之日涖卜來歲之芟。

芟芟草除田也古之始耕者除田種穀嘗者嘗新穀此芟之功也卜者問後歲宜芟不詩云載芟載柞其耕澤澤○芟色衘反柞側百反

獮之日涖卜來歲之戒。

秋田爲獮始習兵戒不虞也卜者問後歲兵寇之備○獮思淺反

社之日涖卜來歲之稼。

社祭土爲取財焉卜者問後歲稼所宜

若國有大故則令國人祭。

大故謂水旱凶荒所令祭者社及禜酺○禜音詠酺音蒲又音步

歲時之祭祀亦如之。

月令仲春命民社此其一隅

凡卿大夫之喪相其禮。

相其適子

凡國之大事治其禮儀以佐宗伯。

治謂如今每事著更奏白王禮也故書儀爲義鄭司農云義讀爲儀古者書儀但爲義今時所謂義

爲詛

凡國之小事，治其禮儀而掌其事，如宗伯之禮。

鬱人掌祼器。

祼器謂彝及舟與瓚

凡祭祀賓客之祼事，和鬱鬯以實彝而陳之。

築鬱金煑之以和鬯酒鄭司農云鬱草名十葉爲貫百二十貫爲築以煑之鐎中停於祭前鬱爲草若蘭○鐎子遙反

凡祼玉，濯之，陳之，以贊祼事。

祼玉謂圭瓚璋瓚

詔祼將之儀與其節。

節謂王奉玉送祼早晏之時

凡祼事沃盥。

大喪之渳，共其肆器。

肆器陳尸之器喪大記曰君設大盤造冰焉大夫設夷盤造冰焉士併瓦盤無冰設牀襢笫有枕此之謂肆器天子亦用夷盤○造七報反併薄冷反襢章善反笫側几反

及葬，共其祼器，遂貍之。

遣奠之彝與瓚也貍之於祖廟階間明奠終於此○貍亡皆反

大祭祀，與量人受舉斝之卒爵而飲之。

斝受福之嘏聲之誤也王酳尸尸嘏王此其卒爵也少牢饋食禮主人受嘏詩懷之卒爵執爵以興出宰夫以籩受嗇黍主人嘗之乃還獻祝此鬱人受王之卒爵亦王出房時也必與量人者鬱人贊祼尸量人制從獻之脯燔事相成○斝古雅反嘏古雅反酳俟吝反又音胤燔音煩

鬯人掌共秬鬯而飾之。

秬鬯不和鬱者飾之謂投巾

凡祭祀，社壝用大罍。

壝謂委土爲墠壇所以祭也大罍瓦罍○墠音善

禜門用瓢齎。

禜謂營酇所祭門國門也春秋傳曰日月星辰之神則雪霜風雨之不時於是乎禜之山川之神則水旱癘疫之不時於是乎禜之魯莊二十五年秋大水鼓用牲于社于門故書瓢作剽鄭司農讀剽爲瓢杜子春讀齎爲粢瓢謂瓠蠡也粢盛也玄謂齎讀爲齊取甘瓠割去柢以齊爲尊○禜音詠齎在兮反酇作管反蠡力兮反去起呂反柢音帝

廟用脩，凡山川四方用蜃，凡祼事用概，凡疈事用散。

祼當爲理字之誤也故書蜃或爲謨杜子春云謨當爲蜃書亦或爲蜃蜃水中蜃也鄭司農云脩謨概散皆器名玄謂廟用脩者謂始禘時自饋食始脩蜃概散皆漆尊也脩讀曰卣卣中尊謂獻象之屬尊者彝爲上罍爲下蜃畫爲蜃形蚌曰合漿尊之象概尊以朱帶者無飾曰散○脩音卣卣羊久反又音由中尊也疈孚逼反散素旱反獻素何反蚌步項反曰合音含

大喪之大渳，設斗，共其釁鬯。

斗所以沃尸也釁尸以鬯酒使之香美者鄭司農云釁讀爲徽

凡王之齊事，共其秬鬯。

給淬浴○淬七內反

凡王弔臨，共介鬯。

以鬯適卑曰臨春秋傳曰照臨敝邑鄭司農云鬯香草王行弔喪被之故曰介玄謂曲禮曰摯天子鬯王至尊介爲執致之以禮於鬼神與檀弓曰臨諸侯畛於鬼神曰有天王某父此王適四方舍諸侯祖廟祝告其神之辭介於是進鬯○爲執于僞反與音餘父音甫

周禮卷十九

周禮卷二十

漢大司農北海鄭　玄註

明　後學東吳葛　鼒訂

宗伯禮官之職

雞人掌共雞牲辨其物

物謂毛色也辨之者陽祀用騂陰祀用黝

大祭祀夜嘑旦以嘂百官

夜夜漏未盡雞鳴時也呼旦以警起百官使夙興○嘑火吳反嘂古弔反

凡國之大賓客會同軍旅喪紀亦如之凡國事為期則告之時

象雞知時也告其有司主事者少牢曰宗人朝服北面曰請祭期主人曰比於子宗人曰旦明行事告時者至此旦明而告之○朝直遙反比毗志反

凡祭祀面禳釁共其雞牲

釁釁廟之屬釁廟以羊門夾室皆用雞鄭司農云面禳四面禳也釁讀為徽

司尊彝掌六尊六彝之位詔其酌辨其用與其實

位所陳之處酌泲之使可酌各異也用四時祭祀所用亦不同實鬱及醴齊之屬○泲子里反齊才計反

春祠夏禴祼用雞彝鳥彝皆有舟其朝踐用兩獻尊其再獻用兩象尊皆有罍諸臣之所昨也秋嘗冬烝祼用斝彝黃彝皆有舟其朝獻用兩著尊其饋獻用兩壺尊皆有罍諸臣之所昨也凡四時之間祀追享朝享祼用虎彝蜼彝皆有舟其朝踐用兩大尊其再獻用兩山尊皆有罍諸臣之所昨也

祼謂以圭瓚酌鬱鬯始獻尸也后於是以璋瓚酌亞祼郊特牲曰周人尚臭灌用鬯臭鬱合鬯臭陰達於淵泉灌以圭璋用玉氣也既灌然後迎牲致陰氣也朝踐謂薦血腥酌醴始行祭事后於是薦朝事之豆籩既又酌獻其變朝踐為朝獻者尊相因也朝獻謂尸卒食王酳之再獻者王酳尸之後后酌亞獻諸臣為賓又次后酌盎齊備卒食三獻也於后亞獻內宗薦加豆籩其變再獻為饋獻者亦尊相因饋獻謂薦孰時后於是薦饋食之豆籩此凡九酌王及后各四諸臣一祭之正也以今祭禮特牲少牢言之二祼為奠而尸飲七矣王可以獻諸臣祭統曰尸飲五君洗玉爵獻卿是其差也明堂位曰灌用玉瓚大圭爵用玉琖加用璧角璧散又鬱人職曰受舉斝之卒爵而飲之則王酳尸以玉爵也王酳尸用玉爵而再獻者用璧角璧散可知也雞彝鳥彝謂刻而畫之為雞鳳皇之形皆有舟皆有罍言春夏秋冬及追享朝享有之同昨讀為酢字之誤也諸臣獻者酌罍以自酢不敢與王之神靈共尊鄭司農云舟尊下臺若今時承槃獻讀為儀儀尊飾以翡翠象尊以象鳳皇或曰以象骨飾尊明堂位曰犧象周尊也春秋傳曰犧象不出門尊以祼神罍神之所飲也詩曰缾之罄矣維罍之恥斝讀為稼稼彝畫禾稼也黃彝黃目尊也明堂位曰夏后氏以雞彝殷以斝周以黃目爾雅曰彝卣罍器也著尊者著略尊也或曰著尊著地無足明堂位曰著殷尊也壺者以壺為尊春秋傳曰尊以魯壺追享朝享謂禘祫也在四時之間故曰間祀蜼讀為蛇虺之虺或讀為公用射隼之隼大尊太古之瓦尊山尊山罍也明堂位曰泰有虞氏之尊也山罍夏后氏之尊故書踐作餞杜子春云餞當為踐玄謂黃目以黃金為目郊特牲曰黃目鬱氣之上尊也黃者中也目者氣之清明者也言酌於中而清明於外追享謂追祭遷廟之主以事有所請禱朝享謂朝受政於廟春秋傳曰閏

月不告朔猶朝于廟蜼禺屬卬鼻而長尾山罍亦刻而畫之爲山雲之形○兩獻本或作戲注作犧同素何反注及下注汁獻同斝音稼著直略反朝享直遙反朝受政猶朝及下文朝用同蜼音誄兩朝大音泰注同戔莊產反射隼食亦反下荀尹反禺音遇卬魚丈反又五剛反

凡六彝六尊之酌。鬱齊獻酌。醴齊縮酌。盎齊涚酌。凡酒脩酌。

故書縮爲數齊爲齏鄭司農云獻讀爲儀儀酌有威儀多也涚酌者捝拭勺而酌也脩酌者以水洗勺而酌也齏讀皆爲齊和之齊杜子春云數當爲縮齊讀皆爲粢玄謂禮運曰玄酒在室醴醆在戶粢醍在堂澄酒在下以五齊次之則醆酒盎齊也郊特牲曰縮酌用茅明酌也醆酒涚于清汁獻涚于醆酒猶明清與醆酒于舊醳之酒也此言轉相涚成也獻讀爲摩莎之莎齊語聲之誤也煮鬱和秬鬯以醆酒摩莎泲之出其香汁也醴齊尤濁和以明酌泲之以茅縮去滓也盎齊差清和以清酒泲之而已其餘三齊泛從醴緹沈從盎凡酒謂三酒也脩讀如滌濯之滌滌酌以水和而泲之今齊人命浩酒曰滌明酌酌取事酒之上也澤讀曰醳明酌清酒醆酒泲之皆以舊醳之酒凡此四者祼用鬱齊朝用醴齊饋用盎齊諸臣自酢用凡酒唯大事于大廟備五齊三酒○獻酌素何反司農音儀涚舒銳反脩酌直歷反注同數音朔下同爲齏子兮反捝飾舒銳反齊和胡臥反醆莊產反緹音醴舊澤音亦下曰醳音同莎素何反去滓起呂反

大喪存奠彝。

存省也謂大遣時奠者朝夕乃徹也

大旅亦如之。

旅者國有大故之祭也亦有其奠彝則陳之不卽徹

司几筵掌五几五席之名物。辨其用與其位。

五几左右玉彫彤漆素五席莞藻次蒲熊用位所設之席及其處○彤徒冬反莞音官又音丸藻本又作繅音早

凡大朝覲。大享射。凡封國命諸侯。王位設黼依。依前南鄉。設莞筵紛純。加繅席畫純。加次席黼純。左右玉几。

斧謂之黼其繡白黑文以絳帛爲質依其制如屏風然於依前爲王設席左右有几優至尊也鄭司農云紛讀爲豳又讀爲和粉之粉謂白繡也純讀爲均服之均純緣也繅讀爲藻率之藻次席虎皮爲席書顧命曰成王將崩命大保芮伯畢公等被冕服憑玉几玄謂紛如綬有文而狹者繅席削蒲蒻展之編以五采若今合歡矣畫謂雲氣也次席桃枝席有次列成文○依於豈反鄉許亮反純章允反爲王于僞反率音律蒻音弱

祀先王昨席亦如之。

鄭司農云昨席於主階設席王所坐也玄謂昨讀曰酢謂祭祀及王受酢之席尸卒食王醋之卒爵祝受之又酌授尸尸酢王於是席王於戶內后諸臣致爵乃設席

諸侯祭祀席。蒲筵繢純。加莞席紛純。右彫几。

繢畫文也不莞席加繅者繅柔嚅不如莞清堅又於鬼神宜○嚅如兗反

昨席莞筵紛純。加繅席畫純。筵國賓于牖前亦如之。左彤几。

昨讀亦曰酢鄭司農云禮記國賓老臣也爲布筵席於牖前玄謂國賓諸侯來朝孤卿大夫來聘後言几者使不蒙如也朝者彫几聘者彤几

甸役則設熊席。右漆几。

謂王甸有司祭表貉所設席○甸音田

凡喪事設葦席右素几其柏席用萑黼純諸侯則紛純每敦一几

喪事謂凡奠也萑如葦而細者鄭司農云柏席迫地之席葦居其上或曰柏席載黍稷之席玄謂柏椁字磨滅之餘椁席藏中神坐之席也敦讀曰燾燾覆也棺在殯則椁燾既窆則加見皆謂覆之周禮雖合葬及同時在殯皆異几體實不同祭於廟同几精氣合○柏音迫萑音丸敦音道藏才浪反燾音導

凡吉事變几凶事仍几

故書仍為乃鄭司農云變几變更其質謂有飾也乃讀為仍仍因也因其質謂無飾也爾雅曰儀仍因也書顧命曰翌日乙丑成王崩癸酉牖間南鄉西序東嚮東序西嚮皆仍几玄謂吉事王祭宗廟祼於室饋食於堂繹於祊每事易几神事文示新之也凶事謂凡奠几朝夕相因喪禮略○翌音翼祊補耕反

天府掌祖廟之守藏與其禁令

祖廟始祖后稷之廟其寶物世傳守之若魯寶玉大弓者○守手又反下才浪反

凡國之玉鎮大寶器藏焉若有大祭大喪則出而陳之既事藏之

玉鎮大寶器玉瑞玉器之美者禘祫及大喪陳之以華國也故書鎮作瑱鄭司農云瑱讀為鎮書顧命曰翌日乙丑王崩丁卯命作冊度越七日癸酉陳寶赤刀大訓弘璧琬琰在西序大玉夷玉天球河圖在東序胤之舞衣大貝鼖鼓在西房兑之戈和之弓垂之竹矢在東房此其行事見於經○瑱他見反琰以冉反鼖扶云反兑徒外反見賢遍反

凡官府鄉州及都鄙之治中受而藏之以詔王察羣吏之治

察察其當黜陟者鄭司農云治中謂其治職簿書之要○中丁仲反

上春釁寶鎮及寶器

上春孟春也釁謂殺牲以血血之鄭司農云釁讀為徽或曰釁鼓之釁

凡吉凶之事祖廟之中沃盥執燭

吉事四時祭也凶事后王喪朝于祖廟之奠○朝直遙反

季冬陳玉以貞來歲之媺惡

問事之正曰貞問歲之美惡謂問於龜大卜職大貞之屬陳玉陳禮神之玉凡卜筮實問於鬼神龜筮能出其卦兆之占耳有天地四方則玉有六器者與言陳者既事藏之不必埋之也鄭司農云貞問也易曰師貞丈人吉問於丈人國語曰貞於陽卜○與音餘

若遷寶則奉之

奉猶送也

若祭天之司民司祿而獻民數穀數則受而藏之

司民軒轅角也司祿文昌第六星或曰下能也祿之言穀也年穀登乃後制祿祭此二星者以孟冬既祭之而上民穀之數於天府○能他來反上時掌反

典瑞掌玉瑞玉器之藏辨其名物與其用事設其服飾

人執以見曰瑞禮神曰器瑞符信也服飾服玉之飾謂繅藉○藏才浪反見賢遍反藉在夜反

王晉大圭執鎮圭繅藉五采五就以朝日

繅有五采文所以薦玉木爲中榦用韋衣而畫之就成也王朝日者示有所尊訓民事君也天子常春分朝日秋分夕月覲禮曰拜日於東門之外故書鎮作瑱鄭司農云晉讀爲搢紳之搢謂插於紳帶之間若帶劍也瑱讀爲鎮玉人職曰大圭長三尺杼上終葵首天子服之鎮圭尺有二寸天子守之繅讀爲藻率之藻五就五帀也一帀爲一就○藻朝直遙反韋衣於旣反

公執桓圭。侯執信圭。伯執躬圭。繅皆三采三就。子執穀璧。男執蒲璧。繅皆二采再就。以朝覲宗遇會同于王。

三采朱白蒼二采朱綠也鄭司農云以圭璧見於王覲禮曰侯氏入門右坐奠圭再拜稽首侯氏見於天子春曰朝夏曰宗秋曰覲冬曰遇時見曰會殷見曰同○信圭音身

諸侯相見亦如之。

鄭司農云亦執圭璧以相見故邾隱公朝於魯春秋傳曰邾子執玉高其容仰

瑑圭璋璧琮。繅皆二采一就。以覜聘。

璋以聘后夫人以琮享之也大夫衆來曰覜寡來曰聘鄭司農云瑑有圻鄂瑑起○夫瑑直轉反覜他弔反圻魚斤反

四圭有邸。以祀天。旅上帝。

鄭司農云於中央爲璧圭著其四面一玉俱成爾雅曰邸本也圭本著於璧故四圭有邸圭末四出故也或說四圭有邸有四角也邸讀爲抵欺之抵上帝玄天玄謂祀天夏正郊天也上帝五帝所郊亦猶五帝殊言天者尊異之也大宗伯職曰國有大故則旅上帝及四望○著直力反

兩圭有邸。以祀地。旅四望。

兩圭者以象地數二也僢而同邸祀地謂所祀於北郊神州之神○僢昌絹反邸音帝

祼圭有瓚。以肆先王。以祼賓客。

鄭司農云於圭頭爲器可以挹鬯祼祭謂之瓚故詩曰卹彼玉瓚黃流在中國語謂之鬯圭以肆先王祼先王祭也玄謂肆解牲體以祭因以爲名爵行曰祼漢禮瓚槃大五升口徑八寸下有槃口徑一尺

圭璧。以祀日月星辰。

圭其邸爲璧取殺於上帝○殺色界反

璋邸射。以祀山川。以造贈賓客。

璋有邸而射取殺於四望鄭司農云射剡也○射食亦反

土圭以致四時日月。封國則以土地。

以致四時日月者度其景至不至以知其行得失也冬夏以致日春秋以致月土地猶度地也封諸侯以土圭度日景觀分寸長短以制其域所封也鄭司農說以玉人職曰土圭尺有五寸以致日以土地以求地中故謂之土圭○度待洛反下度地度日同

珍圭以徵守。以恤凶荒。

杜子春云珍當爲鎮書亦或爲鎮以徵守者以徵召守國諸侯若今時徵郡守以竹使符也鎮者國之鎮諸侯亦一國之鎮故以鎮圭徵之也凶荒則民之有遠志不安其土故以鎮圭鎮安之玄謂珍圭王使之瑞節制大小當與琬琰相依王使人徵諸侯憂凶荒之國則授之執以往致王命焉如今時使者持節矣恤者閭府庫振救之凡瑞節歸又執以反命○守劉手又反使所吏反閭音開

牙璋以起軍旅。以治兵守。

鄭司農云牙璋瑑以爲牙牙齒兵象故以牙璋發兵若今時以銅虎符發兵玄謂牙璋亦王使之瑞節兵守用兵所守若齊人戍遂諸侯戍周

璧羨以起度。鄭司農云羨長也此璧徑長尺以起度量玉人職曰璧羨度尺以爲度玄謂羨不圜之貌蓋廣徑八寸袤一尺○袤音茂

駔圭璋璧琮琥璜之渠眉疏璧琮以斂尸。鄭司農云駔外有捷盧也駔讀爲駔疾之駔疏讀爲沙謂圭璋璧琮琥璜皆爲開渠爲眉瑑沙除以斂尸令汁得流去也玄謂以斂尸者於大斂焉加之也駔讀爲組與組馬同聲之誤也渠眉玉飾之溝瑑也以組穿聯六玉溝瑑之中以斂尸圭在左璋在首琥在右璜在足璧在背琮在腹蓋取象方明神之也疏璧琮者通於天地○駔音祖

穀圭以和難以聘女。穀圭亦王使之瑞節穀善也其飾若粟文然難仇讐和之者若春秋宣公及齊侯平莒及郯晉侯使瑕嘉平戎于王其聘女則以納徵焉○難乃旦反郯音談

琬圭以治德以結好。琬圭亦王使之瑞節諸侯有德王命賜之及諸侯使大夫來聘既而爲壇會之使大夫執以命事焉大行人職曰時聘以結諸侯之好鄭司農云琬圭無鋒芒故治德以結好○好呼報反

琰圭以易行以除慝。琰圭亦王使之瑞節鄭司農云琰圭有鋒芒傷害征伐誅討之象故以易行除慝易惡行令爲善者以此圭責讓喻告之也玄謂除慝亦於諸侯使大夫來頫既而使大夫執而命事於壇大行人職曰殷頫以除邦國之慝○易行下孟反

大祭祀大旅凡賓客之事共其玉器而奉之。玉器謂四圭祼圭之屬

大喪共飯玉含玉贈玉。飯玉碎玉以雜米也含玉柱左右顛及在口中者雜記曰含者執璧將命則是璧形而小耳贈玉蓋璧也贈有束帛六幣璧以帛○飯扶晚反含戶暗反

凡玉器出則共奉之。玉器出謂王所好賜也奉之送以往遠則送於使者

周禮卷二十

周禮卷二十一

漢大司農北海鄭　玄註

明　後學東吳金　蟠訂

宗伯禮官之職

典命掌諸侯之五儀、諸臣之五等之命。五儀，公、侯、伯、子、男之儀。五等，謂孤以下四命、三命、再命、一命、不命也。或言儀，或言命，互文也。故書儀作義，鄭司農義讀爲儀。

上公九命爲伯，其國家、宮室、車旗、衣服、禮儀皆以九爲節。侯伯七命，其國家、宮室、車旗、衣服、禮儀皆以七爲節。子男五命，其國家、宮室、車旗、衣服、禮儀皆以五爲節。上公，謂王之三公有德者，加命爲二伯。二王之後亦爲上公。國家，國之所居，謂城方也。公之城蓋方九里，宮方九百步。侯伯之城蓋方七里，宮方七百步。子男之城蓋方五里，宮方五百步。大行人職則有諸侯圭藉、冕服、建常、樊纓、貳車、介、牢禮、朝位之數焉。○樊，步干反。

王之三公八命，其卿六命，其大夫四命，及其出封，皆加一等，其國家、宮室、車旗、衣服、禮儀亦如之。四命，中下大夫也。出封，出畿內，封於八州之中。加一等，褒有德也。大夫爲子男，卿爲侯伯。其在朝廷則亦如命數耳。王之上士三命，中士再命，下士一命。

凡諸侯之適子誓於天子，攝其君，則下其君之禮一等；未誓，則以皮帛繼子男。誓猶命也。言誓者，明天子既命以爲之嗣，樹子不易也。春秋桓九年，曹伯使其世子射姑來朝，行國君之禮是也。公之子如侯伯而執圭，侯伯之子如子男而執璧，子男之子與未誓者皆次小國之君，執皮帛而朝會焉，其賓之皆以上卿之禮焉。○適，丁歷反。射姑，音亦。

公之孤四命，以皮帛眡小國之君，其卿三命，其大夫再命，其士一命，其宮室、車旗、衣服、禮儀各眡其命之數。侯伯之卿大夫士亦如之。子男之卿再命，其大夫一命，其士不命，其宮室、車旗、衣服、禮儀各眡其命之數。視小國之君者，列於卿大夫之位而禮如子男也。鄭司農云：九命上公得置孤卿一人。春秋傳曰：列國之卿當小國之君，固周制也。玄謂王制曰：大國三卿，皆命於天子，下大夫五人，上士二十七人。次國三卿，二卿命於天子，一卿命於其君，下大夫五人，上士二十七人。小國二卿，皆命於其君，下大夫五人，上士二十七人。

司服掌王之吉凶衣服，辨其名物與其用事。用事，祭祀、視朝、甸、凶、弔之事，衣服各有所用。

王之吉服，祀昊天上帝，則服大裘而冕，祀五帝亦如之；享先王則袞冕；享先公、饗、射則鷩冕；祀四望、山川則毳冕；祭社稷、五祀則希冕；祭羣小祀則玄冕。大服同冕者，首飾尊也。先公，謂后稷之後，大王之前，不窋至諸盩。饗射，饗食賓客與諸侯射也。羣小祀，林澤、墳衍、四方百物之屬。鄭司農云：大裘，羔裘也。袞，卷龍衣也。鷩，禪衣也。毳，罽衣也。玄謂書曰：予欲觀古人之象，日、月、星辰、山、龍、華蟲，作繢；宗彝、藻、火、粉米、黼、黻，希繡。此古天子冕服十二章，舜欲觀焉。華蟲，五色之蟲。繢人職曰：鳥獸蛇雜四時五色以章之，謂是也。希讀爲絺，或作黹，字之誤也。王者相變，至周而以日月星辰畫於旌旗，所謂三辰旂旗昭其明也，而冕服九章，登龍於山，登火於宗彝，尊其神明也。九章，初一曰龍，次二曰山，次三曰華蟲，次四曰火，次五曰宗彝，皆畫以爲繢；次六曰藻，次七曰粉米，次八曰黼，次九曰黻，皆希以爲繡，則袞之衣五章，裳四章，凡九也。鷩畫以雉，謂華蟲也，其衣三章，裳四章，凡七也。毳畫虎蜼，謂宗彝也，其衣三章，裳二章，凡五也。希刺粉米，無畫也，其衣一章，裳二章，凡三也。玄者，衣無文，裳刺黻而已，是以謂玄焉。凡冕服皆玄衣纁裳。○鷩，必滅反。毳，昌銳反。蜼，張律反。盩，直留反。罽，居例反。黹，張里反。刺，七亦反。

凡兵事韋弁服。

韋弁，以韎韋爲弁，又以爲衣裳。春秋傳曰晉郤至衣韎韋之跗注是也。今時伍伯緹衣，古兵服之遺色。○韎，劉音妹，又莫拜反。衣，於既反。跗，芳符反。緹，音體。

眡朝則皮弁服。

視朝，視內外朝之事。皮弁之服，十五升白布衣，積素以爲裳。王受諸侯朝覲於廟則袞冕。

凡甸冠弁服。

甸，田獵也。冠弁，委貌，其服緇布衣，亦積素以爲裳，諸侯以爲視朝之服。詩國風曰：緇衣之宜兮。謂王服此以田。王卒食而居則玄端。○甸音田。

凡凶事服弁服。

服弁，喪冠也。其服斬衰齊衰。○衰，七雷反。下皆同。齊音咨。

凡弔事弁絰服。

弁絰者，如爵弁而素，加環絰。論語曰：羔裘玄冠不以弔。絰，大如緦之絰，其服錫衰緦衰疑衰，諸侯及卿大夫亦以錫衰爲弔服。喪服小記曰：諸侯弔必皮弁錫衰，則變其冠耳。喪服舊說以爲士弔服素委貌冠朝服，此近庶人弔服，而衣猶非也。士當事弁絰疑衰，變其裳以素耳。國君於其臣弁絰，他國之臣則皮弁。大夫士有朋友之恩，亦弁絰。故書弁作紒，鄭司農紒讀爲弁，而加環絰，環絰即弁絰服。○紒音弁。

凡喪，爲天王斬衰，爲王后齊衰。

王后，小君也。諸侯爲之不杖期。○爲，于僞反。

王爲三公六卿錫衰，爲諸侯緦衰，爲大夫士疑衰，其首服皆弁絰。

君爲臣服弔服也。鄭司農云：錫，麻之滑易者，十五升去其半，有事其布，無事其縷；緦亦十五升去其半，有事其縷，無事其布；疑衰十四升。玄謂無事其縷，衰在內，無事其布，衰在外。疑之言擬也，擬於吉。○易，以豉反。去，起呂反。

大札、大荒、大烖，素服。

大札，疫病也。大荒，飢饉也。大烖，水火爲害。君臣素服縞冠，若晉伯宗哭梁山之崩。

公之服，自袞冕而下如王之服；侯伯之服，自鷩冕而下如公之服；子男之服，自毳冕而下如侯伯之服；孤之服，自希冕而下如子男之服；卿大夫之服，自玄冕而下如孤之服，其凶服加以大功小功；士之服，自皮弁而下如大夫之服，其凶服亦如之；其齊服有玄端素端。

自公之袞冕至卿大夫之玄冕，皆其朝聘天子及助祭之服。諸侯非二王後，其餘皆玄冕而祭於己。雜記曰：大夫冕而祭於公，弁而祭於己；士弁而祭於公，冠而祭於己。大夫爵弁自祭家廟，唯孤爾，其祭餘皆玄冠，與士同。玄冠自祭其廟者，其服朝服玄端。諸侯之自相朝聘，皆皮弁服，此天子日視朝之服。喪服，天子諸侯齊斬而已，卿大夫加以大功小功，士亦如之，又加緦焉。士齊有素端者，亦為札荒有所禱請。變素服言素端者，明異制。鄭司農云：衣有襦裳者為端。玄謂端者，取其正也。士之衣袂皆二尺二寸而屬幅，是廣袤等也。其袪尺二寸。大夫已上侈之。侈之者，蓋半而益一焉。半而益一，則其袂三尺三寸，袪尺八寸。○其齊，側皆反，注士齊同。有襦音儒。屬音燭。袪，起呂反。上，時掌反。

凡大祭祀、大賓客，共其衣服而奉之。

奉猶送也。送之於王所。

大喪，共其復衣服、斂衣服、奠衣服、廞衣服，皆掌其陳序。

奠衣服，今坐上魂衣也。故書廞為淫。鄭司農云：淫讀為廞。廞，陳也。玄謂廞衣服所藏於椁中。○廞，虛今反。

【典祀】掌外祀之兆守，皆有域，掌其政令。

外祀謂所祀於四郊者。域，兆表之塋域。

若以時祭祀，則帥其屬而脩除，徵役于司隸而役之。

屬，其屬胥徒也。脩除，芟埽之。徵，召也。役之，作使之。

及祭，帥其屬而守其厲禁而蹕之。

鄭司農云：遮列禁人不得令入。○蹕音畢。令，力呈反。

【守祧】掌守先王先公之廟祧，其遺衣服藏焉。

廟謂大祖之廟及三昭三穆。遷主所藏曰祧。先公之遷主藏于后稷之廟，先王之遷主藏于文武之廟。遺衣服，大斂之餘也。故書祧作濯。鄭司農濯讀為祧。此王者之宮而有先公，謂大王以前為諸侯。

若將祭祀，則各以其服授尸。

尸當服卒者之上服，以象生時。

其廟，則有司脩除之；其祧，則守祧黝堊之。

廟祭此廟也。祧祭遷主。有司，宗伯也。脩除、黝堊，互言之。有司恆主脩除，守祧恆主黝堊。鄭司農云：黝讀為幽。幽，黑也。堊，白也。爾雅曰：地謂之黝，牆謂之堊。○黝，於糾反。堊，烏路反，或烏洛反。

既祭，則藏其隋與其服。

鄭司農云：隋謂神前所沃灌器名。玄謂隋，尸所祭肺脊黍稷之屬，藏之以依神。○隋，許恚反。劉相恚反。

【世婦】掌女宮之宿戒及祭祀，比其具。

女宮，刑女給宮中事者。宿戒，當給事，豫告之齊戒也。比，次也。具，所濯溉及粢盛之爨。鄭司農比讀為庀。庀，具也。○比，本亦作庀。

詔王后之禮事。

薦徹之節。

帥六宮之人共齍盛。

帥世婦女御。○齍音咨。

相外內宗之禮事。

同姓異姓之女有爵佐后者。○相，息亮反。

大賓客之饗食亦如之。

比帥詔相其事同。

大喪，比外內命婦之朝莫哭不敬者，而苛罰之。

苟，謹也。

凡王后有擽事於婦人，則詔相。鄭司農云：謂爵婦人。玄謂：拜，拜謝之也。喪大記曰：夫人亦拜寄公夫人於堂上。

凡內事有達於外官者，世婦掌之。主通之，使相共授。

內宗掌宗廟之祭祀，薦加豆籩。加爵之豆籩。故書爲籩豆。鄭司農云：謂婦人所薦。杜子春云：當爲豆籩。

及以樂徹，則佐傳豆籩。佐傳，佐外宗。○傳，直專反。

賓客之饗食亦如之。王后有事則從。大喪，序哭者。次序外內宗及命婦哭位。○從，才用反。

哭諸侯亦如之。凡卿大夫之喪，掌其弔臨。王后弔臨諸侯而已，是以言掌卿大夫云。

【外宗】掌宗廟之祭祀，佐王后薦玉豆，眡豆籩。及以樂徹亦如之。眡，視其實。

王后以樂羞齍，則贊。贊，猶佐也。○齍，音咨。

凡王后之獻亦如之。獻，獻酒於尸。

王后不與，則贊宗伯。后有故不與祭，宗伯攝其事。○與，音預。

周禮卷二十一

周禮卷二十二

漢大司農北海鄭　玄註

明　後學東吳葛　鼒訂

宗伯禮官之職

冢人掌公墓之地。辨其兆域而爲之圖。先王之葬居中。以昭穆爲左右。

公，君也。圖，謂畫其地形及邱壟所處而藏之。先王，造塋者。昭居左，穆居右，夾處東西。

凡諸侯居左右以前。卿大夫士居後。各以其族。

子孫各就其所出王，以尊卑處其前後，而亦併昭穆。

凡死於兵者。不入兆域。

戰敗無勇，投諸塋外以罰之。

凡有功者居前。

居王墓之前，處昭穆之中央。

以爵等爲丘封之度。與其樹數。

別尊卑也。王公曰邱，諸臣曰封。漢律曰：列侯墳高四丈，關內侯以下至庶人各有差。

大喪既有日。請度甫竁。遂爲之尸。

甫，始也。請量度所始竁之處地。爲尸者，成葬爲祭墓地之尸也。鄭司農云：既有日，既有葬日也。始竁時，祭以告后土，冢人爲之尸。○度，待洛反。

及竁。以度爲丘隧。共喪之窆器。

隧，羨道也。度邱與羨道廣袤所至。窆器，下棺豐碑之屬。喪大記曰：凡封，用綍去碑負引，君封以衡，大夫以咸。○窆，彼驗反，又補鄧反。咸，本又作緘。

及葬。言鸞車象人。

鸞車，巾車所飾遣車也，亦設鸞旗。鄭司農云：象人，謂以芻爲人。言，言問其不如法度者。玄謂言猶語也。語之者，告當行，若於生存者。於是巾車行之。孔子謂爲芻靈者善，謂爲俑者不仁，非作象人者，不殆於用生乎。○俑音勇。

及窆。執斧以涖。

臨下棺也。

遂入藏凶器。

凶器，明器。

正墓位。蹕墓域。守墓禁。

位，謂邱封所居前後也。禁，所爲塋限。

凡祭墓。爲尸。

祭墓爲尸，或禱祈焉。鄭司農云：爲尸，冢人爲尸。

凡諸侯及諸臣葬於墓者。授之兆。爲之蹕。均其禁。

墓大夫掌凡邦墓之地域。爲之圖。

凡邦中之墓地，萬民所葬地。

令國民族葬。而掌其禁令。

族葬，各從其親。

正其位。掌其度數。

位，謂昭穆也。度數，爵等之大小。

使皆有私地域。古者萬民墓地同處分其地使各有區域得以族葬使相容

凡爭墓地者。聽其獄訟。爭墓地相侵區域

帥其屬而巡墓厲。居其中之室以守之。厲塋限遮列處鄭司農云居其中之室有官寺在墓中

【職喪】掌諸侯之喪及卿大夫士凡有爵者之喪。以國之喪禮。涖其禁令。序其事。國之喪禮喪服士喪既夕士虞今存者其餘則亡事謂小斂大斂葬也

凡國有司以王命有事焉。則詔贊主人。有事謂含襚贈賵之屬詔贊者以告主人佐其受之鄭司農云凡國謂諸侯國有司謂王有司也以王命有事職喪主詔贊主人玄謂凡國有司有司從王國以三命往○賵芳鳳反

凡其喪祭。詔其號。治其禮。鄭司農云號謂謚號玄謂告以牲號齍號之屬當以祝之○齍音咨

凡公有司之所共。職喪令之。趣其事。令令其當供物者給事之期也有司或言公或言國言國者由其君所來居其官曰公謂王遣使奉命有贈之物各從其官出職喪當催督也

春官宗伯下

【大司樂】掌成均之灋。以治建國之學政。而合國之子弟焉。鄭司農云均調也樂師主調其音大司樂主受此成事已調之樂玄謂董仲舒云成均五帝之學成均之法者其遺禮可法者國之子弟公卿大夫之子弟當學者謂之國子文王世子曰於成均以及取爵於上尊然則周人立此學之宮

凡有道者。有德者。使教焉。死則以為樂祖。祭於瞽宗。道多才藝者德能躬行者若舜命夔典樂教冑子是也死則以為樂之祖神而祭之鄭司農云瞽樂人樂人所共宗也或曰祭於瞽宗祭於廟中明堂位曰瞽宗殷學也泮宮周學也以此觀之祭於學宮中

以樂德教國子。中。和。祗。庸。孝。友。中猶忠也和剛柔適也祗敬庸有常也善父母曰孝善兄弟曰友

以樂語教國子。興。道。諷。誦。言。語。興者以善物喻善事道讀曰導導者言古以剴今也倍文曰諷以聲節之曰誦發端曰言答述曰語○興許應反

以樂舞教國子舞雲門。大卷。大咸。大磬。大夏。大濩。大武。此周所存六代之樂黃帝曰雲門大卷黃帝能成名萬物以明民共財言其德如雲之所出民得以有族類大咸咸池堯樂也堯能禪均行法以儀民言其德無所不施大磬舜樂也言其德能紹堯之道也大夏禹樂也禹治水傅土言其德能大中國也大濩湯樂也湯以寬治民而除其邪言其德能使天下得其所也大武武王樂也武王伐紂以除其害言其德能成武功○卷音權磬上昭反濩戶故反共音恭禪時戰反傅音孚

以六律。六同。五聲。八音。六舞大合樂。以致鬼神示。以

和邦國。以諧萬民。以安賓客。以說遠人。以作動物。

大律合陽聲者也六同合陰聲者也此十二者以銅爲管轉而相生黃鍾爲首其長九寸各因而三分之上生者益一分下生者去一焉國語曰律所以立均出度也古之神瞽考中聲而量之以制度律均鍾言以中聲定律以律立鍾之均大合樂者謂徧作六代之樂以冬日至作之致天神人鬼以夏日至作之致地祇物鬽動物羽贏之屬虞書云夔曰戛擊鳴球搏拊琴瑟以詠祖考來格虞賓在位群后德讓下管鼗鼓合止柷敔笙鏞以閒鳥獸蹌蹌簫韶九成鳳皇來儀夔又曰於予擊石拊石百獸率舞庶尹允諧此其於宗廟九奏效應○說音悅上生時掌反去一起呂反度待洛反鬽眉冀反贏力果反戛居八反鼗徒刀反敔本又作梧魚呂反閒閒廁之閒蹌七羊反

乃分樂而序之。以祭。以享。以祀。

分謂各用一代之樂

乃奏黃鍾。歌大呂。舞雲門。以祀天神。

以黃鍾之鍾大呂之聲爲均者黃鍾陽聲之首大呂爲之合奏之以祀天神尊之也天神謂五帝及日月星辰也王者又各以夏正月祀其所受命之帝於南郊尊之也孝經說曰祭天南郊就陽位是也○正音征

乃奏大蔟。歌應鍾。舞咸池。以祭地示。

大蔟陽聲第二應鍾爲之合咸池大咸也地祇所祭於北郊謂神州之神及社稷○大蔟音太下七豆反

乃奏姑洗。歌南呂。舞大磬。以祀四望。

姑洗陽聲第三南呂爲之合四望五嶽四鎮四竇此言祀者司中司命風師雨師或亦用此樂與

乃奏蕤賓。歌函鍾。舞大夏。以祭山川。

蕤賓陽聲第四函鍾爲之合函鍾一名林鍾○蕤人誰反

乃奏夷則。歌小呂。舞大濩。以享先妣。

夷則陽聲第五小呂爲之合小呂一名中呂先妣姜嫄也姜嫄履大人跡感神靈而生后稷是周之先母也周立廟自后稷爲始祖姜嫄無所妃是以特立廟而祭之謂之閟宮閟神之○妃音配

乃奏無射。歌夾鍾。舞大武。以享先祖。

無射陽聲之下也夾鍾爲之合夾鍾一名圜鍾先祖謂先王先公○射音亦

凡六樂者。文之以五聲。播之以八音。

六者言其均皆待五聲八音乃成也播之言被也故書播爲藩杜子春云藩當爲播讀如后稷播百穀之播

凡六樂者。一變而致羽物及川澤之示。再變而致贏物。及山林之示。三變而致鱗物。及丘陵之示。四變而致毛物。及墳衍之示。五變而致介物。及土示。六變而致象物。及天神。

變猶更也樂成則更奏也此謂大蜡索鬼神而致百物六奏樂而禮畢東方之祭則用大蔟姑洗南方之祭則用蕤賓西方之祭則用夷則無射北方之祭則用黃鍾爲均焉每奏有所感致和以來之凡動物敏疾者地祇高下之甚者易致羽物既飛又走川澤有孔竅者蛤蟹走則遲墳衍孔竅則小矣是其所以舒疾之分土祇原隰及平地之神也象物有象在天所謂四靈者天地之神四靈之知非德至和則不至禮運曰何謂四靈麟鳳龜龍謂之四靈龍以爲畜故魚鮪不淰鳳以爲畜故鳥不獝麟以爲畜故獸不狘龜以爲畜故人情不失○蜡士嫁反易以豉反分扶問反知音智畜許六反鮪于軌反淰音審獝休律反狘休越反

凡樂圜鍾爲宮，黃鍾爲角，大簇爲徵，姑洗爲羽，靁鼓靁鼗，孤竹之管，雲和之琴瑟，雲門之舞，冬日至於地上之圜丘奏之，若樂六變，則天神皆降，可得而禮矣。凡樂函鍾爲宮，大簇爲角，姑洗爲徵，南呂爲羽，靈鼓靈鼗，孫竹之管，空桑之琴瑟，咸池之舞，夏日至於澤中之方丘奏之，若樂八變，則地示皆出，可得而禮矣。凡樂黃鍾爲宮，大呂爲角，大簇爲徵，應鍾爲羽，路鼓路鼗，陰竹之管，龍門之琴瑟，九德之歌，九韾之舞，於宗廟之中奏之，若樂九變，則人鬼可得而禮矣。

此三者皆禘大祭也。天神則主北辰，地祇則主崐崙，人鬼則主后稷。先奏是樂以致其神，禮之以玉而祼焉，乃後合樂而祭之。大傳曰：王者必禘其祖之所自出。祭法曰：周人禘嚳而郊稷。謂此祭天圜丘以嚳配之。圜鍾，夾鍾也。夾鍾生於房心之氣，房心爲大辰，天帝之明堂。函鍾，林鍾也。林鍾生於未之氣，未坤之位。或曰天社在東井輿鬼之外，天社地神也。黃鍾生於虚危之氣，虚危爲宗廟。以此三者爲宮，用聲類求之。天宮夾鍾，陰聲，其相生從陽數。其陽無射，無射上生中呂，中呂與地宮同位，不用也。中呂上生黃鍾，黃鍾下生林鍾，林鍾地宮，又不用。林鍾上生太簇，太簇下生南呂，南呂與無射又同位，又不用。南呂上生姑洗，地宮林鍾，林鍾上生太簇，太簇下生南呂，南呂上生姑洗，人宮黃鍾，黃鍾下生林鍾，林鍾地宮，又辟之。林鍾上生太簇，太簇下生南呂，南呂與天宮之陽同位，又辟之。南呂上生姑洗，姑洗南呂之合，又辟之。姑洗下生應鍾，應鍾上生蕤賓，蕤賓地宮林鍾之陽也，又辟之。蕤賓上生大呂。凡五聲，宮之所生，濁者爲角，清者爲徵羽。此樂無商者，祭尚柔，商堅剛也。鄭司農云：靁鼓靁鼗皆謂六面有革可擊者也。雲和，地名也。靈鼓靈鼗四面，路鼓路鼗兩面。九德之歌，春秋傳所謂水火金木土穀謂之六府，正德利用厚生謂之三事，六府三事謂之九功，九功之德皆可歌也，謂之九歌也。玄謂靁鼓靁鼗八面，靈鼓靈鼗六面，路鼓路鼗四面。孤竹，竹特生者。孫竹，竹枝根之末生者。陰竹，生於山北者。雲和、空桑、龍門，皆山名。九磬讀當爲大韶，字之誤也。○角如字，古音鹿。徵，張里反。靁音雷。磬，若篤反。辟音避。

凡樂事，大祭祀，宿縣，遂以聲展之。

叩聽其聲，具陳次之，以知完不。○縣音玄，下樂縣之類皆放此。

王出入則令奏王夏，屍出入則令奏肆夏，牲出入則令奏昭夏。

三夏皆樂章名。○屍音尸。

帥國子而舞。

當用舞者，帥以往。

大饗不入牲，其他皆如祭祀。

大饗，饗賓客也。不入牲，牲不入，亦不奏昭夏也。其他，謂王出入、賓客出入，亦奏王夏、肆夏。

大射，王出入令奏王夏，及射令奏騶虞。

騶虞，樂章名，在召南之卒章。王射以騶虞爲節。○騶，側留反。

詔諸侯以弓矢舞。

舞謂執弓挾矢揖讓進退之儀。

王大食，三侑，皆令奏鍾鼓。

大食，朔月月半以樂侑食時也。侑猶勸也。○侑音又。

王師大獻，則令奏愷樂。

大獻獻捷於祖愷樂獻功之樂鄭司農說以春秋晉文公敗楚於城濮傳曰振旅愷以入于晉

凡日月食四鎮五嶽崩大傀異烖諸侯薨令去樂

四鎮山之重大者謂揚州之會稽山青州之沂山幽州之醫無閭冀州之霍山五嶽岱在兖州衡在荊州華在豫州嵩在雍州恆在幷州傀猶怪也大怪異烖謂天地奇變若星辰奔霣及震裂爲害者去樂藏之也春秋傳曰壬午猶繹萬入去籥萬言入則去者不入藏之可知○傀音怪會古外反雍於用反霣于敏反

大札大凶大烖大臣死凡國之大憂令弛縣

札疫癘也凶凶年也烖水火也弛釋下之若今休兵鼓之爲○弛式氏反

凡建國禁其淫聲過聲凶聲慢聲

淫聲若鄭衛也過聲失哀樂之節凶聲亡國之聲若桑間濮上慢聲惰慢不恭○樂音洛

大喪涖廞樂器

涖臨也廞興也臨笙師鎛師之屬興樂器也興謂作之也○廞許金反興許應反後皆放此鎛音博

及葬藏樂器亦如之

周禮卷二十二

周禮卷二十三

漢大司農北海鄭　玄註

明　後學東吳金　蟠訂

宗伯禮官之職

樂師掌國學之政以教國子小舞

謂以年幼少時教之舞內則曰十三舞勺成童舞象二十舞大夏

凡舞有帗舞有羽舞有皇舞有旄舞有干舞有人舞

故書皇作翌鄭司農云帗舞者全羽羽舞者析羽皇舞者以羽冒覆頭上衣飾翡翠之羽旄舞者氂牛之尾干舞者兵舞人舞者手舞社稷以帗宗廟以羽四方以皇辟廱以旄兵事以干星辰以人舞翌讀為皇書亦或為皇玄謂帗析五采繒今靈星舞子持之是也皇雜五采羽如鳳皇色持以舞人舞無所執以手袖為威儀四方以羽宗廟以人山川以干旱暵以皇○帗音拂翌音皇氂劉音來沈音狸暵呼旦反

教樂儀行以肆夏趨以采薺車亦如之環拜以鍾鼓為節

教樂儀教王以樂出入於大寢朝廷之儀故書趨作跢鄭司農云跢當為趨書亦或為趨肆夏采薺皆樂名或曰皆逸詩謂人君行步以肆夏為節趨疾於步則以采薺為節若今時行禮於太學罷出以鼓陔為節環謂旋也拜直拜也玄謂行者謂於大寢之中趨謂於朝廷爾雅曰堂上謂之行門外謂之趨然則王出既服至堂而肆夏作出路門而采薺作其反入至應門路門亦如之此謂步迎賓客王如有車出之事登車於大寢西階之前反降於阼階之前尚書傳曰天子將出撞黃鍾之鍾右五鍾皆應入則撞蕤賓之鍾左五鍾皆應大師於是奏樂○趨清須反薺徐私反朝直遙反跢倉注反陔改才反撞直江反

凡射王以騶虞為節諸侯以貍首為節大夫以采蘋為節士以采蘩為節

騶虞采蘋采蘩皆樂章名在國風召南惟貍首在樂記射儀曰騶虞者樂官備也貍首者樂會時也采蘋者樂循灋也采蘩者樂不失職也是故天子以備官為節諸侯以時會為節卿大夫以循灋為節士以不失職為節鄭司農說以大射禮曰樂正命大師曰奏貍首間若一大師不興許諾樂正反位○奏貍首以射貍首曾孫○蘋音頻蘩音煩

凡樂掌其序事治其樂政

序事次序用樂之事

凡國之小事用樂者令奏鍾鼓

小事小祭祀之事

凡樂成則告備

成謂所奏一竟書曰簫韶九成燕禮曰大師告于樂正曰正歌備

詔來瞽皐舞

鄭司農云瞽當為鼓皐當為告呼擊鼓者又告當舞者持鼓與舞俱來也鼓字或作瞽詔來瞽或曰來勑也勑爾瞽率爾衆工奏爾悲誦肅肅雍雍毋怠毋凶玄謂詔來瞽詔眂瞭扶瞽者來入也皐之言號告國子當舞者舞○毋音無

詔及徹帥學士而歌徹

學士國子也鄭司農云謂將徹之時自有樂故帥學士而歌徹玄謂徹者歌雍雍在周頌臣工之什

令相

令視瞭扶工鄭司農云告當相瞽師者言當罷也瞽師盲者皆有相道之者故師冕見及階曰階也
及席曰席也皆坐曰某在斯某在斯曰相師之道與○令相息亮反見賢遍反

饗食諸侯序其樂事令奏鍾鼓令相如祭之儀燕射

帥射夫以弓矢舞

射夫衆耦也故書燕爲舞帥爲率射夫爲射矢鄭司農云舞當爲燕率當爲帥射矢書亦或爲射夫

樂出入令奏鍾鼓

樂出入謂笙歌舞者及其器

凡軍大獻教愷歌遂倡之

故書倡爲昌鄭司農云樂師主倡也昌當爲倡書亦或爲倡

凡喪陳樂器則帥樂官

帥樂官往陳之

及序哭亦如之

哭此樂器亦帥之

凡樂官掌其政令聽其治訟

【大胥】掌學士之版以待致諸子

鄭司農云學士謂卿大夫諸子學舞者版籍也今時鄉戶籍世謂之戶版大胥主此籍以待當召聚學舞者卿大夫之諸子則按此籍以召之漢大樂律曰卑者之子不得舞宗廟之酎除吏二千石到六百石及關內侯到五大夫子先取適子高七尺已上年十二到年三十顏色和順身體修治者以爲舞人與古用卿大夫子同義○酎直救反適丁歷反

春入學舍采合舞

春始以學士入學宮而學之合舞等其進退使應節奏鄭司農云舍采謂舞者皆持芬香之采或曰古者士見於君以雉爲摯見於師以菜爲摯菜直謂疏食菜羹之菜或曰學者皆人君卿大夫之子衣服采飾舍采者減損解釋盛服以下其師也月令仲春之月上丁命樂正習舞釋采仲丁又命樂正入學習樂玄謂舍即釋也采讀爲菜始入學必釋菜禮先師也菜蘋蘩之屬○采舍音釋下戸嫁反

秋頒學合聲

春使之學秋頒其才藝所爲合聲亦等其曲折使應節奏○折之設反

以六樂之會正舞位

大同六樂之節奏正其位使相應也言爲大合樂習之○爲于僞反

以序出入舞者

以長幼次之使出入不紕錯○紕匹毗反

比樂官

比猶校也杜子春云次比樂官也鄭大夫讀比爲庀庀具也錄具樂官○庀匹婢反

展樂器

展謂陳數之

凡祭祀之用樂者以鼓徵學士

擊鼓以召之文王世子曰大昕鼓徵所以警衆○昕音欣

序宮中之事

【小胥】掌學士之徵令而比之觵其不敬者

比猶校也不敬謂慢期不時至也觵罰爵也詩云兕觵其觩○觵古橫反觩巨樛反

巡舞列而撻其怠慢者

撻猶抶也抶以荆扑○抶勑乙反

正樂縣之位。王宮縣。諸侯軒縣。卿大夫判縣。士特縣。辨其聲。

樂縣謂鍾磬之屬縣於筍虡者鄭司農云宮縣四面縣軒縣去其一面判縣又去其一面特縣又去其一面四面象宮室四面有牆故謂之宮縣軒縣三面其形曲故春秋傳曰請曲縣繁纓以朝諸侯之禮也故曰惟器與名不可以假人玄謂軒縣去南面辟王也判縣左右之合又空北面特縣縣於東方或云階間而已○虡音巨去起呂反朝直遥反辟音避

凡縣鍾磬。半爲堵。全爲肆。

鍾磬者編縣之二八十六枚而在一虡謂之堵鍾一堵磬一堵謂之肆半之者謂諸侯之卿大夫士也諸侯之卿大夫半天子之卿大夫西縣鍾東縣磬士亦半天子之士縣磬而已鄭司農云以春秋傳曰歌鍾二肆

大師掌六律六同。以合陰陽之聲。陽聲黃鍾。大簇。姑洗。蕤賓。夷則。無射。陰聲大呂。應鍾。南呂。函鍾。小呂。夾鍾。皆文之以五聲。宮。商。角。徵。羽。皆播之以八音。金。石。土。革。絲。木。匏。竹。

以合陰陽之聲者聲之陰陽各有合黃鍾子之氣也十一月建焉而辰在星紀大呂丑之氣也十二月建焉而辰在玄枵大簇寅之氣也正月建焉而辰在娵訾應鍾亥之氣也十月建焉而辰在析木姑洗辰之氣也三月建焉而辰在大梁南呂酉之氣也八月建焉而辰在壽星蕤賓午之氣也五月建焉而辰在鶉首林鍾未之氣也六月建焉而辰在鶉火夷則申之氣也七月建焉而辰在鶉尾中呂巳之氣也四月建焉而辰在實沈無射戌之氣也九月建焉而辰在大火夾鍾卯之氣也二月建焉而辰在降婁辰與建交錯貿處如表裏然是其合也其相生則以陰陽六體爲之黃鍾初九也下生林鍾之初六林鍾又上生大簇之九二大簇又下生南呂之六二南呂又上生姑洗之九三姑洗又下生應鍾之六三應鍾又上生蕤賓之九四蕤賓又下生大呂之六四大呂又下生夷則之九五夷則又上生夾鍾之六五夾鍾又下生無射之上九無射又上生中呂之上六同位者象夫妻異位者象子母所謂律取妻而呂生子也黃鍾長九寸其實一籥下生者三分去一上生者三分益一五下六上乃一終矣大呂長八寸二百四十三分寸之一百四大簇長八寸夾鍾長七寸二千一百八十七分寸之千七十五姑洗長七寸九分寸之一中呂長六寸萬九千六百八十三分寸之萬二千九百七十四蕤賓長六寸八十一分寸之二十六林鍾長六寸夷則長五寸七百二十九分寸之四百五十一南呂長五寸三分寸之一無射長四寸六千五百六十一分寸之六千五百二十四應鍾長四寸二十七分寸之二十文之者以調五聲使之相次如錦繡之有文章播猶揚也揚之以八音乃可得而觀之矣金鍾鑮也石磬也土塤也革鼓發也絲琴瑟也木柷敔也匏笙也竹管簫也○椌虛騶反娵子榆反訾子斯反降戶江反蒷音茂取七喻反塤虛袁反

教六詩。曰風。曰賦。曰比。曰興。曰雅。曰頌。

教瞽矇也風言賢聖治道之遺化也賦之言鋪直鋪陳今之政教善惡比見今之失不敢斥言取比類以言之興見今之美嫌於媚諛取善事以喻勸之雅正也言今之正者以爲後世灋頌之言誦也容也誦今之德廣以美之鄭司農云古而自有風雅頌之名故延陵季子觀樂於魯時孔子尚幼未定詩書而因爲之歌邶鄘衛曰是其衛風乎又爲之歌小雅大雅又爲之歌頌論語曰吾自衛反魯然後樂正雅頌各得其所時禮樂自諸侯出頗有謬亂不正孔子正之曰比曰興比者比方於物也興者託事於物○與虛應反爲之于僞反邶步內反

以六德爲之本。

所教詩必有知仁聖義忠和之道然後可教以樂歌○知音智

以六律爲之音。

以律視其人爲之音知其宜何歌子貢見師乙而問曰賜也聞樂歌各有宜若賜者宜何歌此問人性也本人之性莫善於律

大祭祀帥瞽登歌令奏擊拊。

擊拊瞽乃歌也故書拊爲付鄭司農云登歌歌者在堂也付字當爲拊書亦或爲拊樂或當擊或當拊登歌下管貴人聲也玄謂拊形如鼓以韋爲之著之以糠○拊音撫

下管播樂器令奏鼓朄。

鼓朄管乃作也特言管者貴人氣也鄭司農云下管吹管者在堂下朄小鼓也先擊小鼓乃擊大鼓小鼓爲大鼓先引故曰朄朄讀爲道引之引玄謂鼓朄猶言擊朄詩云應朄縣鼓○朄音圖道音導引並音圖

大饗亦如之大射帥瞽而歌射節。

射節主歌騶虞

大師執同律以聽軍聲而詔吉凶。

大師大起軍師兵書曰王者行師出軍之日授將弓矢士卒振旅將張弓大呼大師吹律合音商則戰勝軍士強角則軍擾多變失士心宮則軍和士卒同心徵則將急數怒軍士勞羽則兵弱少威明鄭司農云以師曠曰吾驟歌北風又歌南風南風不競多死聲楚必無功○驟將子匠反呼火故反數所角反

大喪帥瞽而廞作匶謚。

廞興也興言王之行謂諷誦其治功之詩故書廞爲淫鄭司農云淫陳也陳其生時行迹爲作謚○廞行下孟反

凡國之瞽矇正焉。

從大師之政教

小師掌教鼓鼗柷敔塤簫管絃歌。

教教瞽矇也出音曰鼓鼗如鼓而小持其柄搖之旁耳還自擊塤燒土爲之大如鴈卵簫編小竹管如今賣飴餳所吹者絃謂琴瑟也歌依詠詩也鄭司農云柷如漆筩中有椎敔木虎也塤六孔管如篪六孔玄謂管如篴而小併兩而吹之今大予樂官有焉○飴以之反餳辭盈反李音唐筩音動椎直追反空音孔篪音馳篴音狄

大祭祀登歌擊拊。

亦自有拊擊之佐太師令奏鄭司農云拊者擊石○令力呈反

下管擊應鼓。

應鼙也應與朄及朔皆小鼓也其所用別未聞○鼙薄西反

徹歌。

於有司徹而歌雍

大饗亦如之大喪與廞。

從大師○與音預

凡小祭祀小樂事鼓朄。

如大師鄭司農云朄小鼓名

掌六樂聲音之節與其和。

和錞于○和戶臥反錞音淳

〔瞽矇〕掌播鼗。柷。敔。塤。簫。管。絃。歌。

播謂發揚其音。

諷誦詩。世奠繫。鼓琴瑟。

諷誦詩謂闇讀之不依詠也故書奠或爲帝鄭司農云諷誦詩主誦詩以刺君過故國語曰瞍賦矇誦謂詩也杜子春曰帝讀爲定其字爲奠書亦或爲奠世奠繫謂帝繫諸侯卿大夫世本之屬是也小史主次序先王之世昭穆之繫述其德行瞽矇主誦詩并誦世繫以戒勸人君也故國語曰教之世爲之昭明德而廢幽昏焉以怵懼其動玄謂誦詩主謂廞作柩謚時也諷誦王治功之詩以爲諷謚世之而定其繫謂書於世本也雖不歌猶鼓琴瑟以播其音美之○奠音定行下孟反怵北本作休

掌九德六詩之歌。以役大師。

役爲之使

〔眡瞭〕掌凡樂事。播鼗。擊頌磬笙磬。

眡瞭播鼗又擊磬磬在東方曰笙笙生也在西方曰頌頌或作庸庸功也大射禮曰樂人宿縣于阼階東笙磬西面其南笙鍾其南鑮皆南陳又曰西階之西頌磬東面其南鍾其南鑮皆南陳○頌音容

掌大師之縣。

大師當縣則爲之

凡樂事相瞽。

相謂扶工○相息亮反

大喪廞樂器。大旅亦如之。

旅非常祭於時乃興造其樂器

賓射皆奏其鍾鼓。

擊朄以奏之其登歌大師自奏之

鼜愷獻亦如之。

愷獻獻功愷樂也杜子春云讀鼜爲憂戚之戚謂戒守鼓也擊鼓聲疾數故曰戚

〔典同〕掌六律六同之和。以辨天地四方陰陽之聲。以爲樂器。

陽聲屬天陰聲屬地天地之聲布於四方爲作也故書同作銅鄭司農云陽律以竹爲管陰律以銅爲管竹陽也銅陰也各順其性凡十二律故大師職曰執同律以聽軍聲玄謂律述氣者也同助陽宣氣與之同皆以銅爲之

凡聲。高聲䃂。正聲緩。下聲肆。陂聲散。險聲斂。達聲贏。微聲韽。回聲衍。侈聲筰。弇聲鬱。薄聲甄。厚聲石。

故書䃂或作硍杜子春讀䃂爲鏗鎗之鏗高謂鍾形容高也韽讀爲闇不明之闇筰讀爲行扈唶唶之唶石如磬石之聲鄭大夫讀䃂爲衮冕之衮陂讀爲人短罷之罷韽讀爲鶉韽之韽鄭司農云鍾形下當韗正者不高不下鍾形上下正傭玄謂高鍾形大上上大也高則聲上藏衮然旋如裹正謂上下直正則聲緩無所動下謂鍾形大下下大也下則聲出去放肆陂讀爲險陂之陂陂謂偏侈陂則聲離散也險謂偏弇也險則聲斂不越也達謂其形微大也達則聲有餘若大放也微謂其形微小也韽讀爲飛鉆涅韽之韽韽聲小不成也回謂其形微圜也回則其聲淫衍無鴻殺也侈謂中央約也侈則聲迫筰出去疾也弇謂中央寬也弇則聲鬱勃不出也甄讀爲甄燿之甄甄猶掉也鍾微薄則聲掉鍾大厚則如石叩之無聲○䃂古本反陂彼義反韽音闇筰側百反硍音艱又苦耕反唶

側百反罷皮買反韽烏南反䟆音婢傭勅龍反形大上大音泰下形大下大厚同鉆其廉反殺色界反

凡爲樂器，以十有二律爲之數度，以十有二聲爲之齊量。數度，廣長也。齊量，侈弇之所容。○齊，才計反

凡和樂亦如之。和，謂調其故器也。

周禮卷二十三

周禮卷二十四

漢大司農北海鄭　玄註
明　後學東吳葛　鼒訂

宗伯禮官之職

磬師掌教擊磬擊編鐘。教，教眡瞭也。磬亦編，於鐘言之者，鐘有不編，不編者鐘師擊之。杜子春讀編爲編書之編。

教縵樂燕樂之鐘磬。杜子春讀縵爲怠慢之慢。玄謂縵讀爲縵錦之縵，謂雜聲之和樂者也。學記曰：不學操縵，不能安弦。燕樂，房中之樂，所謂陰聲也。二樂皆教其鐘磬。

及祭祀奏縵樂。

鐘師掌金奏。金奏，擊金以爲奏樂之節。金，謂鐘及鎛。

凡樂事以鐘鼓奏九夏：王夏、肆夏、昭夏、納夏、章夏、齊夏、族夏、祴夏、驁夏。以鐘鼓者，先擊鐘，次擊鼓，以奏九夏。夏，大也，樂之大歌有九。故書納作內，杜子春云：內當爲納，祴讀爲陔鼓之陔。王出入奏王夏，尸出入奏肆夏，牲出入奏昭夏，四方賓來奏納夏，臣有功奏章夏，夫人祭奏齊夏，族人侍奏族夏，客醉而出奏陔夏，公出入奏驁夏。肆夏，詩也。春秋傳曰：穆叔如晉，晉侯享之，金奏肆夏三，不拜；工歌文王之三，又不拜；歌鹿鳴之三，三拜。曰：三夏，天子所以享元侯也，使臣不敢與聞。肆夏與文王、鹿鳴俱稱三，謂其三章也。以此知肆夏，詩也。國語曰：金奏肆夏、繁、遏、渠，天子所以享元侯。肆夏、繁、遏、渠，所謂三夏矣。呂叔玉云：肆夏、繁、遏、渠，皆周頌也。肆夏，時邁也。繁遏，執傹也。渠，思文。肆，遂也。夏，大也。言遂於大位，謂王位也。故時邁曰：肆于時夏，允王保之。繁，多也。遏，止也。言福祿止於周之多也。故執傹曰：降福穰穰，降福簡簡，福祿來反。渠，大也。言以后稷配天，王道之大也。故思文曰：思文后稷，克配彼天。故國語謂之曰：皆昭令德以合好也。玄謂以文王、鹿鳴言之，則九夏皆詩篇名，頌之族類也。此歌之大者，載在樂章，樂崩亦從而亡，是以頌不能具。○納大，齊側皆反，本作齋。祴音陔，古哀反。驁，五羔反。使，色吏反。與音預。傹音競。穰，如羊反。好，呼報反。

凡祭祀饗食奏燕樂。以鐘鼓奏之。

凡射，王奏騶虞，諸侯奏貍首，卿大夫奏采蘋，士奏采蘩。鄭司農云：騶虞，聖獸。

掌鼙鼓縵樂。鼓讀如莊王鼓之鼓。玄謂作縵樂，擊鼙以和之。○和，胡臥反。

笙師掌教龡竽、笙、塤、籥、簫、篪、篴、管，舂牘、應、雅，以教祴樂。教，教眡瞭也。鄭司農云：竽三十六簧，笙十三簧，篪七空。舂牘以竹，大五六寸，長七尺，短者一二尺，其端有兩空，髤畫，以兩手築地。應長六尺五寸，其中有椎。雅狀如漆筩而弇口，大二圍，長五尺六寸，以羊韋鞔之，有兩紐，疏畫。杜子春讀篴爲蕩滌之滌，今時所吹五空竹篴。玄謂籥如篴，三空。祴樂，祴夏之樂。牘、應、雅教其春者，謂以築地。笙師教之，則三器在庭可知矣。賓醉而出，奏祴夏，以此三器築地，爲之行節，明不失禮。○龡，昌垂反。竽音于。空音孔，下同。髤，香牛反。鞔，莫干反。

凡祭祀饗射共其鐘笙之樂。

鍾笙與鍾聲相應之笙。

燕樂亦如之。

大喪廞其樂器及葬奉而藏之。

廞興也。興謂作之。奉猶送。

大旅則陳之。

陳於饌處而已不沿其縣。

鎛師掌金奏之鼓。

謂主擊晉鼓以奏其鍾鎛也。然則擊鎛者亦視瞭。

凡祭祀鼓其金奏之樂。饗食賓射亦如之。軍大獻則鼓其愷樂。凡軍之夜三鼜皆鼓之。守鼜亦如之。

守鼜備守鼓也。鼓之以𪔀鼓。杜子春云一夜三擊備守鼜也。春秋傳所謂賓將趨者音聲相似。○鼜扶云反。趨左傳作楓莊九反。

大喪廞其樂器。奉而藏之。

韎師掌教韎樂。祭祀則帥其屬而舞之。

舞之以東夷之舞。

大饗亦如之。

旄人掌教舞散樂。舞夷樂。

散樂野人為樂之善者。若今黃門倡矣。自有舞。夷樂四夷之樂。亦皆有聲歌及舞。

凡四方之以舞仕者屬焉。

凡祭祀賓客。舞其燕樂。

籥師掌教國子舞羽歈籥。

文舞有持羽吹籥者。所謂籥舞也。文王世子曰。秋冬學羽籥。詩云。左手執籥。右手秉翟。

祭祀則鼓羽籥之舞。

鼓之者恆為之節。

賓客饗食則亦如之。

大喪廞其樂器。奉而藏之。

籥章掌土鼓豳籥。

杜子春云。土鼓以瓦為匡。以革為兩面。可擊也。鄭司農云。豳籥豳國之地竹。豳詩亦如之。玄謂豳籥豳人吹籥之聲章。明堂位曰。土鼓蒯桴葦籥。伊耆氏之樂。

中春晝擊土鼓。歈豳詩以逆暑。

豳詩豳風七月也。吹之者以籥為之聲。七月言寒暑之事。迎氣歌其類也。此風也而言詩。詩總名也。迎暑以晝求諸陽。○中音仲。

中秋夜迎寒亦如之。

迎寒以夜求諸陰。

凡國祈年于田祖。歈豳雅。擊土鼓。以樂田畯。

祈年祈豐年也。田祖始耕田者。謂神農也。豳雅亦七月也。七月又有于耜舉趾。饁彼南畝之事。是亦歌其類。謂之雅者。以其言男女之正。鄭司農云。田畯古之先教田者。爾雅曰。畯農夫也。○樂音洛。畯音俊。饁于輒反。

國祭蜡。則歈豳頌。擊土鼓。以息老物。

故書蜡為蠶。杜子春云。蠶當為蜡。郊特牲曰。天子大蜡八。伊耆氏始為蜡。歲十二月而合聚萬物而索饗之也。蜡之祭也，主先嗇而祭司嗇也。黃衣黃冠而祭，息田夫也。既蜡而收，民息已。玄謂十二月建亥之月也。求萬物而祭之者，萬物助天成歲事，至此爲其老而勞，乃祀而老息之，於是國亦養老焉。月令孟冬勞農以休息之是也。豳頌亦七月也。七月又有穫稻作酒，躋彼公堂，稱彼兕觥，萬壽無疆之事，是亦歌其類也。謂之頌者，以其言歲終人功之成。○爲于僞反。勞力報反。穫戶郭反。躋子兮反

【鞮鞻氏】掌四夷之樂與其聲歌。

四夷之樂，東方曰韎，南方曰任，西方曰侏離，北方曰禁。詩云以雅以南是也。王者必作四夷之樂，一天下也。言與其聲歌，則云樂者主於舞。

祭祀則龡而歌之，燕亦如之。

吹之以管籥爲之聲。

【典庸器】掌藏樂器庸器。

庸器，伐國所獲之器，若崇鼎、貫鼎及以其兵物所鑄銘也。

及祭祀，帥其屬而設筍虡，陳庸器。

設筍虡，眡瞭當以縣樂器焉。陳功器，以華國也。杜子春云：筍讀爲博選之選。橫者爲筍，從者爲鐻。○從子容反。鐻音距

饗食賓射亦如之。大喪，廞筍虡。

廞，興也。興謂作之。

【司干】掌舞器。

舞器，羽籥之屬。

祭祀，舞者既陳，則授舞器；既舞，則受之。

既，已也。受取藏之。

賓饗亦如之。大喪，廞舞器；及葬，奉而藏之。

【大卜】掌三兆之灋：一曰玉兆，二曰瓦兆，三曰原兆。

兆者，灼龜發於火，其形可占者，其象似玉瓦原之舋罅，是用名之焉。上古以來，作其灋可用者有三。原，原田也。杜子春云：玉兆，帝顓頊之兆；瓦兆，帝堯之兆；原兆，有周之兆。○舋舊許鄞反，沈依聶氏音問，云依字作璺。璺，玉之坼也。龜兆文似之。占人注同。罅，劉火嫁反

其經兆之體皆百有二十，其頌皆千有二百。

頌謂繇也。三灋體繇之數同，其名占異耳。百二十每體十繇，體有五色，又重之以墨坼也。五色者，洪範所謂曰雨、曰濟、曰圛、曰蟊、曰尅。○繇直又反。坼勑白反。圛音亦。蟊音謀

掌三易之灋：一曰連山，二曰歸藏，三曰周易。

易者，揲蓍變易之數可占者也。名曰連山，似山出內氣也。歸藏者，萬物莫不歸而藏於其中。杜子春云：連山宓戲，歸藏黃帝。○揲時設反。宓音伏。戲音羲

其經卦皆八，其別皆六十有四。

三易卦別之數亦同，其名占異也。每卦八，別者重之數。○重直龍反

掌三夢之灋：一曰致夢，二曰觭夢，三曰咸陟。

夢者，人精神所寤可占者。致夢，言夢之所至，夏后氏作焉。咸，皆也。陟之言得也，讀如王德翟人之德，言夢之皆得，周人作焉。杜子春云：觭讀爲奇偉之奇，其字直當爲奇。玄謂觭讀如諸戎掎之掎。掎亦得也。亦言夢之所得，殷人作焉。○夢本多作㝱，音夢。觭居綺反

其經運十，其別九十。

運或爲緷，當爲煇，是眡祲所掌十煇也。王者於天日也，夜有夢則晝視日旁之氣，以占其吉凶。凡所

占者十煇每煇九變此術今亡○煇胡本反鑴音徽煇音運祲子鴆反

以邦事作龜之八命一曰征二曰象三曰與四曰謀五曰果六曰至七曰雨八曰瘳

國之大事待蓍龜而決者有八定作其辭於將卜以命龜也鄭司農云征謂征伐人也象謂災變雲物如衆赤鳥之屬有所象似易曰天垂象見吉凶春秋傳曰天事恆象皆是也與謂予人物也謀謂謀議也果謂事成與不也至謂至不也雨謂雨不也瘳謂疾瘳不也玄謂征亦云行巡守也象謂有所造立也易曰以制器者尚其象與謂所與共事也果謂以勇決爲之若吳伐楚楚司馬子魚卜戰令龜曰鮒也以其屬死之楚師繼之尚大克之吉是也○瘳敕留反鮒音附

以八命者贊三兆三易三夢之占以觀國家之吉凶以詔救政

鄭司農云以此八事命卜筮蓍龜參之以夢故云以八命者贊三兆三易三夢之占春秋傳曰筮襲於夢武王所用玄謂贊佐也詔告也非徒占其事吉則爲否則止又佐明其繇之占演其意以視國家餘事之吉凶凶則告王救其政

凡國大貞卜立君卜大封則眡高作龜

卜立君君無冢適卜可立者卜大封謂竟界侵削以兵征之若魯昭元年秋叔弓帥師疆鄆田是也眡高以龜骨高者可灼處示宗伯也大事宗伯涖卜卜因龜之腹骨骨近足者其部高鄭司農云貞問也國有大疑問於蓍龜作龜謂鑿龜令可爇也玄謂貞之爲問問於正者必先正之乃從問焉易曰師貞丈人吉作龜謂以火灼之以作其兆也春灼後左夏灼前左秋灼前右冬灼後右士喪禮曰宗人受卜人龜示高涖卜受視反之又曰卜人坐作龜○適丁歷反竟音境疆居良反鄆音運令力呈反爇人悅反

大祭祀則眡高命龜

命龜告龜以所卜之事不親作龜者大祭祀輕於大貞也士喪禮曰宗人卽席西面坐命龜

凡小事涖卜

代宗伯

國大遷大師則貞龜

正龜於卜位也士喪禮曰卜人抱龜燋先奠龜西面是也又不親命龜亦大遷大師輕於大祭祀也○燋哉約反

凡旅陳龜

陳龜於饌處也士喪禮曰卜人先奠龜于西塾上南首是也不親貞龜亦以卜旅祭非常輕於大遷大師也○塾音孰

凡喪事命龜

重喪禮次大祭祀也士喪禮則筮宅卜日天子卜葬兆凡大事大卜陳龜貞龜命龜視高其他以差降焉

【卜師】掌開龜之四兆一曰方兆二曰功兆三曰義兆四曰弓兆

開開出其占書也經兆百二十體今言四兆者分之爲四部若易之二篇書金縢曰開籥見書是謂與其云方功義弓之名未聞

凡卜事眡高

示涖卜也

揚火以作龜致其墨

揚猶熾也致其墨者孰灼之明其兆

凡卜辨龜之上下左右陰陽以授命龜者而詔相之

所卜者當各用其龜也大祭祀喪事大卜命龜則大貞小宗伯命龜其宅卜師命龜卜人作龜卜人作龜則亦辨龜以授卜師上仰者也下俯者也左左倪也右右倪也陰後弇也陽前弇也詔相告以其辭及威儀○倪五計反弇於檢反

龜人掌六龜之屬各有名物天龜曰靈屬地龜曰繹屬東龜曰果屬西龜曰靁屬南龜曰獵屬北龜曰若屬各以其方之色與其體辨之

屬言非一也色謂天龜玄地龜黃東龜青西龜白南龜赤北龜黑龜俯者靈仰者繹前弇果後弇獵左倪靁右倪若是其體也東龜南龜長前後在陽象經也西龜北龜長左右在陰象緯也天龜俯地龜仰東龜前南龜郤西龜左北龜右各從其耦也杜子春讀果爲蠃○果魯火反注蠃同靁力胃反

凡取龜用秋時攻龜用春時各以其物入于龜室

六龜各異室也秋取龜及萬物成也攻治也治龜骨以春是時乾解不發傷也○解音蟹

上春釁龜祭祀先卜

釁者殺牲以血之神之也鄭司農云祭祀先卜者卜其日與其牲玄謂先卜始用卜筮者言祭言祀尊焉天地之也世本曰巫咸作筮作卜未聞其人也是上春者夏正建寅之月月令孟冬云釁祠龜策相互矣秦以十月建亥爲歲首則月令秦氏之書亦或欲以歲首釁龜耳

若有祭事則奉龜以往

奉猶送也送之於所當卜

旅亦如之喪亦如之

華氏掌共燋契以待卜事

杜子春云燋讀爲細目燋之燋或曰如薪樵之樵謂所爇灼龜之木也故謂之燋契謂契龜之鑿也詩云爰始爰謀爰契我龜玄謂士喪禮曰楚焞置于燋在龜東楚焞卽契所用灼龜也燋謂炬其存火○華氏本又作菙同時髓反燋哉約反李又祖堯反契苦計反劉苦潔反焞吐敦反炬具呂反

凡卜以明火爇燋遂龡其焌契以授卜師遂役之

杜子春云明火以陽燧取火於日焌讀爲英俊之俊書亦或爲俊玄謂焌讀如戈鐏之鐏謂以契柱燋火而吹之也契既然以授卜師用作龜也役之使助之○焌音俊鐏存悶反

占人掌占龜以八簭占八頌以八卦占簭之八故以眡吉凶

占人亦占筮言掌占龜者筮短龜長主於長者以八筮占八頌謂將卜八事先以筮筮之言頌者同於龜占也以八卦占筮之八故謂八事不卜而徒筮之也其非八事則用九筮占人亦占焉○簭音筮

凡卜簭君占體大夫占色史占墨卜人占坼

體兆象也色兆氣也墨兆廣也坼兆釁也體有吉凶色有善惡墨有大小坼有微明尊者視兆象而已卑者以次詳其餘也周公卜武王占之曰體王其無害凡卜象吉色善墨大坼明則逢吉

凡卜簭既事則繫幣以比其命歲終則計其占之中否

杜子春云繫幣者以帛書其占繫之於龜也玄謂既卜筮史必書其命龜之事及兆於策繫其禮神之幣而合藏焉書曰王與大夫盡弁開金縢之書乃得周公所自以爲功代武王之說是命龜書○比毗志反中下仲反

簭人掌三易以辨九簭之名一曰連山二曰歸藏三曰周易九簭之名一曰巫更二曰巫咸三曰巫式四曰巫目五曰巫易六曰巫比七曰巫祠八曰巫參九曰巫環以辨吉凶此九巫讀皆當爲筮字之誤也更謂筮遷都邑也咸猶僉也謂筮衆心歡不也式謂筮制作法式也目謂事衆筮其要所當也易謂民衆不說筮所改易也比謂筮與民和比也祠謂筮牲與日也參謂筮御與右也環謂筮可致師不也○巫音筮比毗志反說音悅

凡國之大事先簭而後卜當用卜者先筮之卽事有漸也於筮之凶則止不卜

上春相簭相謂更選擇其蓍也蓍龜歲易者與○相息亮反

凡國事共簭

周禮卷二十四

周禮卷二十五

漢大司農北海鄭　玄註

明　後學東吳金　蟠訂

宗伯禮官之職

占夢掌其歲時觀天地之會辨陰陽之氣。

其歲時今歲四時也天地之會建厭所處之日辰陰陽之氣休王前後○夢本又作𥈆音同厭於琰反王于況反

以日月星辰占六夢之吉凶。

日月星辰謂日月之行及合辰所在春秋昭三十一年十二月辛亥朔日有食之是夜也晉趙簡子夢童子倮而轉以歌旦而日食占諸史墨對曰六年及此月也吳其入郢乎終亦弗克入郢必以庚辰日月在辰尾庚午之日日始有謫火勝金故弗克此以日月星辰占夢者其術則今八會其遺象也用占夢則亡○倮魯火反適直革反

一曰正夢。

無所感動平安自夢

二曰噩夢。

杜子春云噩當爲驚愕之愕謂驚愕而夢○噩愕同

三曰思夢。

覺時所思念之而夢

四曰寤夢。

覺時道之而夢

五曰喜夢。

喜悅而夢

六曰懼夢。

恐懼而夢

季冬聘王夢獻吉夢于王王拜而受之。

聘問也夢者事之祥吉凶之占在日月星辰季冬日窮于次月窮于紀星迴于天數將幾終於是發幣而問焉若休慶之云爾因獻羣臣之吉夢於王歸美焉詩云牧人乃夢衆維魚矣旐維旟矣此所獻吉夢

乃舍萌于四方以贈惡夢。

杜子春讀萌爲明或云其字當爲明明謂歐疫也謂歲竟逐疫置四方書亦或爲明玄謂舍讀爲釋舍萌猶釋菜也古書釋菜釋奠多作舍字萌菜始生也贈送也欲以新善去故惡○舍音釋注舍萌同萌亡耕反去起呂反

遂令始難歐疫。

令令方相氏也難謂執兵以有難郤也方相氏掌蒙熊皮黃金四目玄衣朱裳執戈揚盾帥百隸爲之歐疫厲鬼也故書難或爲儺杜子春難讀爲難問之難其字當作難月令季春之月命國難九門磔禳以畢春氣仲秋之月天子乃難以達秋氣季冬之月命有司大難旁磔出土牛以送寒氣○難戚乃多反劉依杜乃旦反注以意求之儺字亦同磔涉百反

眡祲掌十煇之灋以觀妖祥辨吉凶。

妖祥善惡之徵鄭司農云煇謂日光炁也○煇音運炁音氣

一曰祲。二曰象。三曰鑴。四曰監。五曰闇。六曰瞢。七曰彌。八曰敘。九曰隮。十曰想。故書彌作迷隮作資鄭司農云祲陰陽氣相侵也象者如赤烏也鑴謂日旁氣四面反鄉如煇狀也監雲氣臨日也闇日月食也瞢日月瞢瞢無光也彌者白虹彌天也敘者雲有次序如山在日上也隮者升氣也想者煇光也玄謂鑴讀如童子佩鑴之鑴謂日旁氣刺日也監冠珥也彌氣貫日也隮虹也詩云朝隮于西想雜氣有似可形想○鑴許規反隮子兮反鄉許亮反煇音運本亦作暈音同

掌安宅敘降。宅居也降下也人見妖祥則不安主安其居處也次序其凶禍所下謂禳移之

正歲則行事。占夢以季冬贈惡夢此正月而行安宅之事所以順民

歲終則弊其事。弊斷也謂計其吉凶然否多少

〔大祝〕掌六祝之辭。以事鬼神示。祈福祥。求永貞。一曰順祝。二曰年祝。三曰吉祝。四曰化祝。五曰瑞祝。六曰筴祝。永長也貞正也求多福歷年得正命也鄭司農云順祝順豐年也年祝求永貞也吉祝祈福祥也化祝弭災兵也瑞祝逆時雨寧風旱也筴祝遠罪疾○祝之秀反後除大祝宗祝諸官皆同以意求之

掌六祈。以同鬼神示。一曰類。二曰造。三曰禬。四曰禜。五曰攻。六曰說。祈嘄也謂為有災變號呼告于神以求福天神人鬼地祇不和則六癘作見故以祈禮同之故書造作竈杜子春讀竈為造次之造書亦或為造造祭於祖也鄭司農云類造禬禜攻說皆祭名也類祭于上帝詩曰是類是禡爾雅曰是禷是禡師祭也又曰乃立冢土戎醜攸行爾雅曰起大事動大衆必先有事乎社而後出謂之宜故曰大師宜于社造于祖設軍社類上帝司馬法曰將用師乃告于皇天上帝日月星辰以禱于后土四海神祇山川冢社乃造于先王然後冢宰徵師于諸侯曰某國為不道征之以某年某月某日師至某國禜日月星辰山川之祭也春秋傳曰日月星辰之神則雪霜風雨之不時於是乎禜之山川之神則水旱癘疫之災於是乎禜之玄謂類造加誠肅求如志禬禜告之以時有災變也攻說則以辭責之禜如日食以朱絲縈社攻如其鳴鼓然董仲舒救日食祝曰炤炤大明瀸滅無光奈何以陰侵陽以卑侵尊是之謂說也禬未聞焉造類禬禜皆有牲攻說用幣而已○造七報反禬古外反劉音會禜音詠嘄音叫劉音禱為于偽反號戶羔反呼火故反見賢遍反禡莫駕反

作六辭。以通上下親疏遠近。一曰祠。二曰命。三曰誥。四曰會。五曰禱。六曰誄。鄭司農云祠當為辭謂辭令也命論語所謂為命裨諶草創之誥謂康誥盤庚之誥之屬也盤庚將遷于殷誥其世臣卿大夫道其先祖之善功故曰以通上下親疏遠近會謂王官之伯命事於會胥命於蒲主為其命也禱謂禱於天地社稷宗廟主為其辭也春秋傳曰鐵之戰衛太子禱曰曾孫蒯聵敢昭告皇祖文王烈祖康叔文祖襄公鄭勝亂從晉午在難不能治亂使鞅討之蒯聵不敢自佚備持矛焉敢告無絕筋無破骨無面夷無作三祖羞大命不敢請佩玉不敢愛若此之屬誄謂積累生時德行以錫之命主為其辭也春秋傳曰孔子卒哀公誄之曰閔天不淑不憖遺一老俾屏余一人以在位嬛嬛予在疚嗚呼哀哉尼父無自律此皆有文雅辭令難為者也故大祝官主作六辭或曰誄論語所謂誄曰禱爾于上下神祇杜子春曰誥當為告書亦或為告玄謂一曰祠者交接之辭

春秋傳曰古者諸侯相見號辭必稱先君以相接辭之辭也會謂會同盟誓之辭禱賀慶言福祚之辭晉趙文子成室晉大夫發焉張老曰美哉輪焉美哉奐焉歌於斯哭於斯聚國族於斯文子曰武也得歌於斯哭於斯聚國族於斯是全要領以從先大夫於九京也北面再拜稽首君子謂之善頌善禱是禱之辭○禪婢支反諡市林反行下孟反慭魚覲反嫄求營反父音甫京音原

辨六號一曰神號二曰鬼號三曰示號四曰牲號五曰齍號六曰幣號

號謂尊其名更爲美稱焉神號若云皇天上帝鬼號若云皇祖伯某祇號若云后土地祇幣號若玉云嘉玉幣云量幣鄭司農云牲號爲犧牲皆有名號曲禮曰牛曰一元大武豕曰剛鬣羊曰柔毛雞曰翰音齍號爲黍稷皆有名號也曲禮曰黍曰薌合梁曰薌萁稻曰嘉疏少牢饋食禮曰敢用柔毛剛鬣士虞禮曰敢用絜牲剛鬣香合○齍音咨鬣力輒反

辨九祭一曰命祭二曰衍祭三曰炮祭四曰周祭五曰振祭六曰擩祭七曰絕祭八曰繚祭九曰共祭

杜子春云命祭祭有所主命也振祭振讀爲慎禮家讀振爲振旅之振擩祭擩讀謂虞芮之芮鄭司農云衍祭羨之道中如今祭殤無所主命周祭四面爲坐也炮祭燔柴也爾雅曰祭天曰燔柴擩祭以肝肺菹擩鹽醢中以祭也繚祭以手從肺本循之至于末乃絕以祭也絕祭不循其本直絕肺以祭也重肺賤肝故初祭絕肺以祭謂之絕祭至祭之末禮殺之後但擩肝鹽中振之擬之若祭狀弗祭謂之振祭特牲饋食禮曰取菹擩于醢祭于豆閒鄉射禮曰取肺坐絕祭鄉飲酒禮曰右取肺卻左手執本坐弗繚右絕末以祭少牢曰取肝擩于鹽振祭玄謂九祭皆謂祭食者命祭者玉藻曰君若賜之食而君客之則命之祭然後祭是也衍字當爲延炮字當爲包聲之誤也延祭者曲禮曰客若降等執食興辭主人興辭於客然後客坐主人延客祭是也包猶兼也兼祭者有司曰宰夫贊者取白黑以授尸尸受兼祭于豆祭是也周猶徧也徧祭者曲禮曰殽之序徧祭之是也振祭擩祭本同不食者擩則祭之將食者既擩必振乃祭也絕祭繚祭亦本同禮多者繚之禮略者絕則祭之共猶授也王祭食宰夫授祭孝經說曰共綏執授○擩而泉反一音而劣反共音恭芮人劣反又而歲反殺色界反執食思四反

辨九𢷎一曰䭫首二曰頓首三曰空首四曰振動五曰吉𢷎六曰凶𢷎七曰奇𢷎八曰褒𢷎九曰肅𢷎以享右祭祀

䭫首拜頭至地也頓首拜頭叩地也空首拜頭至手所謂拜手也吉拜拜而后稽顙謂齊衰不杖以下者言吉者此殷之凶拜周以其拜與頓首相近故謂之吉拜云凶拜稽顙而后拜謂三年服者杜子春云振讀爲振鐸之振動讀爲哀慟之慟奇讀爲奇偶之奇謂先屈一膝今雅拜是也或云奇讀曰倚倚拜謂持節持戟拜身倚之以拜鄭大夫云動讀爲董書亦或爲董振董以兩手相擊也奇拜謂一拜也褒讀爲報報拜再拜是也鄭司農云褒拜今時持節拜是也肅拜但俯下手今時撎是也介者不拜故曰爲事故敢肅使者玄謂振動戰栗變動之拜書曰王動色變一拜答臣下拜再拜拜神與尸享獻也謂朝獻饋獻也右讀爲侑侑勸尸食而拜○𢷎音拜稽音啓奇紀宜反註同褒音報撎於至反爲于僞反使所吏反朝直遙反

凡大禋祀肆享祭示則執明水火而號祝

明水火司烜所共日月之氣以給烝享執之如以六號祝明此主絜也禋祀祭天神也肆享祭宗廟也故書祇爲祊杜子春云祊當爲祇○禋音因烜況晚反祊必庚反

隋釁逆牲逆尸令鐘鼓右亦如之

隋釁謂薦血也凡血祭曰釁既隋釁後言逆牲容逆鼎右讀亦當爲侑○隋許規反

來瞽令臯舞

臯讀爲卒嘷呼之嘷來嘷者皆謂呼之入

相尸禮

延其出入詔其坐作○相息亮反

既祭令徹

大喪始崩以肆鬯渳尸相飯贊斂徹奠

肆鬯所謂陳尸設鬯也鄭司農云渳尸以鬯浴尸○渳彌爾反飯扶晚反

言甸人讀禱付練祥掌國事

鄭司農云甸人主設復梯大祝主言問其具梯物玄謂言猶語也禱六辭之屬禱也甸人喪事代王受眚災大祝爲禱辭語之使以禱於藉田之神也付當爲祔祭於先王以祔後死者掌國事辨護之○梯他兮反

國有大故天烖彌祀社稷禱祠

大故兵寇也天烖疫癘水旱也彌猶偏也偏祀社稷及諸所禱既則祠之以報焉

大師宜于社造于祖設軍社類上帝國將有事于四望及軍歸獻于社則前祝

鄭司農說設軍社以春秋傳曰所謂君以師行祓社釁鼓祝奉以從者也則前祝大祝自前祝也玄謂前祝者王出也歸也將有事於此神大祝居前先以祝辭告之○祓芳弗反劉音廢

大會同造于廟宜于社過大山川則用事焉反行舍奠

用事亦用祭事告行也玉人職有宗祝以黄金勺前馬之禮是謂過大山川與曾子問曰凡告必用牲幣反亦如之○舍音釋一音赦

建邦國先告后土用牲幣

后土社神也

禁督逆祀命者

督正也正王之所命諸侯之所祀有逆者則刑罰焉

頒祭號于邦國都鄙

祭號六號

小祝掌小祭祀將事侯禳禱祠之祝號以祈福祥順豐年逆時雨寧風旱彌烖兵遠辠疾

侯之言候也候嘉慶祈福祥之屬禳禳卻凶咎寧風旱之屬順豐年而順爲之祝辭逆迎也彌讀曰敉敉安也○敉亡爾反

大祭祀逆齍盛送逆尸沃尸盥贊隋贊徹贊奠

隋尸之祭也奠奠爵也祭祀奠先徹後反言之者明所佐大祝非一

凡事佐大祝

唯大祝所有事

大喪贊渳

故書渳爲攝杜子春云當爲渳渳謂浴尸

設熬置銘

銘今書或作名鄭司農云銘書死者名於旌今謂之柩士喪禮曰爲銘各以其物亡則以緇長半幅赬末長終幅廣三寸書名于末曰某氏某之柩竹杠長三尺置于西階上重木置于中庭參分庭一

在南粥餘飯盛以二鬲縣于重冪用葦席取銘置于重杜子春云熬謂重也檀弓曰銘明旌也以死者為不可別故以其旗識識之愛之斯錄之矣敬之斯盡其道焉爾重主道也殷主綴重焉周主徹重焉奠以素器以主人有哀素之心也玄謂熬者棺既蓋設於其旁所以惑蚍蜉也喪大記曰熬君四種八筐大夫三種六筐士二種四筐加魚腊焉士喪禮曰熬黍稷各二筐有魚腊饌于西坫南又曰設熬旁一筐乃塗○熬五羔反頳勑貞反杠音江重直龍反粥之六反盛音成鬲音歷別彼列反識識並傷志反蚍音毗蜉音浮種章勇反

及葬。設道齎之奠。分禱五祀。

杜子春云齎當為粢道中祭也漢儀每街路輒祭玄謂齎猶送也送道之奠謂遣奠也分其牲體以祭五祀告王去此宮中不復反故與祭祀也王七祀祀五者司命大厲平生出入不以告○齎音咨

大師。掌釁祈號祝。

鄭司農云釁謂釁鼓也春秋傳曰君以軍行祓社釁鼓祝奉以從

有寇戎之事。則保郊祀于社。

故書祀或作禩鄭司農云謂保守郊祭諸祀及社無令寇侵犯之杜子春讀禩為祀書亦或為祀玄謂保祀互文郊社皆守而祀之彌裁兵○禩音祀令力呈反

凡外內小祭祀。小喪紀。小會同。小軍旅。掌事焉。

周禮卷二十五

周禮卷二十六

漢大司農北海鄭　玄註

明　後學東吳葛　鼒訂

宗伯禮官之職

喪祝掌大喪勸防之事。鄭司農云勸防引柩也杜子春云防當爲披玄謂勸猶倡帥前引者防謂執披備傾戲○戲音虧

及辟令啓。鄭司農云辟謂除菆塗椁也令啓謂喪祝主命役人開之也檀弓曰天子之殯也菆塗龍輴以椁加斧于椁上畢塗屋天子之禮也○菆才官反輴勑倫反

及朝御匶乃奠。鄭司農云朝謂將葬朝於祖考之廟而後行則喪祝爲御柩也檀弓曰喪之朝也順死者之孝心也其哀離其室也故至於祖考之廟而後行殷朝而殯於祖周朝而遂葬故春秋傳曰凡夫人不殯于廟不祔于姑則弗致也晉文公卒將殯於曲沃就宗廟晉宗廟在曲沃故曰曲沃君之宗也又曰丙午入于曲沃丁未朝于武宮玄謂乃奠朝廟奠○朝直遙反匶音舊離力智反下注俱同

及祖飾棺乃載遂御之。鄭司農云祖謂將葬祖於庭象生時出則祖也故曰事死如事生禮也檀弓曰飯於牖下小斂於戶內大斂於阼殯於客位祖於庭葬於墓所以即遠也祖時喪祝主飾棺乃載遂御之喪祝爲柩車御也或謂及祖至祖廟也玄謂祖爲行始飾棺設柳池紐之屬其序載而後飾既飾當還車鄉外喪祝御之御之者執翿居前卻行爲節度○飯扶晚反還音旋鄉許亮反翿音道

及葬御匶出宮乃代。喪祝二人相與更也

及壙說載除飾。鄭司農云壙謂穿中也說載下棺也除飾去棺飾也四翣之屬令可舉移安錯之玄謂除飾便其窆爾周人之葬牆置翣○說吐活反注同去起呂反翣所甲反本亦作婁錯七故反窆彼驗反劉補鄧反

小喪亦如之。

掌喪祭祝號。喪祭虞也檀弓曰葬日虞不忍一日離也是日也以虞易奠卒哭曰成事是日也以吉祭易喪祭

王弔則與巫前。鄭司農云喪祝與巫以桃厲執戈在王前檀弓曰君臨臣喪以巫祝桃茢執戈惡之也所以異於生也春秋傳曰楚人使公親襚公使巫以桃茢先祓殯楚人弗禁既而悔之君臨臣喪之禮故悔之○厲音列記作茢

掌勝國邑之社稷之祝號以祭祀禱祠焉。勝國邑所誅討者社稷者若亳社是矣存之者重神也蓋奄其上而棧其下爲北牖○棧才產反

凡卿大夫之喪掌事而斂飾棺焉。

甸祝掌四時之田表貉之祝號。杜子春讀貉爲百爾所思之百書亦或爲禡貉兵祭也甸以講武治兵故有兵祭詩曰是類是禡爾雅曰是類是禡師祭也玄謂田者習兵之禮故亦禡祭禱氣勢之十百而多獲○貉莫駕反注禡同甸音田

舍奠于祖廟禰亦如之。

舍讀爲釋釋奠者告將時田若將征伐鄭司農云禰父廟

師甸致禽于虞中乃屬禽及郊饁獸舍奠于祖禰乃斂禽禂牲禂馬皆掌其祝號

師田謂起大衆以田也致禽於虞中使獲者各以其禽來致于所表之處屬禽別其種類饁饋也以所獲獸饋於郊薦于四方羣兆入又以奠于祖禰薦且告反也斂禽謂取三十入腊人也杜子春云禂禱也爲馬禱無疾爲田禱多獲禽牲詩云既伯既禱爾雅曰既伯既禱馬祭也玄謂禂讀如伏誅之誅今侏大字也爲牲祭求肥充爲馬祭求肥健○屬音燭饁于輒反禂音誅一音禱別彼列反爲于僞反

詛祝掌盟詛類造攻說禬禜之祝號

八者之辭皆所以告神明也盟詛主於要誓大事曰盟小事曰詛

作盟詛之載辭以敘國之信用以質邦國之劑信

載辭爲辭而載之於策坎用牲加書于其上也國謂王之國邦國諸侯國也質正也成也文王修德而虞芮質厥成鄭司農云載辭以春秋傳曰使祝爲載書

司巫掌羣巫之政令若國大旱則帥巫而舞雩

雩旱祭也天子於上帝諸侯於上公之神鄭司農云魯僖公欲焚巫尪以其舞雩不得雨○尪音汪

國有大烖則帥巫而造巫恒

杜子春云司巫帥巫官之屬會聚常處以待命也玄謂恒久也巫久者先巫之故事造之當按視所施爲

祭祀則共匰主及道布及蒩館

杜子春云蒩讀爲鉏匰器名主謂木主也道布新布三尺也鉏藉也館神所館止也書或爲蒩館或爲租飽或曰布者以爲席也租飽茅裹肉也玄謂道布者爲神所設巾中霤禮曰以功布爲道布屬于几也蒩之言藉也祭食有當藉者館所以承蒩謂若今筐也主先匰蒩後館互言之者明共主以匰共蒩以筐大祝取其主蒩陳之器則退也士虞禮曰苴刌茅長五寸實于筐饌于西坫上又曰祝盥升取苴降洗之升入設于几東席上東縮○匰音丹蒩子都反鉏子都反藉慈夜反租劉音緻裹音果爲于僞反刌音寸

凡祭事守瘞

瘞謂若祭地祇有埋牲玉者也守之者以祭禮未畢若有事然祭禮畢則去之○瘞於例反

凡喪事掌巫降之禮

降下也巫下神之禮今世或死既斂就巫下禓其遺禮○禓音傷

男巫掌望祀望衍授號旁招以茅

杜子春云望衍謂衍祭也授號以所祭之名號授之旁招以茅招四方之所望祭者玄謂衍讀爲延聲之誤也望祀謂有牲粢盛者延進也謂但用幣致其神二者詛祝所授類造攻說禬禜之神號男巫爲之招○爲于僞反

冬堂贈無方無筭

故書贈爲矰杜子春云矰當爲贈堂贈謂逐疫也無方四方爲可也無筭道里無數遠益善也玄謂冬歲終以禮送不祥及惡夢皆是也其行必由堂始巫與神通言當東則東當西則西可近則近可遠則遠無常數○矰音曾

春招弭以除疾病

招招福也杜子春讀弭如彌兵之彌玄謂弭讀爲敉字之誤也敉安也安凶禍也招敉皆有祀衍之禮○弭與彌同

王弔則與祝前。巫祝前王也故書前爲先鄭司農云爲先非是也

女巫掌歲時祓除釁浴。歲時祓除如今三月上巳如水上之類釁浴謂以香薰草藥沐浴

旱暵則舞雩。使女巫舞旱祭崇陰也鄭司農云求雨以女巫故檀弓曰歲旱繆公召縣子而問焉曰吾欲暴巫而奚若曰天則不雨而望之愚婦人無乃已疏乎○暵呼旱反繆音穆縣音玄暴蒲卜反

若王后弔則與祝前。女巫與祝前后如王禮

凡邦之大烖歌哭而請。有歌者有哭者冀以悲哀感神靈也

大史掌建邦之六典以逆邦國之治掌灋以逆官府之治掌則以逆都鄙之治。典則亦灋也逆迎也六典八灋八則冢宰所建以治百官大史又建焉以爲王迎受其治也大史日官也春秋傳曰天子有日官諸侯有日御日官居卿以底日禮也日御不失日以授百官于朝居猶處也言建六典以處六卿之職○爲于僞反底音旨朝直遙反

凡辨灋者攷焉不信者刑之。謂邦國官府都鄙以灋爭訟來正之者○攷音考

凡邦國都鄙及萬民之有約劑者藏焉以貳六官六官之所登。約劑要盟之載辭及券書也貳猶副也藏灋與約劑之書以爲六官之副其有後事六官又登焉

若約劑亂則辟灋不信者刑之。謂抵冒盟誓者辟灋者考按讀其然否○辟婢亦反

正歲年以序事頒之于官府及都鄙。中數曰歲朔數曰年中朔大小不齊正之以閏若今時作曆日矣定四時以次序授民時之事春秋傳曰閏以正時時以作事事以厚生生民之本於是乎在○數所主反

頒告朔于邦國。天子頒朔于諸侯諸侯藏之祖廟至朔朝于廟告而受行之鄭司農云頒讀爲班班布也以十二月朔布告天下諸侯故春秋傳曰不書日官失之也

閏月詔王居門終月。門謂路寢門也鄭司農云月令十二月分在青陽明堂總章玄堂左右之位惟閏月無所居居于門故於文王在門謂之閏

大祭祀與執事卜日。執事大卜之屬與之者當視墨

戒及宿之日與羣執事讀禮書而協事。協合也合謂習錄所當共之事也故書協作叶杜子春云叶協也書亦或爲協或爲汁○叶音協汁音執

祭之日執書以次位常。謂校呼之教其所當居之處

辨事者攷焉不信者誅之。

謂抵冒其職事。

大會同朝覲以書協禮事。亦先習錄之也。

及將幣之日執書以詔王。將送也。詔王告王以禮事。

大師抱天時與大師同車。鄭司農云：大出師則大史主抱式以知天時處吉凶。史官主知天道，故國語曰：吾非瞽史，焉知天道。春秋傳曰：楚有雲如衆赤烏夾日以飛，楚子使問諸周大史。大史主天道。玄謂瞽即大師，大師瞽官之長。○大音泰，注同。焉，於虔反。

大遷國抱灋以前。灋，司空營國之灋也。抱之以前，當先王至，知諸位處。○先，悉薦反。

大喪執灋以涖勸防。鄭司農云：勸防引大綍。

遣之日讀誄。遣謂祖廟之庭大奠將行時也。人之道終於此，累其行而讀之。大師又帥瞽廞之而作謚。瞽史知天道，使共其事，言王之誄謚成於天道。○遣，弃戰反，下同。行，下孟反。

凡喪事攷焉。爲有得失。

小喪賜謚。小喪，卿大夫也。

凡射事飾中舍算執其禮事。舍讀曰釋。鄭司農云：中所以盛算也。玄謂設算於中以待射時而取之，中則釋之。鄉射禮曰：君國中射則皮豎中，於郊則閭中，於竟則虎中，大夫兕中，士鹿中。天子之中未聞。○舍音釋。盛音成。中，丁仲反。竟音境。

小史掌邦國之志奠繫世辨昭穆若有事則詔王之忌諱。鄭司農云：志謂記也。春秋傳所謂周志，國語所謂鄭書之屬是也。史官主書，故韓宣子聘于魯，觀書太史氏。繫世謂帝繫、世本之屬是也。小史主定之，瞽矇諷誦之。先王死日爲忌，名爲諱。故書奠爲帝。杜子春云：帝當爲奠，奠讀爲定，書帝亦或爲奠。玄謂王有事祭於其廟。○奠音定。

大祭祀讀禮灋史以書敘昭穆之俎簋。讀禮灋者，太史與羣執事。史，此小史也。言讀禮灋者，小史敘俎簋以爲節。故書簋或爲几。鄭司農云：几讀爲軌，書亦或爲簋，古文也。大祭祀，小史主敘其昭穆，以其主定繫世。祭祀，史主敘其昭穆，次其俎簋。故齊景公疾，欲誅於祝史。玄謂俎簋，牲與黍稷，以書次之，校比之。○比，毗志反。

大喪大賓客大會同大軍旅佐大史凡國事之用禮灋者掌其小事。

卿大夫之喪賜謚讀誄。其讀誄亦以大史賜謚爲節，事相成也。

馮相氏掌十有二歲十有二月十有二辰十日二十有八星之位辨其敘事以會天位。歲謂大歲。歲星與日同次之月，斗所建之辰。樂說說歲星與日常應大歲月建以見，然則今歷太歲非此也歲日月辰星宿之位謂方面所在辨其敘事謂若仲春辨秩東作仲夏辨秩南爲仲秋辨秩西成仲冬辨在朔易會天位者合此歲日月辰星宿五者以爲時事之候若今歷日太歲在某月某日某甲朔日直某也國語曰王合位于三五孝經說曰故勅以天期四時節有晚早趣勉趣時無失天位皆由此術云○馮音憑相息亮反譌五和反

冬夏致日。春夏致月。以辨四時之敘。

冬至日在牽牛景丈三尺夏至日在東井景尺五寸此長短之極極則氣至冬無愆陽夏無伏陰春分日在婁秋分日在角而月弦於牽牛東井亦以其景知氣至不春秋冬夏氣皆至則是四時之敘正矣

保章氏掌天星以志星辰日月之變動。以觀天下之遷。辨其吉凶。

志古文識識記也星謂五星辰日月所會五星有贏縮圜角日有薄食暈珥月有盈虧朓側匿之變七者右行列舍天下禍福變移所在皆見焉○識音志暈本又作煇亦作運朓他了反晦而月見西方匿女力反朔而月見東方日側匿亦名朒朒女六反

以星土辨九州之地所封。封域皆有分星。以觀妖祥。

星土星所主土也封猶界也鄭司農說星土以春秋傳曰參爲晉星商主大火國語曰歲之所在則我有周之分野之屬是也玄謂大界則曰九州州中諸國中之封域於星亦有分焉其書亡矣堪輿雖有郡國所入度非古數也今其存可言者十二次之分也星紀吳越也玄枵齊也娵訾衛也降婁魯也大梁趙也實沈晉也鶉首秦也鶉火周也鶉尾楚也壽星鄭也大火宋也析木燕也此分野之妖祥主用客星彗孛之氣爲象○分扶問反左同參所林反娵子須反訾子斯反降戶江反彗以歲反孛音佩

以十有二歲之相。觀天下之妖祥。

歲謂太歲歲星與日同次之月斗所建之辰也歲星爲陽右行於天大歲爲陰左行於地十二歲而小周其妖祥之占甘氏歲星經其遺象也鄭司農云大歲所在歲星所居春秋傳曰越得歲而吳伐之必受其凶之屬是也○相息亮反

以五雲之物。辨吉凶。水旱降。豐荒之祲象。

物色也視日旁雲氣之色降下也知水旱所下之國鄭司農云以二至二分觀雲色青爲蟲白爲喪赤爲兵荒黑爲水黃爲豐故春秋傳曰凡分至啓閉必書雲物爲備故也故曰凡此五物以詔救政

以十有二風。察天地之和。命乖別之妖祥。

十有二辰皆有風吹其律以知和不其道亡矣春秋襄十八年楚師伐鄭師曠曰吾驟歌北風又歌南風南風不競多死聲楚必無功是時楚師多凍其命乖別審矣

凡此五物者。以詔救政。訪序事。

訪謀也見其象則當預爲之備以詔王救其政且謀今年天時占相所宜次序其事

內史掌王之八枋之灋。以詔王治。一曰爵。二曰祿。三曰廢。四曰置。五曰殺。六曰生。七曰予。八曰奪。

太宰既以詔王內史又居中貳之○枋本又作柄兵病反

執國灋及國令之貳。以攷政事。以逆會計。

國灋六典八灋八則

掌敘事之灋。受納訪。以詔王聽治。

敘六敘也納訪納謀於王也六敘六曰以敘聽其情

凡命諸侯及孤卿大夫。則策命之。

鄭司農說以春秋傳曰王命內史興父策命晉侯爲侯伯策謂以簡策書王命其文曰王謂叔父敬服王命以綏四國糾逖王慝晉侯三辭從命書策以出○父音甫

凡四方之事書內史讀之。若今尚書入省事

王制祿則贊爲之以方出之。贊爲之爲之辭也鄭司農云以方出之以方版書而出之上農夫食九人其次食八人其次食七人其次食六人下農夫食五人庶人在官者其祿以是爲差諸侯之下士視上農夫祿足以代其耕也中士倍下士上士倍中士下大夫倍上士卿四大夫祿君十卿祿杜子春云方直謂今時牘也玄謂王制曰王之三公視公侯卿視伯大夫視子男元士視附庸○食音似

賞賜亦如之。

內史掌書王命遂貳之。副寫藏之

外史掌書外令。王令下畿外○下戶嫁反

掌四方之志。志記也謂若魯之春秋晉之乘楚之檮杌○檮徒刀反杌五忽反

掌三皇五帝之書。楚靈王所謂三墳五典○墳扶云反

掌達書名于四方。謂若堯典禹貢達此名使知之或曰古曰名今曰字使四方知書之文字得能讀之

若以書使于四方則書其令。書王令以授使者○使所吏反

周禮卷二十六

周禮卷二十七

漢大司農北海鄭　玄註

明　後學東吳金　蟠訂

宗伯禮官之職

[御史]掌邦國都鄙及萬民之治令以贊冢宰王所以治之令冢宰掌王治

凡治者受灋令焉為書寫其治之法令來受則授之

掌贊書王有命當以書致之則贊為辭若今尚書作詔文

凡數從政者自公卿以下至胥徒凡數及其見在空缺者鄭司農讀為掌贊書數書數者經禮三百曲禮三千法度皆在玄以為不辭故改之云○數所主反見賢遍反

[巾車]掌公車之政令辨其用與其旗物而等敘之以治其出入公猶官也用謂祀賓之屬旗物太常以下等敘之以封同姓異姓之次序

王之五路一曰玉路鍚樊纓十有再就建大常十有二斿以祀王在焉曰路玉路以玉飾諸末鍚馬面當盧刻金為之所謂鏤鍚也樊讀如鞶帶之鞶謂今馬大帶也鄭司農云纓謂當胸士喪禮下篇曰馬纓三就禮家說曰纓當胷以削革為之三就三重三匝也玄謂纓今馬鞅玉路之樊及纓皆以五采罽飾之十二就就成也大常九旗之畫日月者正幅為縿斿則屬焉○鍚音陽斿音留鞶步干反重直龍反罽居例反縿所銜反又所廉反屬音燭

金路鉤樊纓九就建大旂以賓同姓以封金路以金飾諸末鉤婁頷之鉤也金路無鍚有大鉤亦以金為之其樊及纓以五采罽飾之而九成旂九旗之畫交龍者以賓以會賓客同姓以封謂王子母弟率以功德出封雖為侯伯其畫服猶如上公若魯衛之屬其無功德各以親疏食采畿內而已故書鉤為拘杜子春讀為鉤○頷戶感反率音律又音類

象路朱樊纓七就建大赤以朝異姓以封象路以象飾諸末象路無鉤以朱飾勒而已其樊及纓以五采罽飾之而七成大赤九旗之通帛以朝以日視朝異姓王甥舅○朝直遙反

革路龍勒條纓五就建大白以即戎以封四衛革路鞔之以革而漆之無他飾龍駹也以白黑飾韋雜色為勒條讀為條其樊及纓以條絲飾之而五成不言樊字蓋脫爾以此言條知玉路金路象路飾樊纓皆不用金玉象矣大白殷之旗猶周大赤蓋象正色也即戎謂兵事四衛四方諸侯守衛者蠻服以內○駹音尨條他刀反鞔莫干反

木路前樊鵠纓建大麾以田以封蕃國木路不鞔以革漆之而已前讀為緇翦之翦翦淺黑也木路無龍勒以淺黑飾韋為樊鵠色飾韋為纓不言就數飾與革路同大麾不在九旗中以正色言之則黑夏后氏所建田四時田獵蕃國謂九州之外夷服鎮服蕃服杜子春云鵠或為結

王后之五路重翟錫面朱總厭翟勒面繢總安車彫面鷖總皆有容蓋

重翟重翟雉之羽也厭翟次其羽使相迫也勒面謂以如王龍勒之韋為當面飾也彫者畫之不龍其韋安車坐乘車凡婦人車皆坐乘故書朱總為繐鷖或作緊鄭司農云錫馬面鍚繐當為總書亦或為總鷖讀為鳧鷖之鷖鷖總者青黑色以繒為之總著馬勒直兩耳與兩鑣容謂幨車山東謂之裳幃或曰幢容玄謂朱總繢總其施之如鷖總車衡輨亦宜有焉繢畫文也蓋如今小車蓋也皆有容有蓋則重翟厭翟謂蔽也重翟后從王祭祀所乘厭翟后從王賓饗諸侯所乘安車無蔽后朝見於王所乘謂去飾也詩國風碩人曰翟蔽以朝謂諸侯夫人始來乘翟蔽之車以朝見於君盛之也此翟蔽蓋厭翟也然則王后始來乘重翟乎○重直龍反厭於涉反注同鷖烏兮反繐歲云檢字林蒼雅及說文皆無此字衆家亦不見有音唯昌宗音廢以形聲會意求之實所未了當是廢而不用非其音也本或作緦恐是意改著直略反鑣表驕反幨昌廉反潼音同輨音管見賢遍反去起呂反

翟車。貝面。組總。有握。輦車。組輓。有翣。羽蓋。

翟車不重不厭以翟飾車之側爾貝面貝飾勒之當面也有握則此無蓋矣如今軿車是也后所乘以出桑○輦車不言飾后居宮中從容所乘但漆之而已為輇輪人輓之以行有翣所以禦風塵以羽作小蓋為翳日也故書翣為⿰毛巤杜子春云當為翣書亦或為⿺毛巤○軿薄經反輓音晚翣所甲反從七容反輇市專反翳烏帝反⿰毛巤⿺毛巤並音獵⿰毛巤或音毛

王之喪車五乘。木車。蒲蔽。犬𧜵尾櫜。疏飾。小服皆疏。

木路不漆者鄭司農云蒲蔽謂贏蘭車以蒲為蔽天子喪服之車漢儀亦然犬𧜵以犬皮為覆笭故書疏為揟杜子春讀揟為沙玄謂蔽車旁禦風塵者犬白犬皮既以皮為覆笭又以其尾為戈戟之弢以麤布飾二物之側為之緣若攝服云服讀為箙小箙刀劍短兵之衣此始遭喪所乘為君之道尚微備姦臣也書曰以虎賁百人逆子釗亦為備焉○五乘繩證反𧜵莫歷反櫜沈音羔劉姑道反贏魯火反笭力丁反揟思如反弢吐刀反箙音服賁音奔

素車。棼蔽。犬𧜵素飾。小服皆素。

素車以白土堊車也棼讀為薠薠以麻為蔽其𧜵服以素繒為緣此卒哭所乘為君之道益著在車可以去戈戟○堊烏路反又烏洛反薠扶文反

藻車。藻蔽。鹿淺𧜵。革飾。

故書藻作轈杜子春讀轈為華藻之藻直謂華藻也玄謂藻水草蒼色以蒼土堊車以蒼繒為蔽也鹿淺𧜵以鹿夏皮為覆笭又以所治去毛者緣之此既練所乘○轈音總又音藻

駹車。雚蔽。然𧜵。髤飾。

故書駹作龍髤為軟杜子春云龍讀為駹軟讀為桼垸之桼直謂髤桼也玄謂駹車邊側有桼飾也雚細葦席也以為蔽者漆則成藩即吉也然果然也髤赤多黑少之色韋也此大祥所乘○雚音丸髤香求反軟音次桼音七垸胡翫反

漆車。藩蔽。豻𧜵。雀飾。

漆車黑車也藩今時小車藩漆席以為之豻胡犬雀黑多赤少之色韋也此禫所乘○豻五旦反禫直感反

服車五乘。孤乘夏篆。卿乘夏縵。大夫乘墨車。士乘棧車。庶人乘役車。

服車服事者之車故書夏篆為夏緣鄭司農云夏赤也緣綠色或曰夏篆篆讀為圭瑑之瑑夏篆轂有約也玄謂夏篆五采畫轂約也夏縵亦五采畫無瑑爾墨車不畫也棧車不革輓而漆之役車方箱可載任器以共役○篆音瑑直轉反箱息羊反

凡良車。散車。不在等者。其用無常。

給遊燕及恩惠之賜不在等者謂若今輜車後戶之屬作之有功有沽○散素旱反輜側其反

凡車之出入歲終則會之。

計其完敗多少

凡賜闕之。

完敗不計

毀折入齎于職幣。

計所傷敗入其直杜子春云齎讀爲資資謂財也乘官車毀折者入財以償繕治之直○齎音咨

大喪。飾遣車。遂廞之行之。

廞興也謂陳駕之行之使人以次舉之以如墓也遣車一曰鸞車○遣棄戰反

及葬。執蓋從車持旌。

從車隨柩路持蓋與旌者王平生時車建旌雨則有蓋今蜃車無蓋執而隨之象生時有也所執者銘旌○從才用反

及墓。嘑啓關陳車。

關墓門也車貳車也士喪禮下篇曰車至道左北面立東上

小喪共匶路。與其飾。

匶路載柩車也飾棺飾也

歲時更續。共其弊車。

故書更續爲受讀杜子春云受當爲更讀當爲續更續更受新共其弊車歸其故弊車也玄謂俱受新耳更易其舊續續其不任用共其弊車巾車既更續之取其弊車共於車人材或有中用之

大祭祀。鳴鈴以應雞人。

雞人主呼旦鳴鈴以和之聲且警衆必使鳴鈴者車有和鸞相應和之象故書鈴或作軨杜子春云當爲鈴○和胡臥反軨音零

典路 掌王及后之五路。辨其名物與其用說。

用謂將有朝祀之事而駕之鄭司農云說謂舍車也春秋傳曰雞鳴而駕日中而說用謂所宜用○說書銳反注及下駕說弁注同朝直遥反

若有大祭祀。則出路。贊駕說。

出路王當乘之贊駕說贊僕與趣馬也○趣倉口反

大喪大賓客亦如之

亦出路當陳之鄭司農說以書顧命曰成王崩康王既陳先王寶器又曰大路在賓階面贅路在阼階面先路在左塾之前次路在右塾之前漢朝上計律陳屬車於庭故曰大喪大賓客亦如之○塾音孰上時掌反屬音燭

凡會同軍旅。弔于四方。以路從。

王出於事無常王乘一路典路以其餘路從行亦以華國○從才用反注及下注同

車僕 掌戎路之萃。廣車之萃。闕車之萃。苹車之萃。輕車之萃。

萃猶副也此五者皆兵車所謂五戎也戎路王在軍所乘也廣車橫陳之車也闕車所用補闕之車也苹猶屏也所用對敵自蔽隱之車也輕車所用馳敵致師之車也春秋傳曰公喪戎路又曰其君之戎分爲二廣則諸侯戎路廣車也又曰帥斿闕四十乘孫子八陳有苹車之陳又曰馳車千乘五者之制及萃數未盡聞也書曰武王戎車三百兩故書苹作平杜子春云苹車當爲軿車其字當爲苹書亦或爲苹○苹薄輕反輕遣政反屏拜領反又薄經反喪息浪反千乘繩證反軿薄經反

凡師。共革車。各以其萃。

五戎者，共其一以爲王優尊者所乘也，而萃各從其元焉。

會同亦如之。

巡守及兵車之會，則王乘戎路；乘車之會，王雖乘金路，猶共以從，不失備也。

大喪，廞革車。

言興革車，則遣車不徒戎路，廣、闕、苹、輕皆有焉。

大射，共三乏。

鄭司農云：乏讀爲匱乏之乏。

司常掌九旗之物名，各有屬，以待國事。日月爲常，交龍爲旂，通帛爲旜，雜帛爲物，熊虎爲旗，鳥隼爲旟，龜蛇爲旐，全羽爲旞，析羽爲旌。

物名者，所畫異物則異名也。屬謂徽識也，大傳謂之徽號，今城門僕射所被及亭長著絳衣，皆其舊象。通帛謂大赤，從周正色，無飾。雜帛者，以帛素飾其側，白，殷之正色。全羽、析羽皆五采，繫之於旞旌之上，所謂注旄於干首也。凡九旗之帛皆用絳。○旜之然反。隼息允反。旟音餘。旐音兆。旞音遂。識息式反，又音志。著丁略反，又直略反。

及國之大閱，贊司馬頒旗物：王建大常，諸侯建旂，孤卿建旜，大夫士建物，師都建旗，州里建旟，縣鄙建旐，道車載旞，斿車載旌。

仲冬教大閱，司馬主其禮。自王以下治民者，旗畫成物之象。王畫日月，象天明也。諸侯畫交龍，一象其升朝，一象其下復也。孤卿不畫，言奉王之政教而已。大夫士雜帛，言以先王正道佐職也。師都，六鄉六遂大夫也，謂之師都，都，民所聚也。畫熊虎者，鄉遂出軍賦，象其守猛，莫敢犯也。州里、縣鄙，鄉遂之官，互約言之。鳥隼象其勇捷也。龜蛇象其扞難辟害也。道車，象路也，王以朝夕燕出入。斿車，木路也，王以田以鄙。全羽、析羽五色，象其文德也。大閱，王乘戎路，建大常焉，玉路、金路不出。○朝直遙反。難乃旦反。辟音避。

皆畫其象焉。官府各象其事，州里各象其名，家各象其號。

事、名、號者，徽識所以題別衆臣，樹之於位，朝各就焉。覲禮曰：公、侯、伯、子、男皆就其旂而立。此其類也。或謂之事，或謂之名，或謂之號，異外內也。三者旌旗之細也。士喪禮曰：爲銘各以其物，亡則以緇長半幅，赬末長終幅，廣三寸，書名於末。此蓋其制也。徽識之書則云某某之事、某某之名、某某之號。今大閱禮象而爲之。兵凶事，若有死事者，亦當以相別也。杜子春云：畫當爲書。玄謂畫，畫雲氣也。異於在國軍事之飾。○別彼列反。亡音無。

凡祭祀，各建其旗。

王祭祀之車則玉路。

會同賓客亦如之，置旌門。

賓客朝覲宗遇，王乘金路；巡守兵車之會，王乘戎路，皆建其大常。掌舍職曰：爲帷宮，設旌門。

大喪，共銘旌。

銘旌，王則太常也。士喪禮曰：爲銘各以其物。

建廞車之旌，及葬亦如之。

葬云建之，則行廞車解說之。○說吐活反。

凡軍事，建旌旗；及致民，置旗，弊之。

始置旗以致民，民至，仆之，誅後至者。○仆薄非反，一音赴。

甸亦如之

凡射共獲旌

獲旌獲者所持旌

歲時共更旌

取舊予新

都宗人掌都祭祀之禮凡都祭祀致福于國

都或有山川及因國無主九皇六十四民之祀王子弟則立其祖王之廟其祭祀王皆賜禽焉主其禮者警戒之糾其戒具其來致福則帥而以造祭僕

正都禮與其服

禁督其違失者服謂衣服及宮室車旗

若有寇戎之事則保羣神之壝

守山川邱陵墳衍之壇域○壝惟癸反

國有大故則令禱祠既祭反命于國

令令都之有司也祭謂報塞也反命還白王○塞西代反

家宗人掌家祭祀之禮凡祭祀致福

大夫采地之所祀與都同若先王之子孫亦有祖廟

國有大故則令禱祠反命祭亦如之

以王命令禱祠歸白王於獲福又以王命令祭之還又反命

掌家禮與其衣服宮室車旗之禁令

掌亦正也不言寇戎保羣神之壝則都家自保之都宗人所保者謂王所祀明矣

凡以神仕者掌三辰之灋以猶鬼神示之居辨其名物

猶圖也居謂坐也天者羣神之精日月星辰其著位也以此圖天神人鬼地祇之坐者謂布祭衆寡與其居句孝經說郊祀之禮曰燔燎掃地祭牲繭栗或象天酒旗坐星廚倉具黍稷布席極敬心也言郊之布席象五帝座禮祭宗廟序昭穆亦又有似虛危則祭天圜丘象北極祭地方澤象后妃及社稷之席皆有明法焉國語曰古者民之精爽不攜貳者而又能齊肅中正其知能上下比義其聖能光遠宣朗其明能光照之其聰能聽徹之如是則神明降之在男曰覡在女曰巫是以使制神之處位次主而為之牲器時服巫既知神如此又能居以天法是以聖人用之今之巫祝既闇其義何明之見何法之行正神不降或於淫厲苟貪貨食遂誣人神令此道滅痛矣○居紀慮反句紀具反繭工典反齊側皆反知音智覡胡歷反令力呈反

以冬日至致天神人鬼以夏日至致地示物鬽以禬國之凶荒民之札喪

天人陽也地物陰也陽氣升而祭鬼神陰氣升而祭地祇物鬽所以順其為人與物也致人鬼於祖廟致物鬽於墠壇蓋用祭天地之明日百物之神曰鬽春秋傳曰螭鬽魍魎杜子春云禬除也玄謂此禬讀如潰癰之潰○鬽眉祕反禬胡對反墠音善螭勅知反

周禮卷二十七

周禮卷二十八

漢大司農北海鄭　玄註

明　後學東吳葛　鼒訂

司馬政官之屬

惟王建國辨方正位體國經野設官分職以爲民極

乃立夏官司馬使帥其屬而掌邦政以佐王平邦國

政正也政所以正不正者也孝經說曰政者正也正德名以行道

政官之屬大司馬卿一人小司馬中大夫二人軍司馬下大夫四人輿司馬上士八人行司馬中士十有六人旅下士三十有二人府六人史十有六人胥三十有二人徒三百有二十人

輿衆也行謂軍行列晉作六軍而有三行取名於此○行戶剛反

凡制軍萬有二千五百人爲軍王六軍大國三軍次國二軍小國一軍軍將皆命卿二千有五百人爲師師帥皆中大夫五百人爲旅旅帥皆下大夫百人爲卒卒長皆上士二十五人爲兩兩司馬皆中士五人爲伍伍皆有長

軍師旅卒兩伍皆衆名也伍一比兩一閭卒一族旅一黨師一州軍一鄉家所出一人將帥長司馬者其師吏也言軍將皆命卿則凡軍帥不特置選於六官六鄉之吏自卿以下德任者使兼官焉鄭司農云王六軍大國三軍次國二軍小國一軍故春秋傳有大國次國小國又曰成國不過半天子之軍周爲六軍諸侯之大者三軍可也詩大雅常武曰赫赫明明王命卿士南仲大祖大師皇父整我六師以修我戎既儆既戒惠此南國大雅文王曰周王于邁六師及之此周爲六軍之見于經也春秋傳曰王使虢公命曲沃伯以一軍爲晉侯此小國一軍之見于傳也百人爲卒二十五人爲兩故春秋傳曰廣有一卒卒偏之兩○將子匠反凡軍將將帥之類放此帥所類反長丁丈反比毗志反大祖音泰下大師大僕同父音甫

一軍則二府六史胥十人徒百人

司勳上士二人下士四人府二人史四人胥二人徒二十人

故書勳作勛鄭司農云勛讀爲勳勳功也此官主功賞故曰掌六鄉賞地之法以等其功

馬質中士二人府一人史二人賈四人徒八人

質平也主買馬平其大小之賈直

量人下士二人府一人史四人徒八人

量猶度也謂以丈尺度地○量音亮度待洛反

小子下士二人史一人徒八人

小子主祭祀之小事

羊人下士二人史一人賈二人徒八人

司爟下士二人徒六人

故書爟爲燋杜子春云燋當爲爟書亦或爲爟爟爲私火玄謂爟讀如予若觀火之觀今燕俗名湯熱爲觀則爟火謂熱火與○爟古喚反燋哉約反李又音灼觀古喚反下同

掌固上士二人下士八人府二人史四人胥四人徒

四十人。固國所依阻者也。國曰固，野曰險。易曰：王公設險以守其國。

司險中士二人，下士四人，史二人，徒四十人。

掌疆中士八人，史四人，胥十有六人，徒百有六十人。疆，界也。○疆，居良反。

候人上士六人，下士十有二人，史六人，徒百有二十人。候，候迎賓客之來者。

環人下士六人，史二人，徒十有二人。環猶卻也，以勇力卻敵。○卻，起略反。

挈壺氏下士六人，史二人，徒十有二人。挈讀如絜髮之絜。壺，盛水器也。世主挈壺水以爲漏。○盛音成。

射人下大夫二人，上士四人，下士八人，府二人，史四人，胥二人，徒二十人。

服不氏下士一人，徒四人。服不服之獸者。

射鳥氏下士一人，徒四人。○射，食亦反。

羅氏下士一人，徒八人。能以羅網搏鳥者。郊特牲曰：大羅氏，天子之掌鳥獸者。○搏音博，本又作捕。

掌畜下士二人，史二人，胥二人，徒二十人。畜謂斂而養之。○畜，許六反。

司士下大夫二人，中士六人，下士十有二人，府二人，史四人，胥四人，徒四十人。

諸子下大夫二人，中士四人，府二人，史二人，胥二人，徒二十人。諸子，主公卿大夫士之子者，或曰庶子。

司右上士二人，下士四人，府四人，史四人，胥八人，徒八十人。右謂有勇力之士充王車右。

虎賁氏下大夫二人，中士十有二人，府二人，史八人，胥八十人，虎士八百人。

旅賁氏中士二人，下士十有六人，史二人，徒八人。不言徒，曰虎士，則虎士徒之選有勇力者。○賁音奔。

節服氏下士八人，徒四人。世爲王節所衣服。○爲，于僞反。

方相氏狂夫四人。方相猶言放想，可畏怖之貌。○放想，方文反。

太僕下大夫二人，小臣上士四人，祭僕中士六人，御僕下士十有二人，府二人，史四人，胥二人，徒二十人。

僕侍御於尊者之名。大僕其長也。

隸僕下士二人。府一人。史二人。胥四人。徒四十人。

此吏而曰隸，以其事褻。

弁師下士二人。工四人。史二人。徒四人。

弁者古冠之大稱。委貌緇布曰冠。

司甲下大夫二人。中士八人。府四人。史八人。胥八人。徒八十人。

甲今之鎧也。司甲，兵戈盾官之長。○鎧，苦愛反。盾，常允反，又音允。

司兵中士四人。府二人。史四人。胥二人。徒二十人。

司戈盾下士二人。府一人。史二人。徒四人。

戈今時句孑戟。○句孑，古侯反，下音結。

司弓矢下大夫二人。中士八人。府四人。史八人。胥八人。徒八十人。

司弓矢，弓弩矢箙官之長。○箙，音服。

繕人上士二人。下士四人。府一人。史二人。胥二人。徒二十人。

繕之言勁也、善也。

槀人中士四人。府二人。史四人。胥二人。徒二十人。

鄭司農云：槀讀爲芻槀之槀，箭幹謂之槀，此官主弓弩箭矢，故謂之槀人。○槀，古老反。

戎右中大夫二人。上士二人。

右者參乘，此充戎路之右，田獵亦爲之右焉。○乘，繩證反。

齊右下大夫二人。

充玉路金路之右。○齊，側皆反，下齊僕同。

道右上士二人。

充象路之右。

大馭中大夫二人。

馭之最尊。

戎僕中大夫二人。

馭言僕者，此亦侍御於車。

齊僕下大夫二人。

古者王將朝覲會同必齊，所以敬宗廟及神明。○朝，直遥反。

道僕上士十有二人。

王朝莫夕，主御王以與諸臣行先王之道。○朝朝，上如字，下直遥反。莫，音暮。

田僕上士十有二人。

馭夫中士二十人。下士四十人。

校人中大夫二人。上士四人。下士十有六人。府四人。史八人。胥八人。徒八十人。

校之爲言校也，主馬者必仍校視之。校人，馬官之長。○校，戶教反。

趣馬下士皁一人。徒四人。

趣馬，趣養馬者也。鄭司農說以詩曰：蹶維趣馬。○趣，七口反。皁，才早反。

巫馬下士二人醫四人府一人史二人賈二人徒二十人

巫馬知馬祖先牧馬社馬步之神者馬疾若有犯焉則知之是以使與醫同職

牧師下士四人胥四人徒四十人

主牧放馬而養之

廋人下士閑二人史二人徒二十人

廋之言數

圉師乘一人徒二人圉人良馬匹一人駑馬麗一人

養馬曰圉四馬爲乘良善也麗耦也

職方氏中大夫四人下大夫八人中士十有六人府四人史十有六人胥十有六人徒百有六十人

職主也主四方之職貢者職方氏主四方官之長

土方氏上士五人下士十人府二人史五人胥五人徒五十人

土方氏主四方邦國之土地

懷方氏中士八人府四人史四人胥四人徒四十人

懷來也主來四方之民及其物

合方氏中士八人府四人史四人胥四人徒四十人

合方氏主合同四方之事

訓方氏中士四人府四人史四人胥四人徒四十人

訓道也主教道四方之民

形方氏中士四人府四人史四人胥四人徒四十人

形方氏主制四方邦國之形體

山師中士二人下士四人府二人史四人胥四人徒四十人

川師中士二人下士四人府二人史四人胥四人徒四十人

邍師中士四人下士八人府四人史八人胥八人徒八十人

邍地之廣平者○邍音原

匡人中士四人史四人徒八人

匡正也主正諸侯以法則

撢人中士四人史四人徒八人

撢人主撢序王意以語天下○撢他南反

都司馬每都上士二人中士四人下士八人府二人史八人胥八人徒八十人

都王子弟所封及三公采地也司馬主其軍賦

家司馬各使其臣以正於公司馬

家卿大夫采地正猶聽也公司馬國司馬也卿大夫之采地王不特置司馬各自使其家臣爲司馬主其地之軍賦往聽政於王之司馬王之司馬其以王命來有事則曰國司馬

周禮卷二十八

周禮卷二十九

漢大司農北海鄭　玄註

明　後學東吳金　蟠訂

司馬政官之職

大司馬之職。掌建邦國之九灋。以佐王平邦國。平，成也，正也。

制畿封國。以正邦國。封謂立封於疆為界。○畿音祈

設儀辨位。以等邦國。儀謂諸侯及諸臣之儀。辨，別也。別尊卑之位。

進賢興功。以作邦國。興猶舉也。作，起也。起其勸善樂業之心，使不惰廢。

建牧立監。以維邦國。牧，州牧也。監，監一國，謂君也。維猶連結也。

制軍詰禁。以糾邦國。詰猶窮治也。糾猶正也。

施貢分職。以任邦國。職謂職稅也。任猶事也。事以其力之所堪。

簡稽鄉民。以用邦國。簡謂比數之。稽猶計也。○鄉許亮反

均守平則。以安邦國。諸侯有土地者均之，尊者守大，卑者守小，則法也。

比小事大。以和邦國。比猶親，使大國親小國，小國事大國，相合和也。易比象曰：先王以建萬國，親諸侯。○比，毗志反

以九伐之灋正邦國。諸侯有違王命，則出兵以征伐之，所以正之也。諸侯之于國，如樹木之有根本，是以言伐云。

馮弱犯寡。則眚之。馮猶乘陵也。言不守小而侵侮之。眚猶人眚瘦也。王霸記曰：四面削其地。○馮，皮冰反

賊賢害民。則伐之。春秋傳曰：粗者曰侵，精者曰伐。又曰：有鐘鼓曰伐。則伐者，兵入其竟，鳴鐘鼓以往，所以聲其罪。○竟音境

暴內陵外。則壇之。內謂其國，外謂諸侯。壇讀如同墠之墠。王霸記曰：置之空墠之地。鄭司農云：壇讀從憚之以威之憚。書亦或為墠。玄謂置之空墠，以出其君，更立其次賢者。○墠音善

野荒民散。則削之。荒，蕪也。田不治，民不附，削其地，明其不能有。

負固不服。則侵之。負猶恃也。固，險可依以固者也。不服，不事大也。侵之者，兵加其竟而已，用兵淺者。詩曰：密人不恭，敢距大邦。

賊殺其親。則正之。

正之者執而治其罪王霸記曰正殺之也春秋僖二十八年冬晉人執衛侯歸之于京師坐殺其弟叔武

放弒其君則殘之

放逐也殘殺也王霸記曰殘滅其為惡

犯令陵政則杜之

令猶命也王霸記曰犯令者違命也陵政者輕政灋不循也杜之者杜塞使不得與鄰國交通

外內亂鳥獸行則滅之

王霸記曰悖人倫外內無以異于禽獸不可親百姓則誅滅去之也曲禮曰夫唯禽獸無禮故父子聚麀○行下孟反去起呂反夫音符麀于牛反

正月之吉始和布政于邦國都鄙乃縣政象之灋于象魏使萬民觀政象挾日而斂之

以正月朔日布王政于天下至正歲又縣政灋之書挾日十日也○縣音玄

乃以九畿之籍施邦國之政職方千里曰國畿其外方五百里曰侯畿又其外方五百里曰甸畿又其外方五百里曰男畿又其外方五百里曰采畿又其外方五百里曰衛畿又其外方五百里曰蠻畿又其外方五百里曰夷畿又其外方五百里曰鎮畿又其外方五百里曰蕃畿

畿猶限也自王城以外五千里為界有分限者九籍其禮差之書也政職所共王政之職謂賦稅也故書畿為近鄭司農云近當言畿春秋傳曰天子一畿列國一同詩殷頌曰邦畿千里維民所止○分符問反共音恭凡供字皆作共後做此

凡令賦以地與民制之上地食者參之二其民可用者家三人中地食者半其民可用者二家五人下地食者參之一其民可用者家二人

賦給軍用者也令邦國之賦亦以地之美惡民之衆寡為制如六遂矣鄭司農云上地謂肥美田也食者參之二假令一家有三頃歲種二頃休其一頃下地食者參之一田薄惡者所休多○令力呈反

中春教振旅司馬以旗致民平列陳如戰之陳

以旗者立旗期民于其下也兵者守國之備孔子曰以不教民戰是謂棄之兵者凶事不可空設因蒐狩而習之凡師出曰治兵入曰振旅皆習戰也四時各教民以其一焉春習振旅兵入收衆專於農平猶正也○中音仲陳直覲反

辨鼓鐸鐲鐃之用王執路鼓諸侯執賁鼓軍將執晉鼓師帥執提旅帥執鼙卒長執鐃兩司馬執鐸公司馬執鐲

鼓人職曰以路鼓鼓鬼享以賁鼓鼓軍事以晉鼓鼓金奏以金鐃止鼓以金鐸通鼓以金鐲節鼓鄭司農云辨鼓鐸鐲鐃之用謂鉦鐸之屬鐲讀如濁其源之濁鐃讀如讙譊之譊提讀如攝提之提謂馬上鼓有曲木提持鼓立馬髦上者故謂之提杜子春云公司馬謂五人為伍伍之司馬也玄謂王不執賁鼓尚之於諸侯也伍長謂之公司馬者雖卑同其號○鐲直角反鐃女交反賁扶云反鼙薄兮反鉦音征讙火官反譊女交反

以教坐作進退疾徐疏數之節

習戰法○數音朔

遂以蒐田。有司表貉。誓民。鼓。遂圍禁。火弊。獻禽以祭社。

春田為蒐有司大司徒也掌大田役治徒庶之政令表貉立表而貉祭也誓民誓以犯田法之罰也誓曰無干車無自後射立旌遂圍禁旌弊爭禽而不審者罰以假馬禁者虞衡守禽之厲禁也既誓令鼓而圍之遂蒐田火弊火止也春田主用火因焚萊除陳草皆殺而火止獻猶致也屬也田止虞人植旌衆皆獻其所獲禽焉詩云言私其豵獻肩于公春田主祭社者土方施生也鄭司農云貉讀為禡禡謂師祭也書亦或為禡○貉莫駕反豵子工反肩詩作豜音同施式豉反禡莫駕反

中夏教茇舍。如振旅之陳。羣吏撰車徒。讀書契。辨號名之用。帥以門名。縣鄙各以其名。家以號名。鄉以州名。野以邑名。百官各象其事。以辨軍之夜事。其他皆如振旅。

茇讀如萊沛之沛茇舍草止之也軍有草止之灋撰讀曰算算車徒謂數擇之也讀書契以簿書校錄軍實之凡要號名者徽識所以相別也鄉遂之屬謂之名家之屬謂之號百官之屬謂之事在國以表朝位在軍又象其制而為之被之以備死事帥謂軍將及師帥旅帥至伍長也以門名者所被徽識如其在門所樹者也凡此言以也象也皆謂其制同耳軍將皆命卿古者軍將蓋為營治於國門魯有東門襄仲宋有桐門右師皆上卿為軍將者也縣鄙謂縣正鄙師至鄰長也家謂食采地者之臣也鄉以州名亦謂州長至比長也野謂公邑大夫百官以其職從王者此六者皆書其官與名氏焉門則襄仲右師明矣鄉則南鄉甄東鄉為人是也其他象此云某某之名某某之號某某之事而已未盡聞也鄉遂大夫文錯不見以其素信于民不為軍將或為諸帥是以闕焉夜事戒夜守之事草止者慎于夜于是主別其部職○茇蒲末反撰息轉反識音志甄直僞反

遂以苗田。如蒐之灋。車弊獻禽以享礿。

夏田為苗擇取不孕任者若治苗去不秀實者云車弊驅獸之車止也夏田主用車示所取物希皆殺而車止王制曰天子殺則下大綏諸侯殺則下小綏大夫殺則止佐車佐車止則百姓田獵礿宗廟之夏祭也冬夏田主于祭宗廟者陰陽始起象神之在內○礿餘若反

中秋教治兵。如振旅之陳。辨旗物之用。王載大常。諸侯載旂。軍吏載旗。師都載旜。鄉遂載物。郊野載旐。百官載旟。各書其事與其號焉。其他皆如振旅。

軍吏諸軍帥也師都遂大夫也鄉遂鄉大夫也或載旜或載物衆屬軍吏無所將也郊謂鄉遂之州長縣正以下也野謂公邑大夫載旐者以其將羨卒也百官卿大夫也載旟者以其屬衛王也凡旌旗有軍旅者畫異物無者帛而已書當為畫事也號也皆畫以雲氣○書音畫

遂以獮田。如蒐田之灋。羅弊。致禽以祀祊。

秋田為獮獮殺也羅弊罔止也秋田主用罔中殺者多也皆殺而罔止祊當為方聲之誤也秋田主祭四方報成萬物詩曰以社以方○獮息淺反祊音方

中冬教大閱。

春辨鼓鐸夏辨號名秋辨旗物至冬大閱簡軍實凡頒旗物以出軍之旗則如秋以尊卑之常則如冬司常佐司馬時也大閱備軍禮而旌旗不如出軍之時空辟實○辟音避

前期。羣吏戒衆庶脩戰灋。

羣吏鄉師以下

虞人萊所田之野。爲表。百步則一。爲三表。又五十步爲一表。田之日。司馬建旗于後表之中。羣吏以旗物鼓鐸鐲鐃。各帥其民而致。質明。弊旗。誅後至者。乃陳車徒。如戰之陳。皆坐。

鄭司農云：虞人萊所田之野，芟除其草萊，令車得驅馳。詩曰：田卒汙萊。玄謂萊，芟除可陳之處。後表之中，五十步表之中央，表所以識正行列也。四表積二百五十步，左右之廣當容三軍，步數未聞。致，致之司馬。質，正也。弊，仆也。皆坐，當聽誓。○芟，所銜反。令，力呈反。行，戶剛反。

羣吏聽誓于陳前。斬牲。以左右徇陳。曰。不用命者斬之。

羣吏，諸軍帥也。陳前，南面鄉表也。月令季秋：天子教于田獵，以習五戎，司徒搢扑，北面以誓之。此大閱禮實正歲之中冬，而說季秋之政，於周爲中冬，爲月令者失之矣。斬牲者，小子也。凡誓之大略，甘誓、湯誓之屬是也。○鄉，許亮反。搢，劉如字，又音箭。

中軍以鼙令鼓。鼓人皆三鼓。司馬振鐸。羣吏作旗。車徒皆作。鼓行。鳴鐲。車徒皆行。及表乃止。三鼓。摝鐸。羣吏弊旗。車徒皆坐。

中軍，中軍之將也。天子六軍，三三而居一偏。羣吏既聽誓，各復其部曲。中軍之將令鼓，鼓以作其士衆之氣也。鼓人者，中軍之將、師帥、旅帥也。司馬，兩司馬也。振鐸以作衆。作，起也。既起，鼓人擊鼓以行之，伍長鳴鐲以節之。伍長一曰公司馬。及表，自後表前至第二表也。三鼓者，鼓一人也。鄭司農云：摝讀如弄。玄謂如涿鹿之鹿，掩上振之爲摝。摝者，止行息氣也。司馬法曰：鼓聲不過閶，鼙聲不過闋，鐸聲不過琅。○摝，音鹿。鼙，李扶表反，沈音濁。

又三鼓。振鐸。作旗。車徒皆作。鼓進。鳴鐲。車驟徒趨。及表乃止。坐作如初。

趨者，赴敵尚疾之漸也。春秋傳曰：先人有奪人之心。及表，自第二前至第三。○先，悉薦反。

乃鼓。車馳徒走。及表乃止。

及表，自第三前至前表。

鼓戒三闋。車三發。徒三刺。

鼓戒，戒攻敵。鼓一闋，車一轉，徒壹刺。三而止，象服敵。○闋，苦穴反。

乃鼓退。鳴鐃且卻。及表乃止。坐作如初。

鐃所以止鼓。軍退，卒長鳴鐃以和衆，鼓人爲止之也。退自前表至後表。鼓鐸則同，習戰之禮，出入一也。異者，廢鐲而鳴鐃。○和，胡臥反。爲，于僞反。

遂以狩田。以旌爲左右和之門。羣吏各帥其車徒以敘和出。左右陳車徒。有司平之。旗居卒間以分地。前後有屯百步。有司巡其前後。險野人爲主。易野車爲主。

冬田爲狩，言守取之，無所擇也。軍門曰和，今謂之壘門，立兩旌以爲之。敘和出，用次第出和門也。左右或出而左，或出而右。有司平之，鄉師居門正其出入之行列也。旗，軍吏所載。分地，調其部曲疏數。前後有屯百步，車徒異羣相去之數也。車徒畢出和門，鄉師又巡其行陳。鄭司農云：險野人爲主，人居前；易野車爲主，車居前。○易，以豉反，注同。

既陳。乃設驅逆之車。有司表貉于陳前。

驅，驅出禽獸使趨田者也。逆，逆要不得令走。設此車者，田僕也。○要，於遙反。

中軍以鼙令鼓。鼓人皆三鼓。羣司馬振鐸。車徒皆作。遂鼓行。徒銜枚而進。大獸公之。小禽私之。獲者取左耳。

羣司馬謂兩司馬也。枚如箸，銜之，有繣結項中。軍法止語，爲相疑惑也。進，行也。鄭司農云：大獸公之，輸之於公。小禽私之，以自畀也。詩云：言私其豵，獻肩于公。一歲爲豵，二歲爲豝，三歲爲特，四歲爲肩，五歲爲慎。此明其獻大者於公，自取其小者。玄謂慎讀爲麎。爾雅曰：豕生三曰豵，豕牝曰豝，麋牝曰麎。獲，得也。得禽獸者取左耳，當以計功。○繣，戶卦反，又胡麥反。豝音巴。麎音辰。豵本亦作猣，子工反。

及所弊。鼓皆駴。車徒皆譟。

鄭司農云：及所弊，至所弊之處。玄謂至所弊之處，田所當於止也。天子諸侯蒐狩有常，至其常處，吏士鼓譟，象攻敵，克勝而喜也。疾雷擊鼓曰駴。譟，讙也。書曰：前師乃鼓鈸譟，亦謂喜也。○駴，本亦作駭，胡楷反。鈸音符。

徒乃弊。致禽饁獸于郊。入獻禽以享烝。

徒乃弊，徒止也。冬田主用衆，物多，衆得取也。致禽饁獸于郊，聚所獲禽，因以祭四方神于郊。月令季秋天子既田，命主祠祭禽于四方是也。入又以禽祭宗廟。○饁，于輒反。

及師。大合軍。以行禁令。以救無辜。伐有罪。

師所謂王巡守，若會同，司馬起師，令軍以從，所以威天下，行其政也。不言大者，未有敵，不尚武。○從，才用反。

若大師。則掌其戒令。涖大卜。帥執事涖釁主及軍器。

大師，王出征伐也。涖，臨也。臨大卜，卜出兵吉凶也。司馬法曰：上卜下謀，是謂參之。主謂遷廟之主及社主在軍者也。軍器，鼓鐸之屬。凡師既受甲，迎主于廟及社主，祝奉以從，殺牲以血塗主及軍器，皆神之。

及致。建大常。比軍衆。誅後至者。

比或作庀。鄭司農云：致謂聚衆也。庀，具也。玄謂致，鄉師致民於司馬。比，校次之也。○庀，必履反。

及戰。巡陳眂事而賞罰。

事謂戰功也。○眂音視。

若師有功。則左執律。右秉鉞。以先愷樂獻于社。

功，勝也。律所以聽軍聲，鉞所以爲將威也。先猶道也。兵樂曰愷，獻于社，獻功於社也。司馬法曰：得意則愷樂愷歌，示喜也。鄭司農云：故城濮之戰，春秋傳曰：振旅愷以入于晉。○道音導。

若師不功。則厭而奉主車。

鄭司農云：厭謂厭冠，喪服也。軍敗則以喪禮，故秦伯之敗於殽也，春秋傳曰：秦伯素服郊次，鄉師而哭。玄謂厭，伏冠也。奉猶送也。送主歸于廟與社。○厭，於涉反。鄉，許亮反。

王弔勞士庶子。則相。

師敗，王親弔士庶子之死者，勞其傷者，則相王之禮。庶子，卿大夫之子從軍者，或謂之庶士。○勞，力報反。相，息亮反。

大役。與慮事。屬其植。受其要。以待攷而賞誅。

大役，築城邑也。鄭司農云：國有大役，大司馬與謀慮其事也。植謂部曲將吏。故宋城，春秋傳曰：華元爲植，巡功。屬謂聚會之也。要者，簿書也。攷謂考校其功。玄謂慮事者，封人也。於有役，司馬與之。植，築城楨也。屬，賦丈尺與其用人數。○與慮，音預，注與謀同。屬音燭。植，直吏反。華，化戶反。楨音貞。

大會同。則帥士庶子而掌其政令。

帥師以從王。

若大射，則合諸侯之六耦。大射，王將祭，射於射宮，以選賢也。王射三侯，以諸侯爲六耦。

大祭祀，饗食，羞牲魚，授其祭。牲魚，魚牲也。祭，謂尸賓所以祭也。鄭司農云：大司馬主進魚牲。○食音嗣，後饗食皆放此。

大喪，平士大夫。鄭司農云：平，一其服也。玄謂平者，正其職與其位。

喪祭，奉詔馬牲。王喪之以馬祭者，蓋遣奠也。奉，猶送也。送之至墓，告而藏之。

周禮卷二十九

周禮卷三十

漢大司農北海鄭　玄註

明　後學東吳葛　鼒訂

司馬政官之職

小司馬之職掌（此下字脱滅札爛文闕漢與求之不得遂無識其數者）凡小祭祀會同饗射師田喪紀掌其事如大司馬之灋

軍司馬　闕

輿司馬　闕

行司馬　闕

司勳掌六鄉賞地之灋以等其功（賞地賞田也在遠郊之內屬六鄉焉等猶差也以功大小爲差）

王功曰勳（輔成王業若周公）

國功曰功（保全國家若伊尹）

民功曰庸（法施於民若后稷）

事功曰勞（以勞定國若禹）

治功曰力（制法成治若咎繇○咎音羔繇音遥）

戰功曰多（尅敵出奇若韓信陳平司馬法曰上多前虜）

凡有功者銘書于王之大常祭于大烝司勳詔之（銘之言名也生則書於王旌以識其人與其功也死則於烝先王祭之詔謂告其神以辭也盤庚告其卿大夫曰茲予大享于先王爾祖其從與享之是也今漢祭功臣於廟庭○識音志與音預）

大功司勳藏其貳（貳猶副也功書藏于天府又副於此者以其主賞）

掌賞地之政令（政令謂役賦）

凡賞無常輕重眡功（無常者功之大小不可豫）

凡頒賞地參之一食（鄭司農云不以美田爲采邑玄謂賞地之稅參分司稅王食其一也二全入於臣）

惟加田無國正（加田既賞之又加賜以田所以厚恩也鄭司農云正謂稅也祿田亦有給公家之賦貢若今時侯國有司農少府錢穀矣獨加賞之田無正耳○正音征少詩照反）

馬質掌質馬馬量三物一曰戎馬二曰田馬三曰駑

馬皆有物賈。

此三馬買以給官府之使無種也鄭司農曰皆有物賈皆有物色及賈直○賈音稼

綱惡馬。

鄭司農云綱讀爲以亢其讎之亢書亦或爲亢亢御也禁也禁去惡馬不畜也玄謂綱以縻索維綱狎習之○去起呂反

凡受馬于有司者。書其齒毛與其賈。馬死則旬之內更。旬之外入馬耳。以其物更。其外否。

鄭司農云更謂償也玄謂旬之內死者償以齒毛與賈受之日淺養之惡也旬之外死入馬耳償以毛色不以齒賈任之過其任也其外否者旬之外踰二十日而死不任用非用者罪○更音庚

馬及行則以任齊其行。

識其所載輕重及道里齊其勞逸乃復用之

若有馬訟則聽之。

訟謂賣買之言相負

禁原蠶者。

原再也天文辰爲馬蠶書蠶爲龍精月直大火則浴其種是蠶與馬同氣物莫能兩大禁再蠶者爲傷馬與○爲傷于僞反

量人掌建國之灋。以分國爲九州。營國城郭。營后宮。量市朝道巷門渠。造都邑亦如之。

建立也立國有舊法式若匠人職云分國定天下之國分也后君也言君容王與諸侯○朝直遙反國分扶問反

營軍之壘舍。量其市朝州涂軍社之所里。

軍壁曰壘鄭司農云量其市朝州涂還市朝而爲道也玄謂州一州之衆二千五百人爲師每師一爲處市也朝也州也皆有道以相之軍社社主在軍者里居也○涂本又作塗

邦國之地與天下之涂數。皆書而藏之。

書地謂方圓山川之廣狹書涂謂支湊之遠近

凡祭祀饗賓。制其從獻脯燔之數量。

鄭司農云從獻者肉殽從酒也玄謂燔從于獻酒之肉炙也數多少也量長短也○炙章夜反

掌喪祭奠竁之俎實。

竁亦有俎實謂所包遣奠士喪禮下篇曰藏苞筲於旁○竁昌絹反筲所交反

凡宰祭與鬱人受斝歷而皆飲之。

言宰祭者冢宰佐王祭亦容攝祭鄭司農云斝讀如嫁娶之嫁斝器名明堂位曰爵夏后氏以琖殷以斝周以爵玄謂斝讀如嘏尸之嘏宰冢宰○斝古雅反琖側產反嘏古雅反

【小子】掌祭祀羞羊肆羊殽肉豆。

鄭司農云羞進也羊肆體薦全烝也羊殽體解節折也肉豆者切肉也玄謂肆讀爲鬄羊鬄者所謂豚解也○鬄他歷反一音餘四反

而掌珥于社稷。祈于五祀。

故書祀作禩鄭司農云禩讀爲祀書亦或爲祀珥社稷以牲頭祭也玄謂珥讀爲衈祈或爲刉刉衈者釁禮之事也用毛牲曰刉羽牲曰衈衈刉社稷五祀謂始成其宮兆時也春官肆師職祈或作譏秋官士師職曰凡刉衈則奉犬牲此刉衈正字與○衈而志反祈音機禩音祀刉音機

凡沈辜侯禳飾其牲。

鄭司農云沈謂祭川爾雅曰祭川曰浮沈辜謂磔牲以祭也月令曰九門磔禳以畢春氣侯禳者候四時惡氣禳去之也○禳如羊反磔陟格反

釁邦器及軍器。

邦器謂禮樂之器及祭器之屬雜記曰凡宗廟之器其名者成則釁之以豭豚○豭音家

凡師田斬牲以左右徇陳。

示犯誓必殺之

祭祀贊羞受徹焉。

羊人掌羊牲。凡祭祀飾羔。

羔小羊也詩曰四之日其蚤獻羔祭韭

祭祀割羊牲登其首。

登升也升首報陽也升首于室

凡祈珥共其羊牲。

共猶給也

賓客共其灋羊。

灋羊饔餼積膳之羊○餼饔本又作食饔音食

凡沈辜侯禳釁積共其羊牲。

積故書爲眡鄭司農云眡讀爲漬謂釁國寶漬軍器也玄謂積積柴禋祀楢燎實柴○眡徐賜反與漬同楢羊久反

若牧人無牲則受布于司馬使其賈買牲而共之。

布泉○賈音古

【司爟】掌行火之政令。四時變國火以救時疾。

行猶用也變猶易也鄭司農說以鄹子曰春取榆柳之火夏取棗杏之火季夏取桑柘之火秋取柞楢之火冬取槐檀之火○楢羊久反

季春出火民咸從之。季秋內火民亦如之。

火所以用陶冶民隨國而爲之鄭人鑄刑書火星未出而出火後有災鄭司農云以三月本時昏心星見于辰上使民作火九月本黃昏心星伏在戌上使民內火故春秋傳曰以出內火○見賢遍反

時則施火令。

焚萊之時

凡祭祀則祭爟。

報其爲明之功禮如祭爨

凡國失火野焚萊則有刑罰焉。

野焚萊民擅放火

【掌固】掌修城郭溝池樹渠之固頒其士庶子及其衆庶之守。

樹謂枳棘之屬有刺者也衆庶民遞守固者也鄭司農說樹以國語曰城守之木於是乎用之○枳居氏反遞待禮反

設其飾器。

兵甲之屬今城郭門之器亦然

分其財用均其稍食。

財用國以財所給守吏之用也稍食祿廩

任其萬民用其材器。
任謂以其任使之也。民之材器，其所用墊築及為藩落。○墊七點反

凡守者受灋焉，以通守政。有移甲與其役財用，唯是得通，與國有司帥之，以贊其不足者。
凡守者，士庶子及他要害之守吏。通守政者，兵甲役財難易多少轉移相給也。其他非是，不得妄離部署。國有司，掌固也。其移之者，又與掌固帥致之。贊，佐也。○凡守收又反，下有守者同。易以豉反。離力智反

晝三巡之，夜亦如之。
巡，行也。行守者，為衆庶之解惰。○行下孟反，下皆同。為于僞反。解佳賣反

夜三鼜以號戒。
杜子春讀鼜為造次之造，謂擊鼓行夜戒守也。春秋傳所謂賓將趣者，與趣與造音相近，故曰終夕與燎。玄謂鼜，擊鼜，警守鼓也。三巡之間又三擊鼜。○鼜音戚。造七報反。趣莊久反。與燎音預

若造都邑，則治其固與其守灋。
都邑亦為城郭。

凡國都之竟有溝樹之固，郊亦如之。
竟，界也。○竟音境

民皆有職焉。
職謂守與任。

若有山川，則因之。
山川若殽皐河漢。

司險掌九州之圖，以周知其山林川澤之阻，而達其道路。
周猶徧也。達道路者，山林之阻則開鑿之，川澤之阻則橋梁之。

設國之五溝五涂，而樹之林以為阻固，皆有守禁，而達其道路。
五溝，遂、溝、洫、澮、川也。五涂，徑、畛、涂、道、路也。樹之林，作藩落也。○洫況域反。澮古外反

國有故，則藩塞阻路而止行者，以其屬守之，唯有節者達之。
有故，喪災及兵也。閉絶要害之道，備姦寇也。

掌疆
闕

候人各掌其方之道治與其禁令，以設候人。
道治，治道也。國語曰：候不在竟，譏不居其方也。禁令，備姦寇也。以設候人者，選士卒以為之。詩云：彼候人兮，何戈與祋。○何胡我反。祋都外反

若有方治，則帥而致于朝，及歸，送之于竟。
方治，其方來治國事者也。春秋傳曰：晉欒盈過周，王使候人出諸轘轅。是其送之。○朝直遙反。轘戶關反

輿人掌致御。
致御者，致其必戰之志。古者將戰，先使勇力之士犯敵焉。春秋傳曰：楚許伯御樂伯，攝叔為右，以致晉師。許伯曰：吾聞致師者，御靡旌摩壘而還。樂伯曰：吾聞致師者，左射以菆，代御執轡，御下掚馬，掉鞅而還。攝叔曰：吾聞致師者，右入壘，折馘執俘而還。皆行其所聞而復之。○菆側留反。掚音兩。馘古

獲反俘音孚

察軍慝。慝陰姦也視軍中有爲慝者則執之

環四方之故。御其以事謀來侵伐者所謂折衝禦侮

巡邦國搏諜賊。諜賊反間爲國賊○間間廁之間

訟敵國。敵國兵來則往與之訟曲直若齊國佐如師

揚軍旅。爲之威武以觀敵詩云維師尚父時維鷹揚

降圍邑。圍邑欲降者受而降之春秋傳曰齊人降鄣○降戶江反鄣音章

挈壺氏掌挈壺以令軍井。挈轡以令舍。挈畚以令糧。鄭司農云挈壺以令軍井謂爲軍穿井井成挈壺縣其上令軍中士衆皆望見知此下有井壺所以盛飲故以壺表井挈轡以令舍亦縣轡于所當舍止之處使軍望見知當舍止于此轡所以駕舍故以轡表舍挈畚以令糧亦縣畚于所當稟假之處令軍望見知當稟假于此下也畚所以盛糧之器故以畚表稟軍中人多車騎雜會讙囂號令不能相聞故各以其物爲表省煩趣疾于事便也○畚音本爲于僞反下爲沃同縣音玄下皆同令力呈反盛音成下同稟彼錦反

凡軍事縣壺以序聚㯂。凡喪縣壺以代哭者。皆以水火守之。分以日夜。鄭司農云縣壺以爲漏以序聚㯂以次更聚擊㯂備守也玄謂擊㯂兩木相敲行夜時也代亦更也禮未大斂代哭以水守壺者爲沃漏也以火守壺者夜則火視刻數也分以日夜者異晝夜漏也漏之箭晝夜共百刻冬夏之間有長短焉大史立成法有四十八箭○㯂音託更音庚行下孟反共如字

及冬。則以火爨鼎水而沸之。而沃之。鄭司農云冬水凍漏不下故以火炊水沸以沃之謂沃漏也○爨七端反

射人掌國之三公孤卿大夫之位。三公北面。孤東面。卿大夫西面。其摯。三公執璧。孤執皮帛。卿執羔。大夫鴈。位將射始入見君之位不言士者此與諸侯之賓射士不與也燕禮曰公升即位于席西鄉小臣納卿大夫卿大夫皆入門右北面東上士立于西方東面北上大射亦云則凡朝燕及射臣見于君之禮同○見賢遍反不與音預鄉許亮反朝直遙反

諸侯在朝。則皆北面。詔相其灋。謂諸侯來朝而未歸王與之射于朝者皆北面從三公位灋其禮儀○相息亮反

若有國事。則掌其戒令。詔相其事。謂王有祭祀之事諸侯當助其薦獻者也戒令告以齊與期○齊側皆反

掌其治達。謂諸侯因與王射及助祭而有所治受而達之于王王有命又受而下之

以射灋治射儀。王以六耦射三侯。三獲三容。樂以騶

虞九節五正諸侯以四耦射二侯二獲二容樂以貍首七節三正孤卿大夫以三耦射一侯一獲一容樂以采蘋五節二正士以三耦射豻侯一獲一容樂以采蘩五節二正

射法王射之禮治射儀謂肄之也鄭司農云三侯虎熊豹也容者乏也待獲者所蔽也九節析羽九重設于長杠也正所射也詩云終日射侯不出正兮二侯熊豹也豻侯豻者獸名也獸有貙豻熊虎玄謂三侯者五正三正二正之侯也二侯者三正二正之侯也一侯者二正而已此皆與賓射於朝之禮也考工梓人職曰張五采之侯則遠國屬遠國謂諸侯來朝者也五采之侯卽五正之侯也正之言正也射者內志正則能中焉畫五正之侯中朱次白次蒼次黄玄居外三正損玄黄二正去白蒼而畫以朱綠其外之廣皆居侯中參分之一中二尺今儒家云四尺曰正二尺曰鵠鵠乃用皮其大如正此說失之矣大射禮豻作干讀如宜豻宜獄之豻豻胡犬也士與士射則以豻皮飾侯下大夫也大夫以上與賓射飾侯以雲氣用采各如其正九節七節五節者奏樂以為射節之差言節者容侯道之數也樂記曰明乎其節之志不失其事則功成而德行立○正音征下及注同豻五旦反劉音鴈重直龍反杠音江貙勅誅反言正音政下志正大射正同能中丁仲反去白起呂反行下孟反

若王大射則以貍步張三侯

鄭司農云貍步謂一舉足為一步於今為半步玄謂貍善搏者也行則止而擬度焉其發必獲是以量侯道法之也侯道者各以弓為度九節者九十弓七節者七十弓五節者五十弓弓之下制長六尺大射禮曰大侯九十參七十干五十是也三侯者司裘所共虎侯熊侯豹侯也列國之君大射亦張三侯數與天子同大侯熊侯也參讀為糝糝雜也雜者豹鵠而麋飾下天子大夫○度待洛反參讀為糝素感反干與豻同五旦反

王射則令去侯立于後以矢行告卒令取矢

鄭司農云射人主令人去侯所而立于後也以矢行告射人主以矢行高下左右告于王也大射禮曰大射正立于公後以矢行告于公下曰留上曰揚左右曰方杜子春說以矢行告告白射事于王則執矢也杜子春說不與禮經合疑非是也令卒取矢謂射卒射人令當取矢者使取矢也玄謂令去侯者命負侯者去侯也鄉射曰司馬命獲者執旌以負侯

祭侯則為位

祭侯獻服不服不以祭侯為位為服不受獻之位也大射曰服不侯西北三步北面拜受爵

與大史數射中

射中數射者中侯之算也大射曰司射適階西釋弓去扑襲進由中東立于中南北面視算

佐司馬治射正

射正射之法儀也

祭祀則贊射牲相孤卿大夫之灋儀

烝嘗之禮有射豕者國語曰禘郊之事天子必自射其牲今立秋有貙劉云○貙力朱反

會同朝覲作大夫介凡有爵者

作讀如作止爵之作諸侯來至王使公卿有事焉則作大夫使之介也有爵者命士以上不使賤者

大師令有爵者乘王之倅車

倅車戎車之副○倅七內反

有大賓客則作卿大夫從

作者選使從王見諸侯○從才用反

戒大史及大夫介。戒戒其當行者觀禮曰諸公奉篋服加命書于其上升自西階東面大史氏右

大喪與僕人遷尸作卿大夫掌事比其廬不敬者苛罰之。僕人大僕也僕人與射人俱掌王之朝位也王崩小斂大斂遷尸于室堂朝之象也檀弓曰扶君卜人師扶右射人師扶左君薨以是舉苛謂詰問之○比毗志反苛呼何反朝直遙反

服不氏掌養猛獸而教擾之。猛獸虎豹熊羆之屬擾馴也教習使之馴服王者之教無不服

凡祭祀共猛獸。謂中膳羞者獸人冬獻狼春秋傳曰熊蹯不熟○蹯音煩

賓客之事則抗皮。鄭司農云謂賓客來朝聘布皮帛者服不氏主舉藏之抗讀爲亢其讎之亢玄謂抗者若聘禮曰有司二人舉皮以東

射則贊張侯以旌居乏而待獲。贊佐也大射禮曰命量人巾車張三侯杜子春云待當爲持書亦或爲持乏讀爲匱乏之乏持獲者所蔽玄謂持獲待射者中舉旌以獲○中丁仲反

射鳥氏掌射鳥。鳥謂中膳羞者鳧鴈鴇鴞之屬○射食亦反鳧音扶鴇音保鴞于苗反

祭祀以弓矢敺烏鳶凡賓客會同軍旅亦如之。烏鳶善鈔盜便汙人○敺起俱反鈔初教反

射則取矢矢在侯高則以并夾取之。鄭司農云王射則射鳥氏主取其矢矢在侯高者矢著侯高人手不能及則以并夾取之并夾鍼箭具夾讀爲甲故司弓矢職曰大射燕射共弓矢并夾○著直略反鍼其炎反

羅氏掌羅烏鳥。烏謂卑居鵲之屬○卑音匹

蜡則作羅襦。作猶用也鄭司農云蜡謂十二月大祭萬物也郊特牲曰天子大蜡歲十二月合聚萬物而索饗之襦細密之羅襦讀爲繻有衣袽之繻玄謂蜡建亥之月此時火伏蟄者畢矣豺既祭獸可以羅網圍取禽也王制曰豺祭獸然後田又曰昆蟲已蟄可以火田今俗放火張羅其遺教○襦女俱反注繻同袽女居反

中春羅春鳥獻鳩以養國老行羽物。春鳥蟄而始出者若今南郡黃雀之屬是時鷹化爲鳩鳩與春鳥變舊爲新宜以養老助生氣行謂頒賜○中音仲

掌畜掌養鳥而阜蕃教擾之。阜猶盛也蕃蕃息也鳥之可養使盛大蕃息者謂鵝鶩之屬○鶩音木

祭祀共卵鳥。其卵可薦之鳥

歲時貢鳥物。鶉鴈之屬以四時來

共膳獻之鳥。

雉及鶉鴽之屬○鶉音純鴽音如

周禮卷三十

周禮卷三十一

漢大司農北海鄭　玄註

明　後學東吳金　蟠訂

司馬政官之職

【司士】掌羣臣之版以治其政令歲登下其損益之數辨其年歲與其貴賤周知邦國都家縣鄙之數卿大夫士庶子之數損益謂用功過黜陟者縣鄙鄉遂之屬故書版爲班鄭司農云班書或爲版版名籍

以詔王治告王所當進退

以德詔爵以功詔祿以能詔事以久奠食德謂賢者食稍食也賢者既爵乃祿之能者事成乃食之王制曰司馬辨論官材論進士之賢者以告于王而定其論論定然後官之任官然後爵之位定然後祿之○奠音定乃食音嗣

惟賜無常賜多少由王不如祿食有常品

正朝儀之位辨其貴賤之等王南鄉三公北面東上孤東面北上卿大夫西面北上王族故士虎士在路門之右南面東上大僕大右大僕從者在路門之左南面西上此王日視朝事於路門外之位王族故士故爲士晚退留宿衛者未嘗仕雖同族不得在王宮大右司右也大僕從者小臣祭僕御僕隷僕○朝直遙反鄉許亮反大音泰下倣此

司士擯詔王出揖公卿大夫以下朝者

孤卿特揖大夫以其等旅揖士旁三揖王還揖門左揖門右特揖一一揖之旅衆也大夫爵同者衆揖之公及孤卿大夫始入門右皆北面東上王揖之乃就位羣士及故士大僕之屬發在其位羣士位東面王西南鄉而揖之三揖者士有上中下王揖之皆逡遁既復位鄭司農云卿大夫士皆君之所揖禮春秋傳所謂三揖在下○遁音巡

大僕前前正王視朝之位

王入內朝皆退王入入路門也王入路門內朝朝者皆退反其官府治處也王之外朝則朝士掌焉玉藻曰朝服以日視朝於內朝朝辨色始入君日出而視之退適路寢聽政使人視大夫大夫退然後適小寢謂諸侯也王日視朝皮弁服其禮則同

掌國中之士治凡其戒令國中城中

掌擯士者膳其摯擯士告見初爲士者於王也鄭司農云膳其摯者王食其所執羔鴈之摯玄謂膳者入於王之膳人○見賢遍反食音嗣

凡祭祀掌士之戒令詔相其灋事及賜爵呼昭穆而

進之。

賜爵神惠及下也此所賜王之子姓兄弟祭統曰凡賜爵昭爲一穆爲一昭與昭齒穆與穆齒凡羣有司皆以齒此之謂長幼有序○相息亮反長丁丈反

帥其屬而割牲羞俎豆。

割牲制體也羞進也

凡會同作士從賓客亦如之。

作士從謂可使從於王者○從才用反

作士適四方使爲介。

士使謂自以王命使也介大夫之介也春秋傳曰天王使石尚來歸脤○脤上軫反

大喪作士掌事。

事謂奠斂之屬

作六軍之士執披。

作謂使之也披柩車行所以披持棺者有紐以結之謂之戴鄭司農云披者扶持棺險者也天子旁十二諸侯旁八大夫旁六士旁四玄謂結披必當棺束於束繫紐天子諸侯載柩三束大夫士二束喪大記曰君纁披六大夫披四前纁後玄士二披用纁人君禮文欲其數多圍數兩旁言六耳其實旁三○披方寄反

凡士之有守者令哭無去守。

守官不可空也○守守又反不皆同

國有故則致士而頒其守。

故非喪則兵災

凡邦國三歲則稽士任而進退其爵祿。

任其所掌治

諸子掌國子之倅。掌其戒令與其教治。辨其等。正其位。

故書倅爲卒鄭司農云卒讀如物有副倅之倅國子謂諸侯卿大夫士之子也燕義曰古者周天子之官有庶子官與周官諸子職同文玄謂四民之業而士者亦世焉國子者是公卿大夫士之副貳戒令致於大子之事教治修德學道也位朝位○倅七內反大子音泰

國有大事則帥國子而致於大子。惟所用之。若有兵甲之事。則授之車甲。合其卒伍。置其有司。以軍法治之。司馬弗正。

軍灋百人爲卒五人爲伍弗不也國子屬大子司馬雖有軍事不賦之○正音征下國正同

凡國正弗及。

大祭祀。正六牲之體。

正謂朼載之

凡樂事。正舞位。授舞器。

大喪。正羣子之服位。會同賓客。作羣子從。

位佾處

從于王

凡國之政事。國子存遊倅。使之脩德學道。春合諸學。秋合諸射。以攷其藝而進退之。

遊倅倅之未仕者學大學也射射宮也王制曰春秋教以禮樂冬夏教以詩書王太子王子羣后之太子卿大夫元士之適子國之俊選皆造焉○適丁歷反

司右掌羣右之政令。

羣右戎右齊右道右○齊側皆反

凡軍旅會同，合其車之卒伍而比其乘，屬其右。

合比屬謂次第相安習也車亦有卒伍○比毗志反乘繩證反屬音燭

凡國之勇力之士能用五兵者屬焉，掌其政令。

勇力之士屬焉者選右當於中司馬法曰弓矢圍殳矛守戈戟助凡五兵長以衛短短以救長○殳音殊

虎賁氏掌先後王而趨以卒伍。

王出將虎賁士居前後雖羣行亦有局分○賁音奔先悉薦反後戶豆反將子匠反分扶問反

軍旅會同亦如之。舍則守王閑。

舍王出所止宿處閑梐枑○梐薄禮反枑戶故反

王在國，則守王宮。

爲周衛

國有大故，則守王門。大喪亦如之。

非常之難要在門○難乃旦反

及葬，從遣車而哭。

遣車王之魂魄所馮依○從才用反馮皮冰反

適四方使，則從士大夫。

虎士從使者

若道路不通，有徵事，則奉書以使于四方。

不通逢兵寇若泥水奉書徵師役也春秋隱公七年冬戎伐凡伯于楚丘以歸

旅賁氏掌執戈盾夾王車而趨，左八人，右八人，車止則持輪。

夾王車者其下士也下士十有六人中士爲之帥焉○盾常準反

凡祭祀會同賓客，則服而趨。

服而趨夾王車趨也會同賓客王亦齊服服衮冕則此士之齊服服玄端

喪紀，則衰葛執戈盾。

葛葛絰武士尚輕○衰七雷反

軍旅，則介而趨。

介被甲

節服氏掌祭祀朝覲衮冕，六人維王之太常。

服衮冕者從王服也維維之以縷王旌十二旒兩兩以縷綴連旁三人持之禮天子旌曳地鄭司農云維持之

諸侯則四人，其服亦如之。郊祀裘冕，二人執戈，送逆尸從車。

裘冕者亦從尸服也裘大裘也凡尸服卒者之上服從車從尸車送逆之往來春秋傳曰晉祀夏郊董伯爲尸

方相氏掌蒙熊皮，黃金四目，玄衣朱裳，執戈揚盾，帥百隸而時難以索室敺疫。
蒙冒也冒熊皮者以驚敺疫癘之鬼如今魌頭也時難四時作方相氏以難卻凶惡也月令季冬命國難索廋也○難乃多反註同敺起俱反○魌音欺

大喪先匶。
葬使之道○先匶悉薦反下音柩道音導

及墓入壙以戈擊四隅敺方良。
壙穿地中也方良罔兩也天子之椁柏黄腸為裏而表以石焉國語曰木石之怪夔罔兩○壙苦晃反方良上音罔下音兩註同夔求龜反

大僕掌正王之服位出入王之大命。
服王舉動所當衣也位立處也出大命王之教也入大命羣臣所奏行

掌諸侯之復逆。
鄭司農云復謂奏事也逆謂受下奏

王眡朝則前正位而退入亦如之。
前正位而退道王王既立退居路門左待朝畢

建路鼓于大寢之門外而掌其政。
大寢路寢也其門外則內朝之中如今宮殿端門下矣政鼓節與早晏

以待達窮者與遽令聞鼓聲則速逆御僕與御庶子。
鄭司農云窮謂窮冤失職則來擊此鼓以達於王若今時上變事擊鼓矣遽傳也若今時驛馬軍書當急聞者亦擊此鼓令聞此鼓聲則速逆御僕與御庶子也大僕主令此二官使速逆窮遽者玄謂達窮者謂司寇之屬朝士掌以肺石達窮民聽其辭以告于王遽令郵驛上下程品御僕御庶子直事鼓所者大僕聞鼓聲則速逆此二官當受其事以聞○大傳張戀反令力呈反郵音尤

祭祀賓客喪紀正王之服位詔灋儀贊王牲事。
詔告也牲事殺劖匕載之屬

王出入則自左馭而前驅。
前驅如今道引也道而居左自驅不參乘辟王也亦有車右焉○乘繩證反辟音避

凡軍旅田役贊王鼓。
王通鼓佐擊其餘面

救日月亦如之。
日月食時春秋傳日非日月之眚不鼓

大喪始崩戒鼓傳達于四方窆亦如之。
戒鼓擊鼓以警衆也故書戒為駭鄭司農云窆謂葬下棺也春秋傳所謂日中而堋禮記謂之封皆葬下棺也音相似窆讀如慶封氾祭之氾○窆彼驗反註之封音同劉皆逋鄧反堋補鄧反氾芳劍反

縣喪首服之灋于宮門。
首服之灋謂免髽笄總廣狹長短之數縣其書于宮門示四方○縣音玄免音問髽莊瓜反

掌三公孤卿之弔勞。
王使往○勞力報反

王燕飲則相其灋。
相左右○相息亮反

王射則贊弓矢。

贊謂授之受之。

王眡燕朝。則正位。掌擯相。

燕朝朝于路寢之庭王圖宗人之嘉事則燕朝

王不眡朝。則辭于三公及孤卿。

辭謂以王不視朝之意告之春秋傳曰公有疾不視朔

〔小臣〕掌王之小命。詔相王之小灋儀。

小命時事所勑問也小灋儀趨行拱揖之容

掌三公及孤卿之復逆。正王之燕服位。

謂燕居時也玉藻曰王卒食玄端而居

王之燕出入。則前驅。

燕出入若今游于諸觀苑○觀古喚反

大祭祀朝覲。沃王盥。

小祭祀賓客饗食賓射。掌事如大僕之灋。

賓射與諸侯來朝者射○盥音管

掌士大夫之弔勞。

凡大事。佐大僕。

〔祭僕〕掌受命于王。以眡祭祀。而警戒祭祀有司。糾百官之戒具。

謂王有故不親祭也祭祀有司有事於祭祀者糾謂校錄所當共之牲物

既祭。帥羣有司而反命。以王命勞之。誅其不敬者。大喪。復于小廟。

小廟高祖以下也始祖曰太廟春秋僖八年秋七月禘於太廟

凡祭祀。王之所不與。則賜之禽。都家亦如之。

鄭司農云王之所不與謂非郊廟尊祭祀則王不與也則賜之禽公卿自祭其先祖則賜之禽也玄謂王所不與同姓有先王之廟○不與音預註同

凡祭祀。致福者。展而受之。

臣有祭事必致祭肉於君所謂歸胙也展謂錄視其牲體數體數者太牢則以牛左肩臂臑折九个少牢則以羊左肩七个特牲則以豕左肩五个○胙存故反臑奴報反折之舌反个古賀反

〔御僕〕掌羣吏之逆。及庶民之復。與其弔勞。

羣吏府史以下

大祭祀。相盥而登。

相盥者謂奉槃授巾與登謂爲王登牲體於俎特牲饋食禮主人降盥出舉入乃匕載○奉芳勇反爲于僞反

大喪。持翣。

翣棺飾也持之者夾蜃車○翣所甲反

掌王之燕令。

燕居時之令

以序守路鼓。

序更○更音庚

〔隸僕〕掌五寢之埽除糞洒之事。

五寢五廟之寢也周天子七廟惟祧無寢詩云寢廟繹繹相連貌也前曰廟後曰寢汜埽曰埽埽席前曰拚洒灑也鄭司農云洒當為灑玄謂論語曰子夏之門人當洒埽應對○埽素報反糞方問反洒所賣反祧勑彫反拚方問反灑所買反

祭祀脩寢。

於廟祭寢或有事焉月令凡新物先薦寢廟

王行洗乘石。

鄭司農云乘石王所登上車之石也詩云有扁斯石履之卑兮謂上車所登之石○乘如字上時掌反下同扁邊典反

掌蹕宮中之事。

宮中有事則蹕鄭司農云蹕謂止行者清道若今時儆蹕

大喪復於小寢大寢。

小寢高祖以下廟之寢也始祖曰大寢

周禮卷三十一

周禮卷三十二

漢大司農北海鄭　玄註
明　後學東吳葛　鼒訂

司馬政官之職

〔弁師〕掌王之五冕。皆玄冕朱裏延紐。

冕服有六而言五冕者大裘之冕蓋無旒不聯數也延冕之覆在上是以名焉紐小鼻在武上笄所貫也今時冠卷當簪者廣袤以冠縱其舊象與○數所主反卷起全反袤音茂縱所買反

五采繅十有二就。皆五采玉十有二。玉笄朱紘。

繅雜文之名也合五采絲爲之繩垂於延之前后各十二所謂邃延也就成也繩之每一帀而貫五采玉十二斿則十二玉也每就閒蓋一寸朱紘以朱組爲紘也紘一條屬兩端於武繅不言皆有不皆者此爲袞衣之冕十二斿則用玉二百八十八鷩衣之冕繅九斿用玉二百一十六毳衣之冕七斿用玉百六十八希衣之冕五斿用玉百二十玄衣之冕三斿用玉七十二○繅音早邃息遂反斿音留下同屬音燭鷩必滅反希張里反

諸侯之繅斿九就。瑉玉三采。其餘如王之事。繅斿皆就。玉瑱玉笄。

侯當爲公字之誤也三采朱白蒼也其餘謂延組皆玄覆朱裏與王同也出此則異繅斿皆就皆三采也每繅九成則九旒也公之冕用玉百六十二玉瑱塞耳者故書瑉作璑鄭司農云繅當爲藻繅古字也藻今字也同物同音玩惡玉名○侯依注音公瑉本又作璑亡貧反瑱吐練反

王之皮弁。會五采玉璂。象邸玉笄。

故書會作膾鄭司農云讀如馬會之會謂以五采束髮也士喪禮曰檜用組乃笄檜讀與膾同書之異耳說曰以組束髮乃著笄謂之檜沛國人謂反紒爲膾璂讀如綦車轂之綦玄謂會讀如大會之會會縫中也璂讀如薄借綦之綦綦結也皮弁之縫中每貫結五采玉十二以爲飾謂之綦詩云會弁如星又曰其弁伊綦是也邸下柢也以象骨爲之○會劉古外反注同弁膾檜二字亦同璂音其著張略反紒音計柢丁禮反劉音帝

王之弁絰。弁而加環絰。

弁絰王弔所服也其弁如爵弁而素所謂素冠也而加環絰環絰者大如緦之麻絰纏而不糾司服職曰凡弔事弁絰服

諸侯及孤卿大夫之冕。韋弁。皮弁。弁絰。各以其等爲之。而掌其禁令。

各以其等繅斿玉璂如其命數也冕則侯伯繅七就用玉九十八子男繅五就用玉五十繅玉皆三采孤繅四就用玉三十二三命之卿繅三就用玉十八再命之大夫藻再就用玉八藻玉皆朱綠韋弁皮弁則侯伯璂飾七子男璂飾五玉亦三采孤則璂飾四三命之卿璂飾三再命之大夫璂飾二玉亦二采弁冠之弁其辟積如冕繅之就然庶人弔者素委貌一命之大夫冕而無旒士變冕爲爵弁其韋弁皮弁之會無結飾弁絰之弁不辟積禁令者不得相僭踰也玉藻曰君未有命不敢即乘服不言冠弁冠弁兼於韋弁皮弁矣不言服弁服弁自天子以下無飾無等○辟積必亦反

〔司甲〕闕

〔司兵〕掌五兵五盾。各辨其物與其等。以待軍事。

五盾干櫓之屬其名未盡聞也等謂功沽上下鄭司農云五兵者戈殳戟酋矛夷矛○櫓音魯

及授兵。從司馬之灋以頒之。及其受兵輸。亦如之。及其用兵。亦如之。

從司馬之法令師旅卒兩人數所用多少也兵輸謂師還有司還兵也用兵謂出給衛守○卒子忽反

祭祀授舞者兵

授以朱干玉戚之屬

大喪廞五兵

故書廞爲淫鄭司農云淫陳也淫讀爲廞玄謂廞興也興作明器之役器五兵也士喪禮下篇有甲冑干笮○廞虛金反興虛應反下同笮字又作笮側白反

軍事建車之五兵會同亦如之

車之五兵鄭司農所云者是也步卒之五兵則無夷矛而有弓矢

司戈盾掌戈盾之物而頒之

分與授用

祭祀授旅賁殳故士戈盾授舞者兵亦如之

亦頒之也故士王族故士也與旅賁當事則衛王也殳如杖長尋有四尺

軍旅會同授貳車戈盾建乘車之戈盾授旅賁及虎士戈盾

乘車王所乘車也軍旅則革路會同則金路○乘繩證反後乘馬陪乘參乘皆準此注依字讀

及舍設藩盾行則斂之

舍止也藩盾盾可以藩衛者如今之扶蘇與

司弓矢掌六弓四弩八矢之灋辨其名物而掌其守藏與其出入

灋曲直長短之數

中春獻弓弩中秋獻矢箙

弓弩成於和矢箙成於堅箙盛矢器也以獸皮爲之○中音仲箙音服盛音成

及其頒之王弓弧弓以授射甲革椹質者夾弓庾弓以授射豻侯鳥獸者唐弓大弓以授學射者使者勞者

王弧夾庾唐大六者弓異體之名也往體寡來體多曰王弧往體多來體寡曰夾庾往體來體若一曰唐大甲革革甲也春秋傳曰蹲甲而射之質正也樹椹以爲射正射甲與椹試弓習武也豻侯五十步及射鳥獸皆近射也近射用弱弓則射大侯者用王弧射參侯者用唐大矣學射者弓用中後習強弱則易也使者勞者弓亦用中遠近可也勞者勤勞王事若晉文侯文公受王弓矢之賜者故書椹爲鞎鄭司農云椹字或作鞎非是也圉師職曰射則充椹質又此司弓矢職曰澤共射椹質之弓矢言射椹質自有弓謂王弧弓也以此觀之言鞎質者非○射甲食亦反下以意求之椹張林反豻音岸使者所吏反注同蹲音存易以豉反

其矢箙皆從其弓

從弓數也每弓者一箙百矢

凡弩夾庾利攻守唐大利車戰野戰

攻城壘者與其自守者相迫近弱弩發疾也車戰野戰進退非強則不及弩無王弧王弧恒服弦往體少者使矢不疾

凡矢枉矢絜矢利火射用諸守城車戰殺矢鍭矢用諸近射田獵矰矢茀矢用諸弋射恒矢痺矢用諸散

射。此八矢者，弓弩各有四焉。枉矢、殺矢、矰矢、恒矢，弓所用也。絜矢、鍭矢、茀矢、庳矢，弩所用也。枉矢者，取名變星，飛行有光，今之飛矛是也，或謂之兵矢。絜矢象焉。二者皆可結火以射敵，守城車戰。前於重後微輕，行疾也。殺矢，言中則死。鍭矢象焉。鍭之言候也。二者皆可以司候射敵之近者及禽獸。前尤重，中深而不可遠也。結繳於矢謂之矰。矰，高也。茀矢象焉。茀之言刜也。二者皆可以弋飛鳥，刜羅之也。前於重又微輕，行不低也。詩云：弋鳧與鴈。恒矢，安居之矢也。庳矢象焉。二者皆可以散射也，謂禮射及習射也。前後訂其行平也。凡矢之制，枉矢之屬五分，二在前，三在後。殺矢之屬參分，一在前，二在後。矰矢之屬七分，三在前，四在後。恒矢之屬軒輖中，所謂志也。鄭司農云：庳矢讀為人罷短之罷。玄謂庳讀如痺病之痺，痺之言倫比○鍭音候。矰音增。茀扶弗反。痺中丁仲反，下中深、射中同。繳章藥反。刜孚物反。輖定周反。痺方二反。比毗志反。

天子之弓合九而成規，諸侯合七而成規，大夫合五而成規，士合三而成規，句者謂之弊弓。體往來之衺也。往體寡，來體多，則合多；往體多，來體寡，則合少而圜。弊猶惡也。句者惡，則直者善矣。○弊婢世反。衺初危反。

凡祭祀，共射牲之弓矢。射牲示親殺也。殺牲非尊者所親，惟射為可。國語曰：禘郊之事，天子必自射其牲。

澤，共射椹質之弓矢。鄭司農云：澤，澤宮也，所以習射選士之處也。射義曰：天子將祭，必先習射於澤。澤者，所以擇士也。已射於澤，而后射於射宮，射中者得與於祭。○與音預。

大射、燕射，共弓矢如數，并夾。如數，如當射者之數也。每人一弓，乘矢，并夾，矢籋也。○乘繩證反。籋劉奴輒反，又女十反。

大喪，共明弓矢。弓矢，明器之用器也。士喪禮下篇曰：用器，弓矢。

凡師役會同，頒弓弩各以其物，從授兵甲之儀。物，弓弩矢箙之屬。○從才用反。

田弋，充籠箙矢，共矰矢。籠，竹箙也。矰矢不在箙者，為其相繞亂，將用乃共之。○為于僞反。

凡亡矢者，弗用則更。更，償也。用而棄之則不償。

〔繕人〕掌王之用弓弩矢箙矰弋抉拾。鄭司農云：抉者，所以縱弦也。拾者，所以引弦也。詩云：抉拾既次。詩家說或謂抉謂引弦彄也，拾謂韝扞也。玄謂抉，挾矢時所以持弦飾也，著右手巨指。士喪禮曰：抉用正王棘若擇棘。則天子用象骨與？韝扞著左臂裏，以韋為之。○彄苦侯反。韝古侯反。扞胡旦反。著丁略反。

掌詔王射。告王當射之節。

贊王弓矢之事。授之，受之。

凡乘車，充其籠箙，載其弓弩。充籠箙以盛矢。

既射則斂之。

斂藏之也詩云彤弓弨兮受言藏之○弨昌遙反

無會計。

亡敗多少不計○會古外反下大會同後放此

稾人掌受財于職金。以齎其工。

齎其工者給市財用之直○齎音咨後皆同

弓六物爲三等。弩四物亦如之。

三等者上中下人各有所宜弓人職曰弓長六尺六寸謂之上制上士服之弓長六尺三寸謂之中制中士服之弓長六尺謂之下制下士服之弩及矢箙長短之制未聞

矢八物皆三等。箙亦如之。春獻素。秋獻成。

矢箙春作秋成

書其等以饗工。

鄭司農云書工攷拙高下之等以制其饗食也玄謂饗酒肴勞之也上工作上等其饗厚下工作下等其饗薄○勞洛報反

乘其事。試其弓弩。以下上其食而誅賞。

鄭司農云乘計也計其事之成功也故書試爲考玄謂考之而善則上其食尤善又賞之否者反此○下上時掌反注同

乃入功于司弓矢。及繕人。

功成

凡齎財與其出入皆在稾人。以待會而攷之。亡者闕之。

皆在稾人者所齎工之財及弓弩矢箙出入其簿書稾人藏之闕猶除也弓弩矢箙棄亡者除之計今見在者○見賢遍反

戎右掌戎車之兵革使。

使謂王使以兵有所誅斬也春秋傳曰戰於殽晉梁弘御戎萊駒爲右戰之明日襄公縛秦囚使萊駒以戈斬之○使色吏反注使謂同

詔贊王鼓。

既告王當鼓之節又助擊之

傳王命于陳中。

爲王大言之也○陳直慎反爲于僞反

會同充革車。

會同王雖乘金路猶以革路從行也充之者謂居左也曲禮曰乘君之乘車不敢曠左

盟則以玉敦辟盟。遂役之。

鄭司農云敦器名也辟法也玄謂將歃血者先執其器爲衆陳其載辭使心皆開辟也役之者傳敦血授當歃者○敦音對

贊牛耳。桃茢。

鄭司農云贊牛耳春秋傳所謂執牛耳者故書茢爲滅杜子春云滅當爲厲玄謂尸盟者割牛耳取血助爲之及血在敦中以桃茢拂之又助之也耳者盛以珠盤尸盟者執之桃鬼所畏也茢苕帚所以掃不祥○茢音列盛音成苕音條帚之受反

齊右掌祭祀會同賓客前齊車。王乘則持馬。行則陪乘。

齊車金路王自整齊之車也前之者已駕王未乘之時陪乘參乘謂居右也齊右與齊僕同車而有祭祀之事則兼玉路之右然則戎右兼田右與○齊側皆反下齊車齊僕皆同

凡有牲事，則前馬。

王見牲則拱而式居馬前郤行備驚奔也曲禮曰國君下宗廟式齊牛

【道右】掌前道車。王出入，則持馬陪乘，如齊車之儀。

道車象路也王行道德之車

自車上諭命于從車。

自由○從才用反

詔王之車儀。

顧式之屬

王式，則下前馬。王下，則以蓋從。

以蓋從表尊

【大馭】掌馭王路以祀。及犯軷，王自左馭，馭下祝，登受轡，犯軷，遂驅之。

行山曰軷犯之者封土爲山象以菩芻棘柏爲神主既祭之以車轢之而去喻無險難也春秋傳曰跋涉山川自由也王由左馭禁制馬使不行也故書軷作罰杜子春云罰當爲軷軷讀爲別異之別謂祖道轢軷磔犬也詩云載謀載惟取蕭祭脂取羝以軷詩家說曰將出祖道犯軷之祭也聘禮曰乃舍軷飲酒于其側禮家說亦謂道祭○軷蒲末反注跋涉同菩音倍轢音歷難乃旦反別彼列反磔陟格反羝丁兮反舍音釋

及祭，酌僕，僕左執轡，右祭兩軹，祭軌，乃飲。

故書軹爲軒軓爲範杜子春云文當如此左不當重重非是書亦或如子春言又云軒當作軹軹謂兩轊也其或言軷亦非是又云軓當爲軋軋謂車前軾也或讀軒爲簪笄之笄○軹音止軓音犯注軓同軒劉音難重直龍反轊音衛軓當媿美反又音犯

凡馭路，行以肆夏，趨以采薺。

凡馭路謂五路也肆夏采薺樂章也行謂大寢至路門趨謂路門至應門○薺才私反

凡馭路儀，以鸞和爲節。

舒疾之法也鸞在衡和在軾皆以金爲鈴

【戎僕】掌馭戎車。

戎車革路也師出王乘以自將○將子匠反

掌王倅車之政，正其服。

倅副也服謂衆乘戎車者之衣服○倅七內反

犯軷，如玉路之儀。凡巡守及兵車之會，亦如之。

如在軍

掌凡戎車之儀。

凡戎車衆之兵車也書序曰武王戎車三百兩

【齊僕】掌馭金路以賓。

以待賓客

朝覲宗遇饗食，皆乘金路，其灋儀各以其等，爲車送逆之節。

節謂王乘車迎賓客及送相去遠近之數上公九十步侯伯七十步子男五十步司儀職曰車逆拜

辱。又日及出車送。

道僕掌馭象路以朝夕燕出入其灋儀如齊車。朝夕朝朝莫夕。○朝夕直遙反朝朝上如字莫夕音暮

掌貳車之政令。貳亦副。

田僕掌馭田路以田以鄙。田路木路也。田田獵也。鄙循行縣鄙。○行下孟反

掌佐車之政。佐亦副。

設驅逆之車。驅驅禽使前趨獲。逆衙還之。使不出圍。○衙本又作御同五嫁反

令獲者植旌。以告獲也。植樹也。

及獻比禽。田弊。獲者各獻其禽。比種物相從次數之。○比毗志反

凡田王提馬而走。諸侯晉。大夫馳。提猶舉也。晉猶抑也。使人叩而舉之抑之。皆止奔也。馳放不扣。

馭夫掌馭貳車從車使車。貳車象路之副也。從車戎路田路之副也。使車驅逆之車。

分公馬而駕治之。乘調六種之馬。

周禮三十二

周禮卷三十三

漢大司農北海鄭　玄註

明　後學東吳金　蟠訂

司馬政官之職

校人掌王馬之政

政謂差擇養乘之數也月令曰班馬政

辨六馬之屬種馬一物戎馬一物齊馬一物道馬一物田馬一物駑馬一物

種謂上善似母者以次差之玉路駕種馬戎路駕戎馬金路駕齊馬象路駕道馬田路駕田馬駑馬給宮中之役

凡頒良馬而養乘之乘馬一師四圉三乘爲阜阜一趣馬三阜爲繫繫一馭夫六繫爲廄廄一僕夫六廄成校校有左右駑馬三良馬之數麗馬一圉八麗一師八師一趣馬八趣馬一馭夫

良善也善馬五路之馬鄭司農云四匹爲乘養馬爲圉故春秋傳曰馬有圉牛有牧玄謂二耦爲乘師趣馬馭夫僕夫帥之名也趣馬下士馭夫中士則僕夫上士也自乘至廄其數二百一十六匹易乾爲馬此應乾之策也至校變爲言成者明六馬爲一廄而王馬小備也校有左右則良馬一種者四百三十二匹五種合二千一百六十匹駑馬三之則爲千二百九十六匹五良一駑凡三千四百五十六匹然後王馬大備詩云騋牝三千此謂王馬之大數與麗耦也駑馬自圉至馭夫凡馬千二十四匹與三良馬之數不相應八皆宜爲六字之誤也師十二匹趣馬七十二匹則馭夫四百三十二匹矣然後而三之既三之無僕夫者不駕於五路卑之也○乘繩證反注同阜才早反趣倉走反繫音計廄九又反

天子十有二閑馬六種邦國六閑馬四種家四閑馬二種

降殺之差每廄爲一閑諸侯有齊馬道馬田馬大夫有田馬各一閑其駑馬則皆分爲三焉○殺所界反

凡馬特居四之一

欲其乘之性相似也物同氣則心一鄭司農云四之一者三牝一牡

春祭馬祖執駒

馬祖天駟也孝經說曰房爲龍馬鄭司農云執駒無令近母猶攻駒也二歲曰駒三歲曰駣玄謂執猶拘也春通淫之時駒弱血氣未定爲其乘匹傷之○令力呈反下令皆同駣音肇爲于僞反

夏祭先牧頒馬攻特

先牧始養馬者其人未聞夏通淫之後攻其特爲其蹄齧不可乘用鄭司農云攻特謂騬之○騬音繩

秋祭馬社臧僕

馬社始乘馬者世本作曰相土作乘馬鄭司農云臧僕謂簡練馭者令皆善也玄謂僕馭五路之僕○相息亮反

冬祭馬步獻馬講馭夫

馬步神爲災害馬者獻馬見成馬於王也馭夫馭貳車從車使車者講猶簡習○見賢遍反從才用反

凡大祭祀朝覲會同毛馬而頒之。
毛馬齊其色也頒授當乘者
飾幣馬執扑而從之。
鄭司農云校人主飾之也幣馬以馬遺人當幣處者也聘禮曰馬則北面奠幣于其前士喪禮下篇曰薦馬纓三就入門北面交轡圉人夾牽之馭者執策立于馬後○遺惟季反
凡賓客受其幣馬。
賓客之幣馬來朝聘而享王者
大喪飾遣車之馬及葬貍之。
言貍之則是馬塗車之芻靈
田獵則帥驅逆之車。
帥猶將也
凡將事于四海山川則飾黃駒。
四海猶四方也王巡狩過大山川則有殺駒以祈沈禮與玉人職有宗祝以黃金勺前馬之禮
凡國之使者共其幣馬。
使者所用私覿
凡軍事物馬而頒之。
物馬齊其力
等馭夫之祿。
馭夫於趣馬僕夫爲中舉中見上下
宮中之稍食。
師圉府史以下也鄭司農云稍食日廩

【趣馬】掌贊正良馬而齊其飲食簡其六節。
贊佐也佐正者謂校人臧僕講馭夫之時簡差也節猶量也差擇王馬以爲六等
掌駕說之頒。
用馬之第次○說始銳反
辨四時之居治以聽馭夫。
居謂牧庌所處治爲執駒攻特之屬○庌音雅
【巫馬】掌養疾馬而乘治之相醫而藥攻馬疾受財于校人。
乘謂驅步以發其疾知所疾處乃治之相助也○相息亮反
馬死則使其賈粥之入其布于校人。
布泉也鄭司農云賈謂其屬官小吏賈二人粥賣也○粥音育
【牧師】掌牧地皆有厲禁而頒之。
頒馬授圉者所牧處
孟春焚牧中春通淫。
焚牧地以除陳生新草也中春陰陽交萬物生之時可以合馬之牝牡也月令季春乃合累牛騰馬遊牝于牧秦時書也秦地寒涼萬物後動○中音仲累力追反
掌其政令凡田事贊焚萊。
焚萊者山澤之虞
【廋人】掌十有二閑之政教以阜馬佚特教駣攻駒及

祭馬祖，祭閑之先牧，及執駒，散馬耳，圉馬。

九者皆有政教焉。阜，盛壯也。詩云四牡孔阜。杜子春云：佚當爲逸。鄭司農云：馬三歲曰駣，二歲曰駒。散讀爲中散大夫之散，謂聒馬耳，毋令善驚也。玄謂逸者用之不使甚勞，安其血氣也。教駣始乘習之也。攻駒，制其蹄齧者。閑之先牧，先牧制閑者。散馬耳，以竹括押其耳，頭動搖則括中物，後遂串習，不復驚。○聒，古活反。毋音無。令，力呈反。中物，丁仲反。復，扶又反。

正校人員選。

校人謂御圉也。正員選者，選擇可備員者平之。

馬八尺以上爲龍，七尺以上爲騋，六尺以上爲馬。

大小異名。爾雅曰：騋牝驪牡，玄駒褭驂。鄭司農說以月令曰駕蒼龍。○褭，奴了反。

圉師掌教圉人養馬，春除蓐、釁廄，始牧，夏庌馬，冬獻馬，射則充椹質，茨牆則翦闔。

蓐，馬茲也。馬既出而除之，新廄釁焉，神之也。春秋傳曰：凡馬日中而出，日中而入。故字庌爲訝。鄭司農云：當爲庌。玄謂庌，廡也。廡所以庇馬涼也。充猶居也。茨，蓋也。闔，苫也。椹質、翦闔，圉人所習也。杜子春讀椹爲齊人言鈇椹之椹。椹質，所射者習射處。○蓐音辱。茨，在私反。廡，亡甫反。射，食亦反。

圉人掌養馬芻牧之事，以役圉師。

役者，圉師使令焉。

凡賓客、喪紀，牽馬而入陳。

賓客之馬，王所以賜之者。詩云：雖無予之，路車乘馬。喪紀之馬，啓後所薦馬。

廞馬亦如之。

廞馬，遺車之馬，人捧之，亦牽而入陳。○捧，扶恭反。

職方氏掌天下之圖，以掌天下之地，辨其邦國、都鄙、四夷、八蠻、七閩、九貉、五戎、六狄之人民，與其財用、九穀、六畜之數要，周知其利害。

天下之圖，如今司空輿地圖也。鄭司農云：東方曰夷，南方曰蠻，西方曰戎，北方曰貉、狄。玄謂閩，蠻之別也。國語曰：閩芊蠻矣。四八七九五六，周之所服國數也。財用，泉穀貨賄也。利，金錫竹箭之屬。害，神姦、鑄鼎所象百物也。爾雅曰：九夷、八蠻、六戎、五狄，謂之四海。○閩，亡巾反。貉，孟白反。畜，許六反。劉音如。

乃辨九州之國，使同貫利。

貫，事也。

東南曰揚州，其山鎮曰會稽，其澤藪曰具區，其川三江，其浸五湖，其利金錫竹箭，其民二男五女，其畜宜鳥獸，其穀宜稻。

鎮，名山安地德者也。會稽在山陰。大澤曰藪。具區、五湖在吳南。浸，可以爲陂灌溉者。錫，鑞也。箭，篠也。鳥獸，孔雀、鸞、鵁鶄、犀、象之屬。故書箭爲晉。杜子春云：晉當爲箭，書亦或爲箭。○陂，彼宜反。溉，古愛反。鑞音臘。篠，素了反。鵁音交。鶄音精。

正南曰荊州，其山鎮曰衡山，其澤藪曰雲瞢，其川江漢，其浸潁湛，其利丹銀齒革，其民一男二女，其畜宜鳥獸，其穀宜稻。

衡山在湘南。雲瞢在華容。潁出陽城，宜屬豫州，在此非也。湛未聞。齒，象齒也。革，犀兕革也。杜子春云：湛讀當爲人名湛之湛，或爲淮。○瞢，亡貢反。

河南曰豫州其山鎮曰華山其澤藪曰圃田其川滎雒其浸波溠其利林漆絲枲其民二男三女其畜宜六擾其穀宜五種

華山在華陰圃田在中牟滎兗水也出東垣入于河泆爲滎滎在滎陽波讀爲播禹貢曰滎播既都春秋傳曰楚子除道梁溠營軍臨隨則溠宜屬荊州在此非也林竹木也六擾馬牛羊豕犬雞五種黍稷菽麥稻○溠音詐都本或作豬

正東曰青州其山鎮曰沂山其澤藪曰望諸其川淮泗其浸沂沭其利蒲魚其民二男二女其畜宜雞狗其穀宜稻麥

沂山沂水所出也在蓋望諸明都也在睢陽沭出東莞二男二女數等似誤也蓋當與兗州同二男三女鄭司農云淮或爲睢沭或爲洙○沭音述

河東曰兗州其山鎮曰岱山其澤藪曰大野其川河泲其浸盧維其利蒲魚其民二男三女其畜宜六擾其穀宜四種

岱山在博大野在鉅野盧維當爲雷雍字之誤也禹貢曰雷夏既澤雍沮會同雷夏在城陽四種黍稷稻麥○泲子禮反

正西曰雍州其山鎮曰嶽山其澤藪曰弦蒲其川涇汭其浸渭洛其利玉石其民三男二女其畜宜牛馬其穀宜黍稷

嶽吳嶽也及弦蒲在汧涇出涇陽汭在豳地詩大雅公劉曰汭𢮿之即洛出懷德鄭司農云弦或爲汧蒲或爲浦○雍於用反汭如銳反汧口千反𢮿弓六反詩作鞫

東北曰幽州其山鎮曰醫無閭其澤藪曰貕養其川河泲其浸菑時其利魚鹽其民一男三女其畜宜四擾其穀宜三種

醫無閭在遼東貕養在長廣菑出萊蕪時出般陽四擾馬牛羊豕三種黍稷稻杜子春讀貕爲奚○貕音兮般步干反

河內曰冀州其山鎮曰霍山其澤藪曰楊紆其川漳其浸汾潞其利松柏其民五男三女其畜宜牛羊其穀宜黍稷

霍山在彘楊紆所在未聞章出長子汾出汾陽潞出歸德○汾扶文反長丁丈反

正北曰并州其山鎮曰恒山其澤藪曰昭餘祁其川虖池嘔夷其浸淶易其利布帛其民二男三女其畜宜五擾其穀宜五種

恒山在上曲陽昭餘祈在鄔虖池出鹵城嘔夷祈夷與出平舒淶出廣昌易出故安五擾馬牛羊犬豕五種黍稷菽麥稻也凡九州及山鎮澤藪言曰者以其非一曰其大者耳此州界揚荊豫兗雍冀與禹貢略同青州則徐州地也幽并則青冀之北也無徐梁○虖喚胡反池徒多反嘔烏侯反

乃辨九服之邦國方千里曰王畿其外方五百里曰侯服又其外方五百里曰甸服又其外方五百里曰男服又其外方五百里曰采服又其外方五百里曰衛服又其外方五百里曰蠻服又其外方五百里曰

夷服又其外方五百里曰鎭服又其外方五百里曰藩服

服服事天子也詩云侯服于周

凡邦國千里封公以方五百里則四公方四百里則六侯方三百里則七伯方二百里則二十五子方百里則百男以周知天下

以此率徧知四海九州邦國多少之數也方千里者為方百里者百以方三百里之積以九約之得十一有奇云七伯者字之誤也周九州之界方七千里七七四十九方千里者四十九其一為畿內餘四十八八州各有方千里者六周公變殷湯之制雖小國地皆方百里是每事言則者設法也設法者以待有功而大其封一州之中以其千里封公則可四又以其千里封侯則可六又以其千里封伯則可十一又以其千里封子則可二十五又以其千里封男則可百公侯伯子男亦不是過也州二百一十國以男備其數焉其餘以為附庸四海之國黜陟之功亦如之雖有大國爵稱子而已鄭司農云此制亦見大司徒職曰諸公之地方五百里諸侯之地方四百里諸伯之地方三百里諸子之地方二百里諸男之地方百里〇率音律奇紀宜反見賢遍反

凡邦國小大相維

大國比小國小國事大國各有屬相維聯也〇比毗志反

王設其牧

選諸侯之賢者為牧使牧理之

制其職各以其所能

牧監參伍之屬用能所任秩次

制其貢各以其所有

國之地物所有

王將巡守則戒于四方曰各脩平乃守攷乃職事無敢不敬戒國有大刑

乃猶女也守謂國竟之內職事所當共具〇女音汝竟音境共音恭

及王之所行先道帥其屬而巡戒令

先道先由王所從道居前行其前日所戒之令

王殷國亦如之

殷猶衆也十二歲王若不巡守則六服盡朝謂之殷國其戒四方諸侯與巡守同〇朝直遙反

土方氏掌土圭之灋以致日景

致日景者夏至景尺有五寸冬至景丈三尺其間則日有長短

以土地相宅而建邦國都鄙

土地猶度地知東西南北之深而相其可居者宅居也〇相息亮反度待洛反深尺鴆反

以辨土宜土化之灋而授任地者

土宜謂九穀植穉所宜也土化地之輕重糞種所宜用也任地者載師之屬

王巡守則樹王宮

為之藩羅

懷方氏掌來遠方之民致方貢致遠物而送逆之達之以節

遠方之民四夷之民也諭德延譽以來之遠物九州之外無貢灋而至者達民以旌節達貢物以璽

節。

治其委積館舍飲食。饋食其往來。○饋食音嗣

合方氏掌達天下之道路。津梁相奏。不得陷絕。

通其財利。茂遷其有無。

同其數器。權衡不得有輕重。

壹其度量。尺丈釜鍾不得有大小。

除其怨惡。怨惡邦國相侵虐。

同其好善。所好所善謂風俗所高尚。○好呼報反

訓方氏掌道四方之政事與其上下之志。道猶言也。為王說之。四方諸侯也。上下君臣也。○為于僞反

誦四方之傳道。傳道世世所傳說往古之事也。為王誦之。若今論聖德堯舜之道矣。故書傳為傳。杜子春云。傳當作傳。書亦或為傳。○傳直專反。注同。

正歲則布而訓四方。布告以教天下。使知世所善惡。

而觀新物。四時於新物出則觀之。以知民志所好惡。志淫行辟。則當以政教化正之。○惡烏路反。行辟下孟反。下四亦反。

形方氏掌制邦國之地域。而正其封疆。無有華離之地。杜子春云。離當為雜。書亦或為雜。玄謂華讀為㼌哨之㼌。正之使不㼌邪離絕。

使小國事大國。大國比小國。比猶親也。易比象曰。先王以建萬國。親諸侯。

山師掌山林之名。辨其物與其利害。而頒之于邦國。山林之名與物。若岱畎絲枲。嶧陽孤桐矣。利其中人用者。害。毒物及螫噬之蟲獸。○畎古犬反。螫音釋。

使致其珍異之物。

川師掌川澤之名。辨其物與其利害。而頒之于邦國。川澤之民與物。若泗濱浮磬。淮夷蠙珠暨魚。澤之萑蒲。○蠙薄田反

使致其珍異之物。

邍師掌四方之地名。辨其丘陵墳衍邍隰之名。地名。謂東原大陸之屬。○邍音原

物之可以封邑者。

物之，謂相其土地可以居民立邑。○相，息亮反

匡人掌達灋則，匡邦國而觀其慝，使無敢反側，以聽王命。

灋則，八灋八則也。邦國之官府都鄙亦用焉。慝，姦僞之惡也。反側，猶背違灋度也。書曰：無反無側，王道正直。

撢人掌誦王志，道國之政事，以巡天下之邦國而語之。

道，猶言也。以王之志與政事諭說諸侯，使不迷惑。

使萬民和說而正王面。

面，猶鄉也。使民之心曉而正鄉王。○說音悅。鄉，許亮反

都司馬掌都之士庶子及其衆庶車馬兵甲之戒令。

庶子，卿大夫士之子。車馬兵甲，備軍發卒。

以國灋掌其政學。

政，謂賦稅也。學，修德學道。○政音征

以聽國司馬。

聽者，受行其所徵爲也。國司馬，大司馬之屬皆是。

家司馬亦如之。

大夫家臣爲司馬者，春秋傳曰：叔孫氏之司馬鬷戾。○鬷，子公反

周禮卷三十三

周禮卷三十四

漢大司農北海鄭　玄註

明　後學東吳葛　鼒訂

秋官司寇第五

惟王建國辨方正位體國經野設官分職以爲民極乃立秋官司寇使帥其屬而掌邦禁以佐王刑邦國禁所以防姦者也刑正人之法孝經說曰刑者侀也過出罪施

刑官之屬大司寇卿一人小司寇中大夫二人士師下大夫四人鄉士上士八人中士十有六人旅下士三十有二人士察也主察獄訟之事者鄭司農說以論語曰柳下惠爲士師鄉士主六鄉之獄府六人史十有二人胥十有二人徒百有二十人

遂士中士十有二人府六人史十有二人胥十有二人徒百有二十人遂士主六遂之獄者

縣士中士三十有二人府八人史十有六人胥十有六人徒百有六十人距王城三百里至四百里曰縣縣士主縣之獄者

方士中士十有六人府八人史十有六人胥十有六人徒百有六十人方士主四方都家之獄者

訝士中士八人府四人史八人胥八人徒八十人訝迎也士官之迎四方賓客○訝五嫁反

朝士中士六人府三人史六人胥六人徒六十人朝士主外朝之法○朝直遙反卷內同

司民中士六人府三人史六人胥三人徒三十人司民主民數

司刑中士二人府一人史二人胥二人徒二十人

司剌下士二人府一人史二人徒四人剌殺也三訊罪定則殺之

司約下士二人府一人史二人徒四人約言語之約束

司盟下士二人府一人史二人徒四人盟以約辭告神殺牲歃血明著其信也曲禮曰涖牲曰盟

職金上士二人下士四人府二人史四人胥八人徒八十人職主也

司厲下士二人史一人徒十有二人犯政爲惡曰厲厲士主盜賊之兵器及其奴者

犬人下士二人府一人史二人賈四人徒十六人

○買音嫁又音古

司圜中士六人下士十有二人府三人史六人胥十有六人徒百有六十人

鄭司農云圜謂圜土也圜土謂獄城也今獄城圜司圜職中言凡圜土之刑人也以此知圜謂圜土也又大司寇職曰以圜土聚教罷民故司圜職曰掌收教罷民○罷音皮

掌囚下士十有二人府六人史十有二人徒百有二十人

囚拘也主拘繫當刑殺之者

掌戮下士二人史一人徒十有二人

戮猶辱也既斬殺又辱之

司隸中士二人下士十有二人府五人史十人胥二十人徒二百人

隸給勞辱之役者漢始置司隸亦使將徒治道溝渠之役後稍尊之使主官府及近郡

罪隸百有二十人

盜賊之家爲奴者

蠻隸百有二十人

征南夷所獲

閩隸百有二十人

閩南蠻之別

夷隸百有二十人

征東夷所獲

貉隸百有二十人

征東北夷所獲凡隸衆矣此其選以爲役員其餘謂之隸民○貉音陌

布憲中士二人下士四人府二人史四人胥四人徒四十人

憲表也主表刑禁者

禁殺戮下士二人史一人徒十有二人

禁殺戮者禁民不得相殺戮

禁暴氏下士六人史三人胥六人徒六十人

野廬氏下士六人胥十有二人徒百有二十人

廬賓客行道所舍

蜡氏下士四人徒四十人

蜡骨肉腐臭蠅蟲所蜡也月令曰掩骼埋胔此官之職也蜡讀如狙司之狙

雍氏下士二人徒八人

雍謂隄防止水者也

萍氏下士二人徒八人

鄭司農云萍讀爲蛢或爲蓱號起雨之蓱玄謂今天問蓱號作萍爾雅曰萍蓱其大者蘋讀如小子言平之平萍氏主水禁萍之草無根而浮取名於其不沉溺○蛢蒲丁反

司寤氏下士二人徒八人

寤覺也主夜覺者○覺音教

司烜氏下士六人，徒十有六人。烜火也讀如衛侯燬之燬故書燬爲垣鄭司農云當爲烜○烜音毀注燬同垣音袁

條狼氏下士六人，胥六人，徒六十人。杜子春云條當爲滌器之滌玄謂滌除也狼狼扈道上○條音滌注同

修閭氏下士二人，史一人，徒十有二人。閭謂里門

冥氏下士二人，徒八人。鄭司農云冥讀爲冥氏春秋之冥玄謂冥方之冥以繩縻取禽獸之名

庶氏下士一人，徒四人。庶讀如藥煑之煑驅除毒蠱之言書不作蠱者字從聲○庶音煑

穴氏下士一人，徒四人。穴搏蟄獸所藏者

翨氏下士二人，徒八人。翨鳥翮也鄭司農云翨讀爲翅翼之翅○翨音翅

柞氏下士八人，徒二十人。柞除木之名除木者必先刊剝之鄭司農云柞讀爲音聲唶唶之唶屋笮之笮○柞側百反注唶笮皆同

薙氏下士二人，徒二十人。書薙或作夷鄭司農云掌殺草故春秋傳曰如農夫之務去草芟夷蘊崇之又今俗間謂麥下爲夷下言芟夷其麥以其下種禾豆也玄謂薙讀如鬀小兒頭之鬀書或作夷此皆翦草也字從類耳月令曰燒薙行水謂燒所芟草乃水之○薙或作雉同它計反去起呂反芟所銜反鬀它計反

硩蔟氏下士一人，徒二人。鄭司農云硩讀爲擿蔟讀爲爵蔟之蔟謂巢也玄謂硩古字從石折聲○硩音擿

翦氏下士一人，徒二人。翦斷滅之言也主除蠹蠹者詩云實始翦商

赤犮氏下士一人，徒二人。赤犮猶言捇拔也主除虫豸自埋者○捇采昔反

蟈氏下士一人，徒二人。鄭司農云蟈讀爲蜮蜮蝦蟇也月令曰螻蟈鳴故曰掌去鼃黽鼃黽蝦蟇屬書或爲掌去蝦蟇玄謂蟈今御所食蛙也字從虫國聲也蜮乃短狐與○蟈古獲反蜮音或蝦音遐蟇音麻鼃戶蝸反黽莫辛反蛙戶蝸反

壺涿氏下士一人，徒二人。壺謂瓦鼓涿擊之也故書涿爲獨鄭司農云獨讀爲濁其源之濁音與涿相近書亦或爲濁

庭氏下士一人，徒二人。庭氏主射妖鳥令國中清如庭者也○射食亦反

銜枚氏下士二人，徒八人。銜枚止言語囂讙也枚狀如著橫銜之爲之繣結於項○囂五高反繣戶卦反又胡麥反

伊耆氏下士一人，徒二人。伊耆古王者號始爲蜡以息老物此主王者之齒杖後王識伊耆氏之舊德而以名官與今姓有伊耆氏○耆巨之反蜡仕詐反

大行人中大夫二人小行人下大夫四人司儀上士八人中士十有六人行夫下士三十有二人府四人史八人胥八人徒八十人

行夫主國使之禮○使所吏反

環人中士四人史四人胥四人徒四十人

環猶圍也主圍賓客任器爲之守衛

象胥每翟上士一人中士二人下士八人徒二十人

通夷狄之言者曰象胥其有才知者也此類之本名東方曰寄南方曰象西方曰狄鞮北方曰譯今總名曰象者周之德先致南方也○知音智鞮丁兮反譯音亦

掌客上士二人下士四人府一人史二人胥二人徒二十人

掌訝中士八人府二人史四人胥四人徒四十人

訝迎也賓客來主迎之鄭司農云訝讀爲跛者訝跛者之訝○跛波可反

掌交中士八人府二人史四人徒三十有二人

主交通結諸侯之好

掌察四方中士八人史四人徒十有六人

掌貨賄下士十有六人史四人徒三十有二人

朝大夫每國上士二人下士四人府一人史二人庶子八人徒二十人

此王之士也使主都家之國治而命之朝大夫云

都則中士一人下士二人府一人史二人庶子四人徒八十人

都則主都家之八則者也當言每都如朝大夫及都司馬云

都士中士二人下士四人府二人史四人胥四人徒四十人家士亦如之

都家之士主治都家吏民之獄訟以告方士者也亦當言每都

大司寇之職掌建邦之三典以佐王刑邦國詰四方

典法也詰謹也書曰王耄荒度作詳刑以詰四方○度待洛反

一曰刑新國用輕典

新國者新辟地立君之國用輕法者爲其民未習於教○爲于僞反

二曰刑平國用中典

平國承平守成之國也用中典者常行之法

三曰刑亂國用重典

亂國篡弒叛逆之國用重典者以其化惡伐滅之

以五刑糾萬民

刑亦法也糾猶察異之

一曰野刑上功糾力

功農功力勤力

二曰軍刑上命糾守

命將命也守不失部伍○守音狩將子匠反

三曰鄉刑上德糾孝

德六德也善父母爲孝

四曰官刑上能糾職

能能其事也職職事修理

五曰國刑上愿糾暴

愿慤慎也暴當爲恭字之誤也

以圜土聚教罷民

圜土獄城也聚罷民其中困苦以教之爲善也民不慜作勞有似於罷○罷音皮慜音敏

凡害人者寘之圜土而施職事焉以明刑恥之

害人謂爲邪惡已有過失麗於法者以其無故犯法寘之圜土繫教之庶其困悔而能改也寘置也施職事以所能役使之明刑書其罪惡於大方版著其背○著丁略反

其能改者反于中國不齒三年

反于中國謂舍之還於故鄉里也司圜職曰上罪三年而舍中罪二年而舍下罪一年而舍不齒者不得以年次列於平民

其不能改而出圜土者殺

出謂逃亡

以兩造禁民訟入束矢於朝然後聽之

訟謂以財貨相告者造至也使訟者兩至既兩至使入束矢乃治之也不至不入束矢則是自服不直者也必入矢者取其直也詩曰其直如矢古者一弓百矢束矢其百箇與○造七報反

以兩劑禁民獄入鈞金三日乃致于朝然後聽之

獄謂相告以罪名者劑今券書也使獄者各齎券書既兩券書使入鈞金又三日乃治之重刑也不券書不入金則是亦自服不直者也必入金者取其堅也三十斤曰鈞○劑子隨反

以嘉石平罷民

嘉石文石也樹之外朝門左平成也成之使善

凡萬民之有罪過而未麗於灋而害於州里者桎梏而坐諸嘉石役諸司空重罪旬有三日坐朞役其次九日坐九月役其次七日坐七月役其次五日坐五月役其次下罪三日坐三月役使州里任之則宥而舍之

有罪過謂邪惡之人所罪過者也麗附也未附於灋未著於灋也木在足曰桎在手曰梏役諸司空坐日訖使給百工之役也役月訖使其州里之人任之乃赦之宥寬也○著直略反

以肺石達窮民

肺石赤石也窮民天民之窮而無告者

凡遠近惸獨老幼之欲有復於上而其長弗達者立於肺石三日士聽其辭以告於上而罪其長

無兄弟曰惸無子孫曰獨復猶報也上謂王與大卿也報之者若上書詣公府言事矣長謂諸侯若鄉遂大夫○惸其營反長丁丈反上時掌反

正月之吉始和布刑于邦國都鄙乃縣刑象之灋于象魏使萬民觀刑象挾日而斂之

正月朔日布五刑於天下正歲又縣其書重之○縣音玄

凡邦之大盟約涖其盟書而登之于天府

涖臨也天府祖廟之藏○藏才浪反

大史內史司會及六官皆受其貳而藏之

六官六卿之官也貳副也

凡諸侯之獄訟以邦典定之

邦典六典也以大典待邦國之治

凡卿大夫之獄訟以邦灋斷之

邦灋八灋也以八灋待官府之治○斷丁亂反

凡庶民之獄訟以邦成弊之

邦成八成也以官成待萬民之治故書弊爲憋鄭司農云憋當爲弊邦成謂若今時決事比也弊之斷其獄訟也故春秋傳曰弊獄邢侯○弊必世反

大祭祀奉犬牲

奉猶進也

若禋祀五帝則戒之日涖誓百官戒于百族

戒之日卜之日也百族謂府史以下也郊特牲曰卜之日王立于澤親聽誓命受教諫之義也獻命庫門之內戒百官也太廟之內戒百姓也

及納亨前王祭之日亦如之

納亨致牲○亨普庚反

奉其明水火

明水火所取於日月者

凡朝覲會同前王大喪亦如之

大喪所前或嗣王

大軍旅涖戮于社

社謂社主在軍者也鄭司農說以書曰用命賞于祖不用命戮于社

凡邦之大事使其屬蹕

屬士師以下也故書蹕作避杜子春云避當爲辟謂辟除姦人也玄謂蹕止行也○蹕本亦作趩音畢

周禮卷三十四

周禮卷三十五

漢大司農北海鄭　玄註

明　後學東吳金　蟠訂

司寇刑官之職

小司寇之職掌外朝之政以致萬民而詢焉一曰詢國危二曰詢國遷三曰詢立君

外朝朝在雉門之外者也國危謂有兵寇之難國遷謂徙都改邑也立君謂無冢適選於庶也鄭司農云致萬民聚萬民也詢謀也詩曰詢于芻蕘書曰謀及庶人○難乃旦反適丁歷反

其位王南鄉三公及州長百姓北面羣臣西面羣吏東面

羣臣卿大夫士也羣吏府史也其孤不見者孤從羣臣卿大夫在公後○鄉許亮反長丁丈反見賢遍反

小司寇擯以敘進而問焉以衆輔志而弊謀

擯謂揖之使前也敘更也輔志者尊王賢明也○更音庚

以五刑聽萬民之獄訟附于刑用情訊之至于旬乃弊之讀書則用灋

附猶著也故書附作付訊言也用情理言之冀有可以出之者十日乃斷之王制曰刑者侀也侀者成也一成而不可變故君子盡心焉鄭司農云讀書則用灋如今時讀鞫已乃論之○鞫九六反

凡命夫命婦不躬坐獄訟

爲治獄吏褻尊者也躬身也不身坐者必使其屬若子弟也喪服傳曰命夫者其男子之爲大夫者命婦者其婦人之爲大夫之妻者春秋傳曰衛侯與元咺訟甯武子爲輔鍼莊子爲坐士榮爲大理○爲治于僞反咺況阮反鍼其廉反嚴左傳作莊案漢書明帝名莊改爲嚴

凡王之同族有罪不即市

鄭司農云刑諸甸師氏禮記曰刑于隱者不與國人慮兄弟

以五聲聽獄訟求民情

一曰辭聽

觀其出言不直則煩

二曰色聽

觀其顏色不直則赧然○赧女板反

三曰氣聽

觀其氣息不直則喘○喘昌兗反

四曰耳聽

觀其聽聆不直則惑

五曰目聽

觀其眸子視不直則眊然○眊莫報反

以八辟麗邦灋附刑罰

辟灋也杜子春讀麗爲羅玄謂麗附也易曰日月麗乎天故書附作付附猶著也

一曰議親之辟

鄭司農云若今時宗室有罪先請是也

二曰議故之辟

故謂舊知也鄭司農云故舊不遺則民不偷

三曰議賢之辟。

鄭司農云若今時廉吏有罪先請是也玄謂賢有德行者○行下孟反

四曰議能之辟。

能謂有道藝者春秋傳曰夫謀而鮮過惠訓不倦者叔向有焉社稷之固也猶將十世宥之以勸能者今壹不免其身以棄社稷不亦惑乎○夫音扶鮮息淺反向許亮反

五曰議功之辟。

謂有大勳勞立功者

六曰議貴之辟。

鄭司農云若今時吏墨綬有罪先請是也

七曰議勤之辟。

謂憔悴以事國

八曰議賓之辟。

謂所不臣者三恪二代之後與

以三刺斷庶民獄訟之中。

中謂罪正所定○斷下亂反後同

一曰訊羣臣。二曰訊羣吏。三曰訊萬民。

刺殺也三訊罪定則殺之訊言也

聽民之所刺宥。以施上服下服之刑。

宥寬也民言殺殺之言寬寬之上服劓墨也下服宮刖也○劓魚器反刖音月

及大比。登民數。自生齒以上。登于天府。

大比三年大數民之衆寡也人生齒而體備男八月而生齒女七月而生齒○比毗志反上時掌反

內史司會冢宰貳之。以制國用。

人數定而九賦可知國用乃可制耳

小祭祀。奉犬牲。

奉猶進也

凡禋祀五帝。實鑊水。納亨亦如之。

納亨致牲也其奉鑊水當以洗解牲體肉○鑊戶郭反

大賓客。前王而辟。

鄭司農云小司寇為王道辟除姦人也若今時執金吾下至令尉奉引矣○辟婢亦反後而辟皆放此道音導

后世子之喪。亦如之。

小師涖戮。

小師王不自出之師

凡國之大事。使其屬蹕。

屬士師以下

孟冬祀司民。獻民數於王。王拜受之。以圖國用而進退之。

司民星名謂軒轅角也小司寇於祀司民而獻民數於王重民也進退猶損益也國用民衆則益民寡則損

歲終則令羣士計獄弊訟登中于天府。上其所斷獄訟之數。

正歲帥其屬而觀刑象令以木鐸曰不用灋者國有常刑令羣士。羣士，遂士以下。

乃宣布于四方憲刑禁。宣，徧也。憲，表也，謂縣之也。刑禁，士師之五禁。

乃命其屬入會乃致事。得其屬之計，乃令致之於王。○會，古外反，後要會皆放此。

士師之職掌國之五禁之灋以左右刑罰一曰宮禁二曰官禁三曰國禁四曰野禁五曰軍禁皆以木鐸徇之于朝書而縣于門閭。左右，助也。助刑罰者，助其禁民爲非也。宮，王宮也。官，官府也。國，城中也。古之禁書亡矣，今宮門有籍，官府有無故擅入，城門有離載下帷，野有田律，軍有囂讙夜行之禁，其徇可言者。○縣音玄，徇音粗

以五戒先後刑罰毋使罪麗于民一曰誓用之于軍旅二曰誥用之于會同三曰禁用諸田役四曰糾用諸國中五曰憲用諸都鄙。先後猶左右也。誓誥於書則甘誓、湯誓、大誥、康誥之屬。禁則軍禮曰無干車、無自後射，此其類也。糾憲未有聞焉。○射，食亦反。

掌鄉合州黨族閭比之聯與其民人之什伍使之相安相受以比追胥之事以施刑罰慶賞。鄉合，鄉所合也。追，追寇也。胥讀如宿偦之偦，偦謂司搏盜賊也。○比，毗志反，比追如字。

掌官中之政令。大司寇之官府中也。

察獄訟之辭以詔司寇斷獄弊訟致邦令。詔司寇，若今白聽正讞解也。致邦令者，以灋報之。

掌士之八成。鄭司農云：八成者，行事有八篇，若今時決事比。○比，必利反。

一曰邦汋。鄭司農云：汋讀如酌酒尊中之酌。國汋者，斟酌盜取國家密事，若今時刺探尚書事。○汋，上灼反。刺，七亦反。

二曰邦賊。爲逆亂者。

三曰邦諜。爲異國反間。○間，間厠之間。

四曰犯邦令。干冒王教令者。○冒音墨。

五曰撟邦令。稱詐以有爲者。○撟音矯。

六曰爲邦盜。

竊取國之寶藏者。○藏，才浪反。

七曰爲邦朋。

朋黨相阿，使政不平者。故書朋作傰。鄭司農云：朋讀如朋友之朋。○傰，補鄧反。

八曰爲邦誣。

誣罔君臣，使事失實。

若邦凶荒，則以荒辯之灋治之。

鄭司農云：辯讀爲風別之別。救荒之政十有二，而士師別受其教條，是爲荒別之灋。玄謂辯當爲貶，聲之誤也。遭飢荒，則刑罰國事有所貶損，作權時灋也。朝士職曰：若邦凶荒札喪寇戎之故，則令邦國都家縣鄙慮刑貶。○風別之別，皆彼列反。

令移民通財，糾守緩刑。

移民就賤，救困也。通財，補不足也。糾守，衛盜賊也。緩刑，紓民心也。

凡以財獄訟者，正之以傅別約劑。

傅別，中別手書也。約劑，各所持券也。故書別爲辨。鄭司農云：傅或爲付。辨讀爲風別之別，若今時市買，爲券書以別之，各得其一，訟則案券以正之。

若祭勝國之社稷，則爲之尸。

以刑官爲尸，略之也。周謂亡殷之社爲亳社。

王燕出入，則前驅而辟。

道王，且辟行人。○道音導。

祀五帝，則沃尸及王盥，洎鑊水。

洎謂增其沃汁。○洎音冀。

凡刉珥，則奉犬牲。

珥讀爲衈。刉衈，釁禮之事。用牲，毛者曰刉，羽者曰衈。○刉音機。珥而志反，注衈同。

諸侯爲賓，則帥其屬而蹕于王宮。

謂諸侯來朝，若燕饗時。

大喪亦如之。

大師，帥其屬而禁逆軍旅者與犯師禁者而戮之。

逆軍旅，反將命也。犯師禁，干行陳也。○將，子匠反。行，戶剛反。陳，直忍反。

歲終，則令正要會。

定計簿。

正歲，帥其屬而憲禁令于國及郊野。

去國百里爲郊，郊外謂之野。

鄉士

掌國中。

鄭司農云：謂國中至百里郊也。玄謂其地則距王城百里內也。言掌國中，此主國中獄也。六鄉之獄在國中。

各掌其鄉之民數而糾戒之。

鄉士八人，言各者，四人而分主三鄉。

聽其獄訟，察其辭。

察，審也。

辯其獄訟，異其死刑之罪而要之，旬而職聽于朝。

辯異，謂殊其文書也。要之，爲其罪法之要辭，如今劾矣。十日乃以職事治之於外朝，容其自反覆。○劾，戶代反。

司寇聽之，斷其獄、弊其訟于朝，羣士司刑皆在，各麗其灋，以議獄訟。

麗，附也。各附致其法以成議也。

獄訟成，士師受中，協日刑殺，肆之三日。

受中，謂受獄訟之成也。鄭司農云：「士師受中，若今二千石受其獄也。中者，刑罰之中也。故論語曰：刑罰不中，則民無所措手足。協日刑殺，協，合也，和也，和合支幹善日，若今時望後利日也。肆之三日，故春秋傳曰：三日棄疾請尸。論語曰：肆諸市朝。」玄謂士師既受獄訟之成，鄉士則擇可刑殺之日，至其時而往涖之，尸之三日乃反也。○汁日，音協，本亦作協，下同。

若欲免之，則王會其期。

免，猶赦也。期，謂鄉士職聽于朝，司寇聽之日。王欲赦之，則用此時親往議之。

大祭祀、大喪紀、大軍旅、大賓客，則各掌其鄉之禁令，帥其屬夾道而蹕。

屬，中士以下。○夾，古洽反，劉古協反。

三公若有邦事，則爲之前驅而辟，其喪亦如之。

鄭司農云：「鄉士爲三公道也，若今時三公出城，郡督郵盜賊道也。」○爲，于僞反。遂士、縣士、訝士職同。

凡國有大事，則戮其犯命者。

遂士掌四郊。

鄭司農云：「謂百里外至三百里也。」玄謂其地則距王城百里以外至二百里。言掌四郊者，此主四郊獄也。六遂之獄在四郊。

各掌其遂之民數，而糾其戒令。

遂士十二人，言各者，二人而分主一遂。

聽其獄訟，察其辭，辨其獄訟，異其死刑之罪而要之，二旬而職聽于朝。司寇聽之，斷其獄、弊其訟于朝，羣士司刑皆在，各麗其灋，以議獄訟。獄訟成，士師受中，協日就郊而刑殺，各於其遂，肆之三日。

就郊而刑殺者，遂士也。遂士擇刑殺日，至其時往涖之，如鄉士爲之矣。言各於其遂者，四郊六遂，遂處不同。

若欲免之，則王令三公會其期。

令，猶命也。王欲赦之，則用遂士職聽之時，命三公往議之。

若邦有大事聚衆庶，則各掌其遂之禁令，帥其屬而蹕。

大事，王所親也。

六卿若有邦事，則爲之前驅而辟，其喪亦如之。凡郊有大事，則戮其犯命者。

縣士掌野。

鄭司農云：「掌三百里至四百里。大夫所食，晉韓須爲公族大夫，食縣。」玄謂地距王城二百里以外至三百里曰野，三百里以外至四百里曰縣，四百里以外至五百里曰都。都、縣、野之地，其邑非王子弟、公卿大夫之采地，則皆公邑也，謂之縣。縣士掌其獄焉。言掌野者，郊外曰野，大總言之也。獄居近野

之縣獄在二百里上縣之縣獄在三百里上都之縣獄在四百里上

各掌其縣之民數糾其戒令而聽其獄訟察其辭辨其獄訟異其死刑之罪而要之三旬而職聽于朝司寇聽之斷其獄弊其訟于朝羣士司刑皆在各麗其灋以議獄訟獄訟成士師受中協日刑殺各就其縣肆之三日

刑殺各就其縣者亦謂縣士也

若欲免之則王命六卿會其期

期亦謂縣士職聽之時

若邦有大役聚衆庶則各掌其縣之禁令若大夫有邦事則爲之前驅而辟其喪亦如之凡野有大事則戮其犯命者

野距王城二百里以外及縣都

方士掌都家

鄭司農云掌四百里至五百里公所食魯季氏食於都玄謂都王子弟及公卿之采地家大夫之采地大都在畺地小都在縣地家邑在稍地不言掌其民數民不純屬王○畺居良反

聽其獄訟之辭辨其死刑之罪而要之三月而上獄訟于國

三月乃上要者又變朝言國以其自有君異之○上時掌反

司寇聽其成于朝羣士司刑皆在各麗其灋以議獄訟

成平也鄭司農說以春秋傳曰晉邢侯與雍子爭鄐田久而無成○鄐許大反

獄訟成士師受中書其刑殺之成與其聽獄訟者

都家之吏自協日刑殺但書其成與治獄之吏姓名備反覆有失實者

凡都家之大事聚衆庶則各掌其方之禁令

方士十六人言各掌其方者四人而主一方也其方以王之事動衆則爲班禁令焉

以時脩其縣灋若歲終則省之而誅賞焉

縣灋縣師之職也其職掌邦國都鄙稍甸郊野之地域而辨其夫家人民田萊之數及其六畜車輦之稽方士以四時修此灋歲終又省之則與掌民數亦相近

凡都家之士所上治則主之

都家之士都士家士也所上治者謂獄訟之小事不附罪者也主之告於司寇聽平之

訝士掌四方之獄訟

鄭司農云四方諸侯之獄訟

諭罪刑于邦國

告曉以麗罪及制刑之本意

凡四方之有治於士者造焉

謂讞疑辨事先來詣乃通之於士也士主謂士師也如今郡國亦時遣主者吏詣廷尉議者○造七報反讞魚竭反

四方有亂獄則往而成之

亂獄謂若君臣宣淫上下相虐者也往而成之猶呂步舒使治淮南獄

邦有賓客，則與行人送逆之。入於國，則爲之前驅而辟。野亦如之。居館，則帥其屬而爲之蹕。誅戮暴客者。客出入則道之。有治則贊之。

送逆，謂始來及去也。出入，謂朝覲於王時也。春秋傳曰晉侯受策以出，出入三覲。入國入野，自以時事。

凡邦之大事，聚衆庶，則讀其誓禁。

朝士掌建邦外朝之灋。左九棘，孤卿大夫位焉，羣士在其後。右九棘，公侯伯子男位焉，羣吏在其後。面三槐，三公位焉，州長衆庶在其後。左嘉石，平罷民焉。右肺石，達窮民焉。

樹棘以爲位者，取其赤心而外刺，象以赤心三刺也。槐之言懷也，懷來人於此，欲與之謀。羣吏謂府史也。州長，鄉遂之官。鄭司農云：王有五門，外曰皐門，二曰雉門，三曰庫門，四曰應門，五曰路門。路門一曰畢門。外朝在路門外，內朝在路門內。左九棘，右九棘，故易曰係用徽纆，寘于叢棘。玄謂明堂位說魯公宮曰庫門天子皐門，雉門天子應門。言魯用天子之禮，所名曰庫門者，如天子皐門；所名曰雉門者，如天子應門。此名制二兼四，則魯無皐門應門矣。檀弓曰：魯莊公之喪，既葬而絰不入庫門。言其除喪而反，由外來，是庫門在雉門外必矣。如是，王五門，雉門爲中門，雉門設兩觀，與今之宮門同。閽人幾出入者，窮民蓋不得入也。郊特牲議繹於庫門內，言遠，當于廟門。廟在庫門之內，見於此矣。小宗伯職曰：建國之神位，右社稷，左宗廟。然則外朝在庫門之外，皐門之內與？今司徒府有天子以下大會殿，亦古之外朝哉。周天子諸侯皆有三朝，外朝一，內朝二。內朝之在路門內者，或謂之燕朝。○長，丁丈反。罷音皮。纆，亡北反。寘于，之豉反。觀，古亂反。見，賢遍反。

帥其屬而以鞭呼趨且辟。

趨朝辟行人，執鞭以威之。

禁慢朝、錯立族談者。

慢朝，謂臨朝不肅敬也。錯立族談，違其位僔語也。○僔，徐子損反。

凡得獲貨賄、人民、六畜者，委于朝，告于士，旬而舉之。大者公之，小者庶民私之。

倅而取之曰獲。委於朝十日，待來識之者。人民謂刑人、奴隸逃亡者。司隸職曰帥其民而搏盜賊。鄭司農云：若今時得遺物及放失六畜，持詣鄉亭縣廷。大者公之，大物沒入公家也。小者私之，小物自畀也。玄謂人民之小者，未齔七歲以下。○倅音卒。齔，初謹反。

凡士之治有期日，國中一旬，郊二旬，野三旬，都三月。邦國朞。期內之治聽，期外不聽。

鄭司農云：謂在期內者聽，期外者不聽。若今時徒論決滿三月不得乞鞫。○鞫，九六反。

凡有責者，有判書以治則聽。

判，半分而合者。故書判爲辨。鄭司農云：謂若今時辭訟有券書者爲治之。辨讀爲別，謂別券也。玄謂

古者出責之息，亦如其國服與？○爲治，于僞反。別，彼列反。

凡民同貨財者，令以國灋行之，犯令者刑罰之。

鄭司農云：同貨財者，謂合錢共賈者也。以國灋行之，司市爲節以遣之。玄謂同貨財者，富人蓄積者多，時收斂之，乏時以國服之灋出之，雖有騰躍，其贏不得過此，以利出者與取者過此則罰之，若今時加責取息坐臧。

凡屬責者，以其地傅而聽其辭。

鄭司農云：謂訟地畔界者，田地町畔相比屬，故謂之屬責，以地傳而聽其辭，以其比畔爲相證也。玄謂屬責，轉責使人歸之，而本主死亡，歸後之數相抵冒者也。以其地之人相比近能爲證者來，乃受其辭爲治之。○比，毗志反。

凡盜賊軍鄉邑及家人，殺之無罪。

鄭司農云：謂盜賊羣輩若軍共攻盜鄉邑及家人者，殺之無罪。若今時無故入人室宅廬舍，上人車船，牽引人欲犯法者，其時格殺之無罪。○上，時掌反。

凡報仇讎者，書於士，殺之無罪。

謂同國不相辟者，將殺之，必先言之於士。○辟音避。

若邦凶荒、札喪、寇戎之故，則令邦國、都家、縣鄙慮刑貶。

故書慮爲憲，貶爲窆。杜子春云：窆當爲禁，憲謂幡書以明之。玄謂慮，謀也。貶猶減也。謂當圖謀緩刑，且減國用，謂民困也。所貶視時爲多少之灋。○窆，波驗反。

司民掌登萬民之數，自生齒以上，皆書於版。辨其國中與其都鄙及其郊野，異其男女，歲登下其死生。

登，上也。男八月、女七月而生齒。版，今戶籍也。下猶去也。每歲更著生去死。○去，起呂反。著，丁略反。

及三年大比，以萬民之數詔司寇。司寇及孟冬祀司民之日，獻其數于王，王拜受之，登于天府。內史、司會、冢宰貳之，以贊王治。

鄭司農云：文昌宮三能，屬軒轅角，相與爲體。近文昌爲司命，次司中，次司祿，次司民。玄謂司民，軒轅角也。天府，主祖廟之藏者。贊，佐也。三官以貳佐王治者，當以民多少黜陟主民之吏。○能，吐才反。

周禮卷三十五

周禮卷三十六

漢大司農北海鄭　玄註

明　後學東吴葛　鼒訂

司寇刑官之職

司刑掌五刑之灋以麗萬民之罪墨罪五百劓罪五百宫罪五百刖罪五百殺罪五百

墨黥也先刻其面以墨窒之劓截其鼻也今東西夷或以墨劓爲俗古刑人亡逃者之世類與宫者丈夫則割其勢女子閉於宫中若今宦男女也刖斷足也周改臏作刖殺死刑也書傳曰決關梁踰城郭而略盜者其刑臏男女不以義交者其刑宫觸易君命革輿服制度姦軌盜攘傷人者其刑劓非事而事之出入不以道義而誦不詳之辭者其刑墨降畔寇賊劫略奪攘撟虔者其刑死此二千五百罪之目略也其刑書則亡夏刑大辟二百臏辟三百宫辟五百劓墨各千周則變焉所謂刑罰世輕世重者也鄭司農云漢孝文帝十三年除肉刑○劓魚器反室本又作湼同乃結反斷丁管反降戶江反撟居兆反

若司寇斷獄弊訟則以五刑之灋詔刑罰而以辨罪之輕重

詔刑罰者處其所應不如今律家所署灋矣

司刺掌三刺三宥三赦之灋以贊司寇聽獄訟

刺殺也訊而有罪則殺之宥寬也赦舍也

壹刺曰訊羣臣再刺曰訊羣吏三刺曰訊萬民

訊言

壹宥曰不識再宥曰過失三宥曰遺忘

鄭司農云不識謂愚民無所識則宥之過失若今律過失殺人不坐死玄謂識審也不審若今仇讎當報甲見乙誠以爲甲而殺之者過失若舉刃欲斫伐而軼中人者遺忘若閒帷薄忘有在焉而以兵矢投射之○忘音妄中丁仲反閒閒廁之閒射亦食反

壹赦曰幼弱再赦曰老旄三赦曰惷愚

惷愚生而癡騃童昏者鄭司農云幼弱老旄若今律令年未滿八歲八十以上非手殺人他皆不坐○耄本又作旄惷勑江反騃五駭反上時掌反

以此三灋者求民情斷民中而施上服下服之罪然後刑殺

上服殺與墨劓下服宫刖也司約職曰其不信者服墨刑凡行刑必先規識所刑之處乃後行之

司約掌邦國及萬民之約劑治神之約爲上治民之約次之治地之約次之治功之約次之治器之約次之治摯之約次之

此六約者諸侯以下至於民皆有焉劑謂券書也治者理其相抵冒上下之差也神約謂命祀郊社羣望及所祖宗也夔子不祀祝融楚人伐之民約謂征稅遷移仇讎既和若懷宗九姓在晉殷民六族七族在魯衛皆是也地約謂經界所至田萊之比也功約謂王功國功之屬賞爵所及也器約謂禮樂吉凶車服所得用也摯約謂玉帛禽鳥相與往來也○約於妙反比毗志反

凡大約劑書於宗彝小約劑書於丹圖

大約劑邦國約也書於宗廟之六彝欲神監焉小約劑萬民約也丹圖未聞或有彫器簠簋之屬有圖象者與春秋傳曰斐豹隸也著於丹書今俗語有鐵券丹書豈此舊典之遺言

若有訟者，則珥而辟藏，其不信者服墨刑。

鄭司農云：謂有爭訟罪罰刑書謬誤不正者，爲之開藏取本刑書以正之，當開時先祭之。玄謂訟，訟約，若宋仲幾、薛宰者也。辟藏，開府視約書。不信，不如約也。珥讀曰衈，謂殺雞取血釁其戶。○藏，才浪反。爲，于僞反。

若大亂，則六官辟藏，其不信者殺。

大亂謂僭約，若吳楚之君、晉文公請隧以葬者。六官辟藏，明罪大也。六官初受盟約之貳。

司盟掌盟載之灋。

載，盟辭也。盟者書其辭於策，殺牲取血，坎其牲，加書於上而埋之，謂之載書。春秋傳曰：宋寺人惠牆伊戾坎用牲，加書，爲世子痤與楚客盟。○痤，才戈反。

凡邦國有疑會同，則掌其盟約之載及其禮儀，北面詔明神；既盟，則貳之。

有疑，不協也。明神，神之明察者，謂日月山川也。覲禮加方明于壇上，所以依之也。詔之者，讀其載書以告之也。貳之者，寫副當以授六官。

盟萬民之犯命者，詛其不信者亦如之。

盟詛者，欲相與共惡之也。犯命，犯君教令也。不信，違約者也。春秋傳曰：臧紇犯門斬關以出，乃盟臧氏。又曰：鄭伯使卒出豭，行出犬雞，以詛射潁考叔者。○詛，側慮反。惡，烏路反。紇，恨發反。行，戶剛反。射，食亦反。

凡民之有約劑者，其貳在司盟。

貳之者，檢其自相違約。

有獄訟者，則使之盟詛。

不信則不敢聽此盟詛，所以省獄訟。

凡盟詛，各以其地域之衆庶共其牲而致焉；既盟，則爲司盟共祈酒脯。

使其邑閭出牲而來盟，既又使出酒脯，司盟爲之祈明神，使不信者必凶。○爲，于僞反。

職金掌凡金玉錫石丹青之戒令。

青，空青也。

受其入征者，辨其物之媺惡與其數量，楬而璽之；入其金錫于爲兵器之府，入其玉石丹青于守藏之府。

爲兵器者，攻金之工六也。守藏者，玉府、內府也。鄭司農云：受其入征者，謂主受采金玉錫石丹青者之租稅也。楬而璽之者，揭書其數量以著其物也。璽者，印也。既楬書揃其數量，又以印封之。今時之書有所表識，謂之楬櫫。○楬音竭。守音狩。著，直略反。揃音翦。識，申志反。

入其要。

要，凡數也。入之於大府。

掌受士之金罰、貨罰，入于司兵。

給治兵及工直也。貨，泉貝也。罰，贖也。書曰：金作贖刑。○贖音蜀。

旅于上帝，則共其金版；饗諸侯，亦如之。

鉼金謂之版。此版所施未聞。○鉼，必領反。

凡國有大故而用金石，則掌其令。

主其取之令也。用金石者，作槍雷椎椁之屬。○槍，七羊反。雷當爲礧，郎對反。椁，宅耕反。

司厲掌盜賊之任器、貨賄，辨其物，皆有數量，賈而揭之入于司兵。
鄭司農云：任器貨賄，謂盜賊所用傷人兵器及所盜財物也。入于司兵，若今時傷殺人所用兵器盜賊贓加責沒入縣官。○賈音嫁。

其奴男子入于罪隸，女子入于舂稾。
鄭司農云：謂坐為盜賊而為奴者，輸於罪隸、舂人、稾人之官也。由是觀之，今之為奴婢，古之罪人也。故書曰「予則奴戮汝」，論語曰「箕子為之奴」，罪隸之奴也。故春秋傳曰「斐豹，隸也，著於丹書。請焚丹書，我殺督戎」。恥為奴，欲焚其籍也。玄謂奴從坐而沒入縣官者，男女同名。○女音汝。

凡有爵者與七十者與未齔者，皆不為奴。
有爵，謂命士以上也。齔，毀齒也。男八歲、女七歲而毀齒。○上時掌反。

犬人掌犬牲。凡祭祀，共犬牲，用牷物。伏瘞亦如之。
鄭司農云：牷，純也。物，色也。伏，謂伏犬，以王車轢之。瘞，謂埋祭也。爾雅曰：祭地曰瘞埋。○牷音全。瘞於例反。轢音歷。

凡幾珥沈辜，用駹可也。
故書駹作龍。鄭司農云：幾讀為庪。爾雅曰：祭山曰庪縣，祭川曰浮沈。大宗伯職曰：以埋沈祭山川林澤，以疈辜祭四方百物。龍讀為駹，謂不純色也。玄謂幾讀為刉，珥當為衈。刉衈者，釁禮之事。○駹亡江反。庪九委反。縣音玄。疈劉孚逼反。

凡相犬、牽犬者屬焉，掌其政治。
相謂視擇知其善惡。○相息亮反。

司圜掌收教罷民。凡害人者，弗使冠飾，而加明刑焉，任之以事而收教之。能改者，上罪三年而舍，中罪二年而舍，下罪一年而舍。其不能改而出圜土者，殺。雖出，三年不齒。
弗使冠飾者，著墨幪，若古之象刑與？舍，釋之也。鄭司農云：罷民謂惡人不從化，為百姓所患苦而未入五刑者也。故曰凡害人者不使冠飾，任之以事，若今時罰作矣。○著丁略反。幪莫公反。

凡圜土之刑人也不虧體，其罰人也不虧財。
言其刑人但加以明刑，罰人但任之以事耳。鄭司農云：以此知其為民所苦而未入刑者也。故大司寇職曰：凡萬民之有罪過而未麗於法而害於州里者，桎梏而坐諸嘉石，役諸司空。又曰：以嘉石平罷民。國語曰：罷士無伍，罷女無家。言為惡無所容入也。玄謂圜土所收教者，過失害人已麗於法者。

掌囚掌守盜賊。凡囚者，上罪梏拲而桎，中罪桎梏，下罪梏，王之同族拲，有爵者桎，以待弊罪。
凡囚者，謂非盜賊自以他罪拘者也。鄭司農云：拲者，兩手共一木也；桎梏者，兩手各一木也。玄謂在手曰梏，在足曰桎。中罪不拲，手足各一木耳。下罪又去桎。王同族及命士以上，雖有上罪，或拲或桎而已。弊猶斷也。○梏古毒反。拲，漢書音義韋昭音拱，云兩手共一木曰拲，兩手各一木曰梏。桎之實反。

及刑殺，告刑于王，奉而適朝，士加明梏，以適市而刑殺之。
告刑于王，告王以今日當行刑及所刑姓名也。其死罪則曰某之罪在大辟，其刑罪則曰某之罪在小辟。奉而適朝者，重刑，為王欲有所赦，且當以付士。士，鄉士也。鄉士加明梏者，謂書其姓名及其罪於梏而著之也。囚時雖有無梏者，至於刑殺，皆設之，以適市就衆也。庶姓無爵者，皆刑殺於市。○為于僞反。著丁略反。

凡有爵者與王之同族。奉而適甸師氏以待刑殺。適甸師氏，亦由朝乃往也。待刑殺者，掌戮將自市來也。文王世子曰：雖親不以犯有司正術也，所以體異姓也。刑于隱者，不與國人慮兄弟也。

掌戮　掌斬殺賊諜而搏之。斬以鈇鉞，若今要斬也。殺以刀刃，若今棄市也。諜謂姦寇反閒者。賊與諜罪大者斬之，小者殺之。搏當爲膊諸城上之膊，字之誤也。膊謂去衣磔之。○要，一遙反。閒，間廁之間。去，起呂反。

凡殺其親者焚之。殺王之親者辜之。親，緦服以內也。焚，燒也。易曰：焚如死如棄如。辜之言枯也，謂磔之。

凡殺人者踣諸市。肆之三日。刑盜于市。踣，僵尸也。肆猶申也，陳也。凡言刑盜，罪惡莫大焉。○踣，皮北反。僵，居良反。

凡罪之麗於灋者亦如之。唯王之同族與有爵者。殺之于甸師氏。罪二千五百條，上附下附，刑五而已。於刑同科者，其刑殺之一也。

凡軍旅田役斬殺刑戮亦如之。戮謂膊焚辜肆。

墨者使守門。黥者無妨於禁御。

劓者使守關。截鼻亦無妨，以貌醜遠之。

宮者使守內。以其人道絕也，今世或然。

刖者使守囿。斷足驅衛禽獸，無急行。

髡者使守積。鄭司農云：髡當爲完，謂但居作三年，不虧體者也。玄謂此出五刑之中，而髡者必王之同族不宮者，宮之爲翦其類，髡頭而已。守積，積在隱者宜也。○積，子賜反。

司隸　掌五隸之灋。辨其物而掌其政令。五隸謂罪隸、四翟之隸也。物，衣服兵器之屬。

帥其民而搏盜賊。役國中之辱事。爲百官積任器。凡囚執人之事。民，五隸之民也。鄭司農云：百官所當任持之器物，此官主爲積聚之也。玄謂任猶用也。○爲百，于爲反。

邦有祭祀賓客喪紀之事。則役其煩辱之事。煩猶劇也。士喪禮下篇曰：隸人涅廁。○涅，乃結反。

掌帥四翟之隸。使之皆服其邦之服。執其邦之兵。守王宮與野舍之厲禁。野舍，王行所止舍也。厲，遮例也。○遮，章奢反。例，音烈。

罪隸　掌役百官府與凡有守者。掌使令之小事。役，給其小役。○令，力呈反。

凡封國若家。牛助爲牽徬。

鄭司農云凡封國若家謂建諸侯立大夫家也牛助爲牽徬此官主爲送致之也玄謂牛助國以牛助轉徙也罪隸牽徬之在前曰牽在旁曰徬○徬步浪反

其守王宮與其厲禁者如蠻隸之事。

蠻隸掌役校人養馬。其在王宮者執其國之兵以守王宮。在野外則守厲禁。

閩隸掌役畜養鳥而阜蕃教擾之。掌子則取隸焉。

杜子春云子當爲祀玄謂掌子者王立世子置臣使掌其家事而以閩隸役之

夷隸掌役牧人養牛馬與鳥言。

鄭司農云夷狄之人或曉鳥獸之言故春秋傳曰介葛盧聞牛鳴曰是生三犧皆用矣是以貉隸職掌與獸言

其守王宮者與其守厲禁者如蠻隸之事。

貉隸掌役服不氏而養獸而教擾之。掌與獸言。

不言阜蕃者猛獸不可服又不生乳於圈檻也○圈求阮反

其守王宮者與其守厲禁者如蠻隸之事。

秋官司寇下

布憲掌憲邦之刑禁。正月之吉執旌節以宣布于四方而憲邦之刑禁。以詰四方邦國及其都鄙達于四海。

憲表也謂縣之也刑禁者國之五禁所以左右刑罰者司寇正月布刑于天下正歲又縣其書于象魏布憲於司寇布刑則以旌節出宣令之於司寇縣書則亦縣之于門閭及都鄙邦國刑者王政所重故屢丁寧焉詰謹也使四方謹行之爾雅曰九夷八蠻六戎五狄謂之四海○縣音玄

凡邦之大事合衆庶則以刑禁號令。

禁殺戮掌司斬殺戮者凡傷人見血而不以告者攘獄者遏訟者以告而誅之。

司猶察也察此四者告於司寇罪之也斬殺戮謂吏民相斬相殺相戮者傷人見血見血乃爲傷人耳鄭司農云攘獄者距當獄者也遏訟者遏止欲訟者也玄謂攘猶卻也卻獄者言不受也

禁暴氏掌禁庶民之亂暴力正者撟誣犯禁者作言語而不信者以告而誅之。

民之好爲侵陵稱詐謾誕此三者亦刑所禁也力正以力彊得正也○撟居表反好呼報反誕音但

凡國聚衆庶則戮其犯禁者以徇。凡奚隸聚而出入者則司牧之。戮其犯禁者。

奚隸女奴男奴也其聚出入有所使

野廬氏掌達國道路至于四畿。

達謂巡行通之使不絕也去王城五百里曰畿○行下孟反

比國郊及野之道路。宿息。井樹。

比猶較也宿息廬之屬賓客所宿及晝止者也井共飲食樹爲蕃蔽

若有賓客則令守涂地之人聚欜之。有相翔者誅之。

守涂地之人道所生廬宿旁民也相翔猶昌翔覩伺者也鄭司農云聚欜之聚擊欜以宿衛之也有姦人相翔於賓客之側則誅之不得令寇盜賓客○欜音託令力呈反

凡道路之舟車轚互者敘而行之。

舟車轚互，謂於迫隘處也。車有轘轚抵閡，舟有砥柱之屬。其過之者，使以次敘之。○轚音計。抵，都禮反。砥音旨。

凡有節者及有爵者至，則為之辟。

辟，辟行人，亦使守涂地者。

禁野之橫行徑踰者。

皆為防姦也。橫行，妄由田中。徑踰，射邪趨疾，越堤渠也。○射，食亦反。

凡國之大事，比修除道路者。

比，校治道者名，若今次金敘大功。

掌凡道禁。

禁，謂若今絕蒙布巾、持兵杖之屬。

邦之大師，則令埽道路，且以幾禁行作不時者、不物者。

不時，謂不夙則莫者也。不物，謂衣服操持非比常人也。幾禁之者，備姦人、內賊及反間。○莫音暮。間，間廁之間。

蜡氏除掌骴。

曲禮：四足死者曰漬。故書骴作脊。鄭司農云：脊讀為殰，謂死人骨也。月令曰：掩骼埋胔，骨之尚有肉者也。及禽獸之骨皆是。○蜡，清預反。骴，似賜反，注殰、胔皆同。殰又作漬。脊，子亦反。骼，古百反。

凡國之大祭祀，令州里除不蠲，禁刑者、任人及凶服者，以及郊野，大師、大賓客亦如之。

蠲讀如吉圭惟饎之圭。圭，潔也。刑者，黥劓之屬。任人，司圜所收教罷民也。凶服，服衰絰也。此所禁除者，皆為不欲見人所薉惡也。○蠲，古玄反。饎，昌志反。罷音皮。衰，七雷反。為，于偽反。薉，紆廢反，今本多作穢。惡，烏路反。

若有死於道路者，則令埋而置楬焉，書其日月焉，縣其衣服任器于有地之官，以待其人。

有地之官，主此地之吏也。其人，其家人也。鄭司農云：楬欲令其識取之，今時楬櫫是也。有地之官，有郡界之吏，今時鄉亭是也。○楬音竭。縣音玄。

掌凡國之骴禁。

禁，謂孟春掩骼埋胔之屬。

雍氏掌溝瀆澮池之禁，凡害於國稼者，春令為阱擭溝瀆之利於民者，秋令塞阱杜擭。

溝瀆澮，田間通水者也。池，謂陂障之水道也。害於國稼，謂水潦及禽獸也。阱，穿地為塹，所以禦禽獸，其或超踰則陷焉，世謂之陷阱。擭，柞鄂也。堅地阱淺，則設柞鄂於其中。秋而杜塞阱擭，收刈之時，為其陷害人也。書粊誓曰：斁乃擭，敜乃阱。時秋也。伯禽以出師征徐戎。○擭，胡化反。塹，七豔反，本又作壍。柞，才伯反。粊音祕。斁音杜。敜，乃協反，又乃結反，徐、劉本作郤，音徐乃

禁山之為苑、澤之沈者。

為其就禽獸魚鱉自然之居而害之。鄭司農云：不得擅為苑囿於山也。澤之沈者，謂毒魚及水蟲之屬。

萍氏掌國之水禁。

水禁，謂水中害人之處及入水捕魚鱉不時。

幾酒。

苛察沽買過多及非時者。

謹酒。

使民節用酒也。書酒誥曰有政有事無彝酒。

禁川游者。

備波洋卒至沈溺也。○卒，寸忽反。

司寤氏掌夜時。

夜時謂夜晚早，若今甲乙至戊。

以星分夜，以詔夜士夜禁。

夜士，主行夜徼候者，如今都候之屬。○行，下孟反。徼，古弔反。

禦晨行者，禁宵行者、夜遊者。

備其遭寇害及謀非公事。禦亦禁也，謂遏止之，無刑法也。晨，先明也。宵，定昏也。書曰宵中星虛。春秋傳曰夜中星隕如雨。○先，悉薦反。

司烜氏掌以夫遂取明火於日，以鑒取明水於月，以共祭祀之明齍、明燭，共明水。

夫遂，陽遂也。鑒，鏡屬，取水者，世謂之方諸。取日之火、月之水，欲得陰陽之絜氣也。明燭以照饌陳，明水以爲玄酒。○鄭司農云：夫，發聲。明齍謂以明水脩滌粢盛黍稷。○夫，方符反，司農音符。齍音資，注作粢，同。

凡邦之大事，共墳燭庭燎。

故書墳爲蕡。鄭司農云：蕡燭，麻燭也。玄謂墳，大也。樹於門外曰大燭，於門內曰庭燎，皆所以照衆爲明。○蕡，扶于反。

中春以木鐸修火禁于國中。

爲季春將出火也。火禁，謂用火之處及備風燥。○中音仲。

軍旅修火禁。邦若屋誅，則爲明竁焉。

鄭司農云：屋誅謂夷三族，無親屬收葬者，故爲葬之也。三夫爲屋，一家田爲一夫，以此知三家也。玄謂屋讀如其刑剭之剭。剭誅謂所殺不於市，而以適甸師氏者也。明竁，若今揭頭明書其罪法也。司烜掌明竁，則罪人夜葬與。○竁，昌銳反。剭音握。

周禮卷三十六

周禮卷三十七

漢大司農北海鄭　玄註

明　後學東吳金　蟠訂

司寇刑官之職

條狼氏掌執鞭以趨辟。王出入則八人夾道。公則六人。侯伯則四人。子男則二人。趨辟趨而辟行人若今卒辟車之為也孔子曰富而可求雖執鞭之士吾亦為之言士之賤也○趨辟七須反下婢亦反又音避卒子忽反

凡誓。執鞭以趨於前。且命之。誓僕右曰殺。誓馭曰車轘。誓大夫曰敢不關。鞭五百。誓師曰三百。誓邦之大史曰殺。誓小史曰墨。前謂所誓衆之行前也有司讀誓辭則大言其刑以警所誓也誓者謂出軍及將祭祀時也出軍之誓誓左右及馭則書之甘誓備矣郊特牲說祭祀之誓誓曰卜之日王立于澤親聽誓命受教諫之義也車轘謂車裂也御樂御也大史小史主禮事者鄭司農云誓大夫曰敢不關謂不關於君也玄謂大夫自受命以出則其餘事莫不復請○轘戶串反一音環大音泰注同行戶剛反警京領反復請上音服下音情

修閭氏掌比國中宿互𣚬者。與其國粥。而比其追胥者。而賞罰之。國中城中也粥養也國所游養謂羨卒也追逐寇也胥讀為偦故書互為巨鄭司農云宿謂宿衛也巨當為互謂行馬所以障互禁止人也𣚬謂行夜擊𣚬○比毗志反宿如字劉息就反粥音育偦音胥又息呂反

禁徑踰者。與以兵革趨行者。與馳騁於國中者。皆為其惑衆

邦有故。則令守其閭互。唯執節者不幾。令者令其閭內之閭胥里宰之屬

冥氏掌設弧張。弧張罿罦之屬所以扃絹禽獸○冥音覓罿冒容反罦音浮扃古熒反絹古大反

為阱擭以攻猛獸。以靈鼓敺之。靈鼓六面鼓犬之使驚趨阱擭○敺丘于反後同

若得其獸。則獻其皮革齒須備。鄭司農云須直謂頤下須備謂搔也

庶氏掌除毒蠱。以攻說禬之。嘉草攻之。毒蠱蠱物而病害人者賊律曰敢蠱人及教令者棄市攻說祈名祈其神求去之也嘉草藥物其狀未聞攻之謂燻之鄭司農云禬除也玄謂此禬讀如潰癰之潰○庶章預反毒蠱音古禬音潰戶內反去起呂反燻許云反

凡敺蠱。則令之比之。使為之又校次之

穴氏掌攻蟄獸。各以其物火之。蟄獸熊羆之屬冬藏者也將攻之必先燒其所食之物於穴外以誘出之乃可得之

以時獻其珍異皮革。

翨氏掌攻猛鳥。各以其物爲媒而掎之。
猛鳥鷹隼之屬置其所食之物於絹中鳥來下則掎其脚○掎居綺反隼息允反

以時獻其羽翮。

柞氏掌攻草木及林麓。
林人所養者山足曰麓○柞側百反麓音鹿

夏日至。令刊陽木而火之。冬日至。令剝陰木而水之。
刊剝互言耳皆謂斫去次地之皮生山南爲陽木生山北爲陰木火之水之則使其肄不生○刊苦干反去起呂反肄以四反

若欲其化也。則春秋變其水火。
化猶生也謂時以種穀也變其水火者乃所火則水之所水則火之則其土和美

凡攻木者。掌其政令。
除木有時

薙氏掌殺草。春始生而萌之。夏日至而夷之。秋繩而芟之。冬日至而耜之。
故書萌作甍杜子春云甍當爲萌謂耕反其萌芽書亦或爲萌玄謂萌之者以茲其斫其生者夷之以鉤鎌迫地芟之也若今取茭矣含實曰繩芟其繩則實不成熟耜之以耜側凍土剗之○繩音孕以證反芟所銜反甍音萌茲音基鎌音廉茭音交剗初產反劉則展反

若欲其化也。則以水火變之。
謂以火燒其所芟萌之草已而水之則其土亦和美矣月令季夏燒薙行水利以殺草如以熱湯是其一時著之

掌凡殺草之政令。

硩蔟氏掌覆夭鳥之巢。
覆猶毀也夭鳥惡鳴之鳥若鴞鵩○覆芳復反夭音妖鴞于嬌反鵩音服

以方書十日之號。十有二辰之號。十有二月之號。十有二歲之號。二十有八星之號。縣其巢上。則去之。
方版也日謂從甲至癸辰謂從子至亥月謂從娵至荼歲謂從攝提格至赤奮若星謂從角至軫夭鳥見此五者而去其詳未聞○縣音玄娵徐劉竝子須反荼音餘又音徒

翦氏掌除蠹物。以攻禜攻之。以莽草熏之。
蠹物穿食人器物者蟲魚亦是也攻禜祈名莽草藥物殺蟲者以熏之則死故書蠹爲橐杜子春云橐當爲蠹○蠹丁故反劉音貢禜音詠莽亡蕩反橐古毛反本或作貢他各反

凡庶蠱之事。
庶除毒蠱者蠱蠹之類或熏以莽草則去○庶章預反

赤犮氏掌除牆屋。以蜃炭攻之。以灰洒毒之。
洒灑也除牆屋者除蟲豸藏逃其中者蜃大蛤也擣其炭以坋之則走淳之以灑之則死故書蜃爲晨鄭司農云晨當爲蜃書亦或爲蜃○蜃市軫反洒色買反豸直氏反坋蒲悶反淳之純反

凡隙屋。除其貍蟲。
貍蟲䗪肌求之屬○貍莫皆反䗪草夜反肌居其反求本或作蛷音求

蟈氏掌去鼃黽。焚牡蘜。以灰洒之則死。
牡蘜蘜不華者齊魯之閒謂鼃爲蟈黽耿黽也蟈與耿黽尤怒鳴爲聒人耳去之○去起呂反鼃戶媧反黽莫辛反蘜弓六反爲聒于僞反下古活反

以其煙被之。則凡水蟲無聲。

杜子春云，假令風從東方來，則於水東面爲煙，令煙西行，被之水上。○被，皮義反。令，力呈反。

壺涿氏掌除水蟲。以炮土之鼓敺之。以焚石投之。

水蟲，狐蜮之屬。故書炮作泡，杜子春讀炮爲苞，有苦葉之苞。玄謂燔之炮之。炮土之鼓，瓦鼓也。焚石投之，使驚去。○炮，步交反，注泡苞同。蜮音或。燔音煩。

若欲殺其神，則以牡橭午貫象齒而沈之。則其神死，淵爲陵。

神，謂水神龍罔象。故書橭爲梓，午爲五。杜子春云，梓當爲橭，橭讀爲枯。枯，榆木名。書或爲樗。又云，五貫當爲午貫。○橭音沽，杜讀爲枯。梓音子，本或作梓。樗，丑居反。

庭氏掌射國中之夭鳥。若不見其鳥獸，則以救日之弓與救月之矢射之。

不見鳥獸，謂夜來鳴呼爲怪者。獸，狐狼之屬。鄭司農云，救日之弓，救月之矢，謂日月食所作弓矢。玄謂日月之食，陰陽相勝之變也。於日食則射大陰，月食則射大陽與。○射，食亦反。大音泰。

若神也，則以大陰之弓與枉矢射之。

神，謂非鳥獸之聲，若或叫于宋大廟譆譆出出者。太陰之弓，救月之弓。枉矢，救日之矢。與，不言救月之弓與救日之矢者，互言之。救日用枉矢，則救月以恆矢可知也。○譆，許其反。詘音出，本亦作出。

銜枚氏掌司囂。

察囂讙者，與其聒亂在朝者之言語。○囂，五羔反。讙，呼丸反。朝，直遙反。

國之大祭祀，令禁無囂。

令，令主祭祀者。

軍旅田役，命銜枚。

爲其言語以相誤。

禁嘂呼歎鳴於國中者，行歌哭於國中之道者。

爲其惑衆相感動。鳴，吟也。○嘂音叫。吟，魚今反。

伊耆氏掌國之大祭祀，共其杖咸。

咸讀爲函。老臣雖杖於朝，事鬼神尚敬，去之。有司以此函藏之，既事乃授之。○函音咸。去，起呂反。

軍旅，授有爵者杖。

別吏卒，且以扶尊者。將軍杖鉞。○別，彼列反。卒，子忽反。杖，直亮反，又音丈。鉞音越。

共王之齒杖。

王之所以賜老者之杖。鄭司農云，謂年七十當以王命受杖者，今時亦命之爲王杖。玄謂王制曰，五十杖於家，六十杖於鄉，七十杖於國，八十杖於朝。

大行人掌大賓之禮及大客之儀，以親諸侯。

大賓，要服以內諸侯。大客，謂其孤卿。○要，於遙反。

春朝諸侯而圖天下之事，秋覲以比邦國之功，夏宗以陳天下之謨，冬遇以協諸侯之慮，時會以發四方之禁，殷同以施天下之政。

此六事者，以王見諸侯爲文。圖、比、陳、協，皆考績之言。王者春見諸侯，則圖其事之可否；秋見諸侯，則比其功之高下；夏見諸侯，則陳其謀之是非；冬見諸侯，則合其慮之異同。六服以其朝歲，四時分來，更迭如此而徧。時會即時見也，無常期。諸侯有不順服者，王將有征討之事，則既朝，王命爲壇於國外，合諸侯而發禁命事焉。禁，謂九伐之法。殷同即殷見也。王十二歲一巡守，若不巡守，則殷同。殷同者六服盡朝既朝王亦命為壇於國外合諸侯而命其政政謂邦國之九法殷同四方四時分來歲終則徧矣九伐九法皆在司馬職司馬法曰春以禮朝諸侯圖同事夏以禮宗諸侯陳同謀秋以禮覲諸侯比同功冬以禮遇諸侯圖同慮時以禮會諸侯施同政殷以禮宗諸侯發同禁○朝直遙反比毗志反戚如字更音庚迭直結反徧音遍見賢遍反下殷見同

時聘以結諸侯之好。殷覜以除邦國之慝。

此二事者亦以王見諸侯之臣使來者為文也時聘者亦無常期天子有事諸侯使大夫來聘親以禮見之禮而遣之所以結其恩好也天子無事則已殷覜謂一服朝之歲也慝猶惡禮一服朝之歲五服諸侯皆使卿以聘禮來覜天子天子以禮見之命以政禁之事所以除其惡行○好呼報反覜通弔反慝吐得反使色吏反行下孟反

間問以諭諸侯之志。歸脤以交諸侯之福。賀慶以贊諸侯之喜。致禬以補諸侯之烖。

此四者王使臣於諸侯之禮也間問者間歲一問諸侯謂存省之屬諭諸侯之志者諭言語諭書名其類也交或往或來者也贊助也致禬凶禮之弔禮禬禮也補諸侯烖者若春秋澶淵之會謀歸宋財○脤上忍反禬音會澶市然反

以九儀辨諸侯之命。等諸臣之爵。以同邦國之禮。而待其賓客。

九儀謂命者五公侯伯子男也爵者四孤卿大夫士也

上公之禮。執桓圭九寸。繅藉九寸。冕服九章。建常九斿。樊纓九就。貳車九乘。介九人。禮九牢。其朝位賓主之閒九十步。立當車軹。擯者五人。廟中將幣。三享。王禮再祼而酢。饗禮九獻。食禮九舉。出入五積。三問三勞。諸侯之禮。執信圭七寸。繅藉七寸。冕服七章。建常七斿。樊纓七就。貳車七乘。介七人。禮七牢。朝位賓主之閒七十步。立當前疾。擯者四人。廟中將幣。三享。王禮壹祼而酢。饗禮七獻。食禮七舉。出入四積。再問再勞。諸伯執躬圭。其他皆如諸侯之禮。諸子執穀璧五寸。繅藉五寸。冕服五章。建常五斿。樊纓五就。貳車五乘。介五人。禮五牢。朝位賓主之閒五十步。立當車衡。擯者三人。廟中將幣。三享。王禮壹祼不酢。饗禮五獻。食禮五舉。出入三積。壹問壹勞。諸男執蒲璧。其他皆如諸子之禮。

繅藉以五采韋衣板若奠玉則以藉之冕服著冕所服之衣也九章者自山龍以下七章者自華蟲以下五章者自宗彝以下也常旌旗也斿其屬縿垂者也樊纓馬飾也以罽飾之每一處五采備為一就就成也貳副也介輔己行禮者也禮大禮饗飾也三牲備為一牢朝位謂大門外賓下車及王車出迎所立處也王始立大門內交擯三辭乃乘車而迎之齊僕為之節上公立當軹侯伯立當疾子男立當衡王立當軫與廟受命祖之廟也饗設盛禮以飲賓也問問不恙也勞謂苦倦之也皆有禮以幣致之故書祼作果鄭司農云車軹軹也三享三獻也祼讀為灌再灌再飲公也而酢報飲王也舉舉樂也出入五積謂饋之芻米也前疾謂駟馬車轅前胡下垂拄地者玄謂三享皆束帛加璧庭實惟國所有朝士儀曰奉國地所出重物而獻之明臣職也朝先享不言朝者朝正禮不嫌有等也王禮王以鬱鬯禮賓也鬱人職曰凡祭祀賓客之祼事和鬱鬯以實彝而陳之禮者使宗伯攝酌

圭瓚而祼王既拜送爵又攝酌璋瓚而祼后又拜送爵是謂再祼再祼賓乃酢王也禮侯伯一祼而酢者祼賓賓酢王而已后不祼也禮子男一祼不酢者祼賓而已不酢王也不酢之禮聘禮禮賓是與九舉舉牲體九飯也出入謂從來訖去也每積有牢禮米禾芻薪凡數不同者皆降殺○繅音藻藉在夜反斿音留乘繩證反介音界軹之氏反擯必忍反祼古亂反酢才洛反食音嗣積子賜反勞老報反信音申衣於既反著丁略反屬章玉反縿音衫罽居例反齊側皆反與音餘飲於鴆反恙羊尚反拄張矩反飯扶晚反殺色界反

凡大國之孤。執皮帛以繼小國之君。出入三積。不問壹勞。朝位當車前。不交擯。廟中無相。以酒禮之。其他皆眡小國之君。

此以君命來聘者也孤尊既聘享更自以其贄見執束帛而已豹皮表之爲飾繼小國之君言次之也朝聘之禮每一國畢乃前不交擯者不使介傳辭交于王之擯親自對擯者也廟中無相介皆入門西上而立不前相禮者聘之介是與以酒禮之酒謂齊酒也和之不用鬱鬯耳其他謂貳車及介牢禮賓主之間擯者將幣祼酢饗食之數○相息亮反李息丈反摯本又作贄音至見賢遍反傳直專反齊才計反

凡諸侯之卿。其禮各下其君二等以下。及其大夫士皆如之。

此亦以君命來聘者也所下其君者介與朝位賓主之間也其餘則自以其爵聘義曰上公七介侯伯五介子男三介是謂使卿之聘之數也朝位則上公七十步侯伯五十步子男三十步與

邦畿方千里。其外方五百里。謂之侯服。歲壹見。其貢祀物。又其外方五百里。謂之甸服。二歲壹見。其貢嬪物。又其外方五百里。謂之男服。三歲壹見。其貢器物。又其外方五百里。謂之采服。四歲壹見。其貢服物。又其外方五百里。謂之衞服。五歲壹見。其貢材物。又其外方五百里。謂之要服。六歲壹見。其貢貨物。

要服蠻服也此六服去王城三千五百里相距方七千里公侯伯子男封焉其朝貢之歲四方各四分趨四時而來或朝春或宗夏或覲秋或遇冬祀貢者犧牲之屬故書嬪作頻鄭司農云嬪物婦人所爲物也爾雅曰嬪婦也玄謂嬪物絲枲也器物尊彝之屬服物玄纁絺纊也材物八材也貨物龜貝也○嬪婢人反絺勑之反纊音曠

九州之外。謂之蕃國。世壹見。各以其所貴寶爲摯。

九州之外夷服鎮服蕃服也曲禮曰其在東夷北狄西戎南蠻雖大曰子春秋傳曰杞伯也以夷禮故曰子然則九州之外其君皆子男也無朝貢之歲父死子立及嗣王即位乃一來耳各以其所貴寶爲贄則蕃國之君無執玉瑞者是以謂其君爲小賓臣爲小客所貴寶見傳者若犬戎獻白狼白鹿是也其餘則周書王會備焉○見傳上賢遍反下直戀反

王之所以撫邦國諸侯者。歲徧存。三歲徧頫。五歲徧省。七歲屬象胥。諭言語。協辭命。九歲屬瞽史。諭書名。聽聲音。十有一歲達瑞節。同度量。成牢禮。同數器。修灋則。十有二歲王巡守殷國。

撫猶安也存頫省者王使臣於諸侯之禮所謂間問也歲者巡守之明歲以爲始也屬猶聚也自五歲之後遂間歲徧省也七歲省而召其象胥九歲省而召其瞽史皆聚於天子之宮教習之也故書協辭命作叶詞命鄭司農云象胥譯官也叶當爲汁詞當爲辭書或爲叶辭命玄謂胥讀爲諝王制

曰五方之民言語不通嗜慾不同達其志通其慾東方曰寄南方曰象西方曰狄鞮北方曰譯此其官
正爲象者周始有越重譯而來獻是因通言語之官爲象胥云謂象胥之有才知者也辭命六辭之
命也瞽樂師也史太史小史也書名書文字也古曰名聘禮曰百名以上至十一歲又偏省焉度丈
尺也量豆區釜也數器銓衡也灋八灋也則八則也達同成修皆謂齊其灋式行至則齊等之也成
平也平其僭踰者也王巡守諸侯會者各以其時之方書曰遂覲東后是也其殷國則四方四時分
來如平時○屬章東反叶音協詞音辭譯音亦汁之十反又音協諧思敘反嗜市志反慾音欲覲丁
兮反重直龍反知音智齎子兮反

凡諸侯之王事辨其位正其等協其禮賓而見之

王事以王之事來也詩云莫敢不來王孟子曰諸侯有王

若有大喪則詔相諸侯之禮

詔相左右教告之也○相息亮反

若有四方之大事則受其幣聽其辭

四方之大事謂國有兵寇諸侯來告急者禮動不虛皆有贄幣以崇敬也受之以其事入告王也聘
禮曰若有言則以東帛如享禮

凡諸侯之邦交歲相問也殷相聘也世相朝也

小聘曰問殷中也久無事又於殷朝者及而相聘也父死子立曰世凡君卽位大國朝焉小國聘焉
此皆所以習禮考義正刑一德以尊天子也必擇有道之國而就脩之鄭司農說殷聘以春秋傳曰
孟僖子如齊殷聘是也

〔小行人〕掌邦國賓客之禮籍以待四方之使者

禮籍名位尊卑之書使者諸侯之臣使來者也○使色吏反

令諸侯春入貢秋獻功王親受之各以其國之籍禮之

貢六服所貢也功考績之功也秋獻之若今計文書斷於九月其舊法

凡諸侯入王則逆勞于畿

鄭司農云入王朝於王也故春秋傳曰宋公不王又曰諸侯有王王有巡守

及郊勞眡館將幣爲承而擯

眡館致館也承猶丞也王使勞賓於郊致館於賓至將幣使宗伯爲上擯皆爲之丞而擯之

凡四方之使者大客則擯小客則受其幣而聽其辭

擯者擯而見之王使得親言也受其幣者受之以入告其所爲來之事

使適四方協九儀賓客之禮朝覲宗遇會同君之禮也存覜省聘問臣之禮也

適之也協合也

達天下之六節山國用虎節上國用人節澤國用龍節皆以金爲之道路用旌節門關用符節都鄙用管節皆以竹爲之

此謂邦國之節也達之者使之四方亦皆齎法式以齊等之也諸侯使臣行頫聘則以金節授之以
爲行道之信也虎人龍者自其國象也道路謂鄉遂大夫也都鄙者公之子弟及鄉大夫之采地之
吏也凡邦國之民遠出至他邦他邦之民若來入由國門者門人爲之節由關者關人爲之節其以
徵令及家徙鄉遂大夫及采地吏爲之節皆使人執節將之以達之亦有期以反節管節如今之竹
使符也其有商者通之以符節如門關門關者與市聯事節可同也亦所以異於畿內也凡節有天

子法式存於國

成六瑞王用瑱圭公用桓圭侯用信圭伯用躬圭子用穀璧男用蒲璧

成平也瑞信也皆朝見所執以爲信○瑱吐電反

合六幣圭以馬璋以皮璧以帛琮以錦琥以繡璜以黼此六物者以和諸侯之好故

合同也六幣所以享也五等諸侯享天子用璧享后用琮其大各如其瑞皆有庭實以馬若皮皮虎豹皮也用圭璋者二王之後也二王後尊故享用圭璋而特之禮器曰圭璋特義亦通於此其於諸侯亦用璧琮耳子男於諸侯則享用琥璜下其瑞也凡二王後諸侯相享之玉大小各降其瑞一等及使卿大夫頫聘亦如之○琮才宗反琥音虎璜音黃好呼報反

若國札喪則令賻補之若國凶荒則令賙委之若國師役則令槁襘之若國有福事則令慶賀之若國有禍烖則令哀弔之凡此五物者治其事故

故書賻作傅槁爲藁鄭司農云賻補之謂賻喪家補助其不足也若今時一室二尸則官與之棺也藁當爲槁謂槁師也玄謂師役者國有兵寇以匱病者也使鄰國合會財貨以與之春秋定五年夏歸粟於蔡是也宗伯職曰以襘禮哀圍敗禍烖水火○槁苦報反襘音會藁古老反

及其萬民之利害爲一書其禮俗政事教治刑禁之逆順爲一書其悖逆暴亂作慝猶犯令者爲一書其札喪凶荒厄貧爲一書其康樂和親安平爲一書凡此五物者每國辨異之以反命于王以周知天下之故

慝惡也猶圖也○治直吏反樂音洛

周禮卷三十七

周禮卷三十八

漢大司農北海鄭　玄註

明　後學東吳葛　鼒訂

司寇刑官之職

司儀掌九儀之賓客擯相之禮，以詔儀容辭令揖讓之節。出接賓曰擯，入贊禮曰相。以詔者，以禮告王。

將合諸侯，則令為壇三成，宮旁一門。合諸侯，謂有事而會也。為壇于國外以命事。宮，謂壝土以為牆處，所謂為壇壝宮也。天子春帥諸侯拜日於東郊，則為壇於國東；夏禮日於南郊，則為壇於國南；秋禮山川丘陵於西郊，則為壇於國西；冬禮月四瀆於北郊，則為壇於國北。既拜禮而還，加方明於壇上而祀焉，所以教尊尊也。覲禮曰：「諸侯覲于天子，為宮方三百步，四門，壇十有二尋，深四尺」是也。王巡守殷國而同，則其為宮亦如此與？鄭司農云：三成，三重也。爾雅曰：「丘一成為敦丘，再成為陶丘，三成為昆侖丘。」謂三重。○壝，惟癸反。重，直龍反。

詔王儀，南鄉見諸侯，土揖庶姓，時揖異姓，天揖同姓。謂王既祀方明，諸侯上介皆奉其君之旂置于宮，乃詔王升壇，諸侯皆就其旂而立。諸公中階之前北面東上，諸侯東階之東西面北上，諸伯西階之西東面北上，諸子門東北面東上，諸男門西北面東上。王揖之者，定其位也。庶姓，無親者也。土揖，推手小下之也。異姓，婚姻也。時揖，平推手也。衛將軍文子曰：「獨居思仁，公善言義，其聞詩也，一日三復白圭之玷，是南宮縚之行也。夫子信其仁，以為異姓，故妻之也。」天揖，推手小舉之。○縚，吐刀反。行，下孟反。

及其擯之，各以其禮，公於上等，侯於中等，子男於下等。謂執玉而前見於王也。擯之各以其禮者，謂擯公者五人，侯伯四人，子男三人也。上等、中等、下等者，謂所奠玉處也。壇三成，深四尺，則一等一尺也。壇十有二尋，方九十六尺，則堂上二丈四尺，每等丈二尺。與諸侯各於其等奠玉，降拜，升成拜，明臣禮也。既乃升堂受王玉。

其將幣亦如之，其禮亦如之。將幣，享也。禮，謂以鬱鬯祼之也。皆於其等之上。

王燕，則諸侯毛。謂以須髮坐也。朝事尊尊上爵，燕則親親上齒。鄭司農云：謂老者在上也。老者二毛，故曰毛。

凡諸公相為賓。謂相朝也。

主國五積，三問，皆三辭拜受，皆旅擯，再勞，三辭，三揖，登，拜受，拜送。賓所停止則積，間關則問，行道則勞，其禮皆使卿大夫致之，從來至去數如此也。三辭，辭其以禮來於外也。積問不言登，受之於庭也。鄭司農云：旅讀為「旅於泰山」之旅，謂九人傳辭，相授於上下，竟問。賓從末上行，介還受上傳之。玄謂旅讀為鴻臚之臚。臚，陳之也。賓之介九人，使者七人，皆陳擯位，不傳辭也。賓之上介出請，使者則前對，位皆當其末擯焉。三揖，謂庭中時也。拜送，送使者。○末上，時掌反。下「上傳」「上車」同。

主君郊勞，交擯，三辭，車逆，拜辱，三揖，三辭，拜受，車送，三還，再拜。

主君郊勞，備三勞而親之也。鄭司農云：交擯三辭，謂賓主之擯者俱三辭也。車逆，主人以車迎賓於館也。拜辱，賓拜謝辱也。玄謂交擯者，各陳九介，使傳辭也。車迎拜辱者，賓以主君親來，乘車出舍門而迎之，若欲遠就之，然後見之，則下拜迎，謝其自屈辱來也。至欲去，又出車，若欲遠送，然主君三還辭之，乃再拜送之也。車送迎之節，各以其等，則諸公九十步，立當車軹也。三辭，重者先辭，辭其以禮來於外，後辭辭升堂。

致館亦如之。

館，舍也。使大夫授之，君又以禮親致焉。

致飧如致積之禮。

俱使大夫，禮同也。飧，食也。小禮曰飧，大禮曰饔餼。

及將幣，交擯，三辭，車逆，拜辱，賓車進，答拜，三揖三讓，每門止一相，及廟，唯上相入，賓三揖三讓，登，再拜，授幣，賓拜送幣，每事如初，賓亦如之，及出，車送，三請三進，再拜，賓三還三辭，告辟。

鄭司農云：交擯，擯者交也。賓車進答拜，賓上車進，主人乃答其拜也。及出車送，三請，主人三請留賓也。三進，進隨賓也。賓三還三辭，告辟，賓三還辭謝，言已辟去也。玄謂既三辭，主君則乘車出大門而迎賓，見之而下拜其辱，賓車乃前，下答拜也。三揖者，相去九十步揖之，使前也，至而三讓，讓入門也。相，謂主君擯者及賓之介也。謂之相者，於外傳辭耳，入門當以禮詔侑也。介，紹而傳命者。君子於其所尊，不敢質，敬之至也。每門止一相，彌相親也。君入門，介拂闑，大夫中棖與闑之間，士介拂棖，此爲介厲行相隨也。止之者，絶行在後耳。賓三揖三讓，讓升也。登再拜，授幣，授當爲受，主人拜至，且受玉也。每事如初，謂享及有言也。賓當爲儐，謂以鬱鬯禮賓也。上於下曰禮，敵者曰儐。禮器曰：諸侯相朝，灌用鬱鬯，無籩豆之薦，謂此朝禮畢，儐賓也。三請三進，請賓就車也。主君每一請，車一進，欲遠送之也。三還三辭，主君一請者，賓亦一還一辭。○賓拜音擯，下賓使者同。辟，劉薄歷反。辟音避。闑，魚列反。棖，直庚反。行，戶剛反。

致饔餼、還圭、饗食、致贈、郊送，皆如將幣之儀。

此六禮者，惟饗食速賓耳，其餘主君親往。親往者，賓爲主人，主人爲賓。君如有故，不親饗食，則使大夫以酬幣、侑幣致之。鄭司農云：還圭，歸其玉也。故公子重耳受飧反璧。玄謂聘以圭璋，禮也；享以璧琮，財也。已聘而還圭璋，輕財而重禮。贈送以財，既贈，又送至于郊。○還音環。食音嗣。

賓之拜禮：拜饔餼，拜饗食。

鄭司農云：賓之拜禮者，因言賓所當拜者之禮也。所當拜者，拜饔餼，拜饗食。玄謂賓將去，就朝拜謝。此三禮，三禮之重者也。賓既拜，主君乃至館贈之，去，又送之于郊。

賓繼主君，皆如主國之禮。

鄭司農云：賓繼主君，復主人之禮費也，故曰皆如主國之禮。玄謂繼主君者，儐主君也。儐之者，主君郊勞、致館、饗餼、還圭、贈、郊送之時也。如其禮者，謂玉帛皮馬也。有饌陳之積者，不如也。若饗食，主君及燕亦速焉。○費，芳味反。

諸侯、諸伯、諸子、諸男之相爲賓也，各以其禮相待也，如諸公之儀。

賓主相待之儀，與諸公同也。饗餼、饗食之禮，則有降殺。○殺，色界反。

諸公之臣相爲國客，

謂相聘也。

則三積，皆三辭拜受。

受者受之於庭也侯伯之臣不致擯

及大夫郊勞。旅擯。三辭。拜辱。三讓。登聽命。下拜。登受。賓使者如初之儀。及退。拜送。

登聽命賓登堂也賓當爲擯勞用束帛擯用束錦侯伯之臣受勞於庭

致館如初之儀。

如郊勞也不儐耳侯伯之臣致館于庭不言致飧者君於聘大夫不致飧也聘禮曰飧不致賓不拜

及將幣。旅擯。三辭。拜逆。客辟。三揖。每門止一相。及廟。唯君相入。三讓。客登。拜。客三辟。授幣。下出。每事如初之儀。

客辟逡遁不答拜也惟君相入客臣也相不入矣拜主君拜客至也客三辟三退負序也每事享及有言

及禮。私面。私獻。皆再拜稽首。君答拜。

禮以醴禮客私面私覿也既覿則或有私獻者鄭司農云說私面以春秋傳曰楚公子棄疾見鄭伯以其乘馬私面

出。及中門之外。問君。客再拜對。君拜。客辟而對。君問大夫。客對。君勞客。客再拜稽首。君答拜。客趨辟。

中門之外即大門之內也問君曰君不恙乎對曰使臣之來寡君命臣于庭問大夫曰二三子不恙乎對曰寡君命使臣于庭二三子皆在勞客曰道路悠遠客甚勞勞介則曰二三子甚勞問君客再拜對者爲敬慎也

致饔餼如勞之禮。饗食還圭。如將幣之儀。

饗食亦謂君不親而使大夫以幣致之

君館客。客辟。介受命。遂送。客從拜辱于朝。

君館客者客將去就省之盡殷勤也遂送君拜以送客○從才用反

明日。客拜禮賜。遂行。如入之積。

禮賜謂乘禽君之加惠也如入之積則三積從來至去○乘繩證反

凡諸伯子男之臣。以其國之爵相爲客而相禮。其儀亦如之。

爵卿也大夫也士也

凡四方之賓客禮儀。辭命。餼牢。賜獻。以二等從其爵而上下之。

上下猶豐殺也

凡賓客送逆同禮。

謂郊勞郊送之屬

凡諸侯之交。各稱其邦而爲之幣。以其幣爲之禮。

幣享幣也於大國則豐於小國則殺主國禮之如其豐殺謂賄用束紡禮用玉帛乘皮及贈之屬○稱尺證反

凡行人之儀。不朝不夕。不正其主面。亦不背客。

謂擯相傳辭時也不正東鄉不正西鄉常視賓主之前却得兩鄉之而已

【行夫】掌邦國傳遽之小事。媺惡而無禮者。凡其使也。必以旌節。雖道有難而不時。必達。

傳遽若今時乘傳騎驛而使者也媺福慶也惡喪荒也此事之小者與禮行夫主使之道有難謂遭疾病他故不以時至也必達王命不可廢也其大者有禮大小行人使之有故則介傳命不嫌不達○傳張戀反遽其庶反使色吏反難乃旦反傳直宣反

居於其國則掌行人之勞辱事焉使則介之

使謂大小行人也故書曰夷使鄭司農云夷使使於四夷則行夫主爲之介國謂夷發聲○焉劉音夷

環人掌送逆邦國之通賓客以路節達諸四方

通賓客以常事往來者也路節旌節也四方抍上

舍則授館令聚欜有任器則令環之

令令野廬氏也鄭司農云四方人有任器者則環人主令殉環守之○殉徐音循

凡門關無幾送逆及疆

鄭司農云門關不得苛留環人也國謂環人送逆之則賓客出入不見幾○疆居良反

象胥掌蠻夷閩貉戎狄之國使掌傳王之言而諭說焉以和親之

謂蕃國之臣來頫聘者○閩亡巾反貉亡百反使所吏反

若以時入賓則協其禮與其辭言傳之

以時入賓謂其君以世一見來朝爲賓者○見賢遍反

凡其出入送逆之禮節幣帛辭令而賓相之

從來至去皆爲擯而相侑其禮儀○賓音儐下同相息亮反

凡國之大喪詔相國客之禮儀而正其位

客謂諸侯使臣來弔者

凡軍旅會同受國客幣而賓禮之

謂諸侯以王有軍旅之事使臣奉幣來問

凡作事王之大事諸侯次事卿次事大夫次事上士下事庶子

作使也鄭司農云王之大事諸侯使諸侯執大事也次事卿使卿執其次事也次事使大夫次事使上士下事使庶子

掌客掌四方賓客之牢禮餼獻飲食之等數與其政治

政治邦新殺禮之屬

王合諸侯而饗禮則具十有二牢庶具百物備諸侯長十有再獻

饗諸侯而用王禮之數者以公侯伯子男盡在是兼饗之莫敵用也諸侯長九命作伯者也獻公侯以下如其命數○長丁丈反敵丁歷反

王巡守殷國則國君膳以牲犢令百官百牲皆具從者三公眡上公之禮卿眡侯伯之禮大夫眡子男之禮士眡諸侯之卿禮庶子壹眡其大夫之禮

國君者王所過之國君也犢繭栗之犢也以膳天子貴誠也牲孕天子不食也祭帝不用也凡賓客則皆角尺令者掌客令主國也百牲皆具言無有不具備○從才用反

凡諸侯之禮上公五積皆眡飧牽三問皆脩羣介行

人宰史皆有牢。飧五牢。食四十。簠十。豆四十。鉶四十有二。壺四十。鼎簋十有二。牲三十有六。皆陳。饔餼九牢。其死牢如飧之陳。牽四牢。米百有二十筥。醯醢百有二十甕。車皆陳。車米眡生牢。牢十車。車秉有五籔。車禾眡死牢。牢十車。車三秅。芻薪倍禾。皆陳。乘禽日九十雙。殷膳大牢。以及歸。三饗。三食。三燕。若弗酌。則以幣致之。凡介行人宰史皆有飧饔餼。以其爵等爲之牢禮之陳數。唯上介有禽獻。夫人致禮。八壺。八豆。八籩。膳大牢。致饗大牢。食大牢。卿皆見。以羔。膳大牢。侯伯四積。皆眡飧牽。再問皆脩。飧四牢。食三十有二。簠八。豆三十有二。鉶二十有八。壺三十有二。鼎簋十有二。腥二十有七。皆陳。饔餼七牢。其死牢如飧之陳。牽三牢。米百筥。醯醢百甕。皆陳。米三十車。禾四十車。芻薪倍禾。皆陳。乘禽日七十雙。殷膳大牢。三饗。再食。再燕。凡介行人宰史皆有飧饔餼。以其爵等爲之禮。唯上介有禽獻。夫人致禮。八壺。八豆。八籩。膳大牢。致饗大牢。卿皆見。以羔。膳特牛。子男三積。皆眡飧牽。壹問以脩。飧三牢。食二十有四。簠六。豆二十有四。鉶十有八。壺二十有四。鼎簋十有二。牲十有八。皆陳。饔餼五牢。其死牢如飧之陳。牽二牢。米八十筥。醯醢八十甕。皆陳。米二十車。禾三十車。芻薪倍禾。皆陳。乘禽日五十雙。壹饗。壹食。壹燕。凡介行人宰史皆有飧饔餼。以其爵等爲之禮。唯上介有禽獻。夫人致禮。六壺。六豆。六籩。膳眡致饗。親見。卿皆膳特牛。

積皆視飧牽。謂所共如飧而牽牲以往。不殺也。不殺則無鉶鼎簠簋之實。其米實于筐。豆實實于甕。其設。筐陳于楹內。甕陳于楹外。牢陳于門西。車米禾芻薪陳于門外。壺之有無未聞。三問皆脩。脩。脯也。上公三問皆脩。下句云。羣介行人宰史皆有牢。君用脩而臣有牢。非禮也。蓋著脫字失處。且誤耳。飧。客始至致小禮也。公侯伯子男飧皆餁一牢。其餘牢則腥。食者。其庶羞美可食者也。其設蓋一陳于楹外。東西不過四列。簠。稻粱器也。公十簠。堂上六。西夾東夾各二也。侯伯八簠。堂上四。西夾東夾各二。子男六簠。堂上二。西夾東夾各二。豆。菹醢器也。公四十豆。堂上十六。西夾東夾各十二。侯伯三十二豆。堂上十二。西夾東夾各十。子男二十四豆。堂上十二。西夾東夾各六。禮器曰。天子之豆二十有六。諸公十有六。諸侯十有二。上大夫八。下大夫六。以聘禮差之。則堂上之數與此同。鉶。羹器也。公鉶四十二。侯伯二十八。子男十八。非衰差也。二十八書或爲二十四。亦非也。其於衰。公又當三十二。於言又爲無施。禮之大數。鉶少於豆。推其衰。公鉶四十二。宜爲二十八。蓋近之矣。則公鉶堂上十八。西夾東夾各十。侯伯堂上十二。西夾東夾各八。子男堂上十。西夾東夾各四。壺。酒器也。其設於堂夾如豆之數。鼎。牲器也。簋。黍稷器也。鼎十有二者。飪一牢。正鼎九與陪鼎三。皆設于西階前。簋十二者。堂上八。西夾東夾各二。合言鼎簋者。牲與黍稷俱食之主也。牲當爲腥。聲之誤也。腥謂腥鼎也。於侯伯云腥二十有七。其故腥字也。諸侯禮盛。腥鼎有鮮魚鮮腊。每牢皆九爲列。設于阼階前。公腥鼎三十六。腥四牢也。侯伯腥鼎二十七。腥三牢也。子男腥鼎十八。腥二牢也。皆陳。陳列也。飧門內之實備于是矣。亦有車米禾芻薪。公飧五牢。米二十車。禾三十車。侯伯四牢。米禾皆二十車。子男三牢。米十車。禾二十車芻薪皆倍其禾饔餼既相見致大禮也大者既兼飱積有生有腥有孰餘又多也死牢如飱之陳亦餁一牢在西餘腥在東也牽生牢也陳于門西如積也米橫陳于中庭十為列每筥半斛公侯伯子男黍粱稻皆二行公稷六行侯伯稷四行子男二行醯醢夾碑從陳亦十為列醯在碑東醢在碑西皆陳於門內者於公門之內陳也言車者衍字耳車米載米之車也聘禮曰十斗曰斛十六斗曰籔十籔曰秉每車秉有五籔則二十四斛也禾稾實并刈者也聘禮曰四秉曰筥十筥曰稯十稯曰秅每車三秅則三十稯也稯猶束也米禾之秉筥字同數異禾之秉手把耳筥讀為棟梠之梠謂一稯也皆陳橫陳門外者也米在門東禾在門西芻薪雖取數于禾薪從米芻從禾也乘禽乘行羣處之禽謂雉雁之屬於禮以雙為數殷中也中又致膳示念賓也若勿酌謂君有故不親饗食燕也不饗則以酬幣致之不食則以侑幣致之凡介行人宰史眾臣從賓者也行人主禮宰主具史主書皆有飱饔餼尊其君以及臣也以其爵等為之牢禮之陳數爵卿也則飱二牢饔餼五牢大夫也則飱大牢饔餼三牢士也則飱少牢饔餼大牢也此降小禮豐大禮也以命數則參差難等略於臣用爵而已夫人致禮助君養賓也籩豆陳于戶東壺陳于東序凡夫人之禮皆使下大夫致之於子男云膳視致饗言夫人致膳於小國君以致饗之禮則是不復饗也饗有壺酒卿皆見者見於賓也既見之又膳之亦所以助君養賓也卿見又膳此聘禮卿大夫勞賓餼賓之類與於子男云親見卿皆膳特牛見讀如卿皆見之見言卿於小國之君有不故造館見者故造館見者乃致膳鄭司農說牽云牲可牽行者也故春秋傳曰餼牽竭矣秅讀為秅秭麻荅之秅○鍘音刑牲三十牲音星下牲十有八受牲禮同筥姜呂反饔烏弄反藪素口反劉色纏反秅丁故反或宅加反乘繩證反餁而任反夾古洽反衰初危反差初佳反陪鼎音裴行戶剛反稾古老反緫本又作稯梠音呂稗才計反參初林反復扶又反勞老報反造七報反秭徐音姊

凡諸侯之卿大夫士為國客則如其介之禮以待之。

言其特來聘問待之禮如其為介時也然則聘禮所以禮賓是亦禮介

凡禮賓客國新殺禮凶荒殺禮札喪殺禮禍烖殺禮。

在野在外殺禮。

皆為國省用愛費也國新新建國也凶荒無年也禍烖新有兵寇水火也○為于僞反費芳味反

凡賓客死致禮以喪用。

死則主人為之具而殯矣喪用者饋奠之物

賓客有喪惟芻稍之受。

不受饗食饗食加也喪謂父母死也客則又有君焉芻給牛馬稍人稟也其正禮飱饗餼主人致之則受○稍所教反

遭主國之喪不受饗食受牲禮。

牲亦當為腥聲之誤也有喪不忍煎烹正禮飱饔餼當熟者腥致之也

【掌訝】掌邦國之等籍以待賓客。

等九儀之差數

若將有國賓客至則戒官脩委積與士逆賓于疆為前驅而入。

官謂牛人羊人舍人委人之屬士訝士也既戒乃出逆賓

及宿則令聚欜。

令令野廬氏○廬力於反

及委則致積。

以王命致于賓

至于國賓入館次于舍門外待事于客

次如今官府門外更衣處待事于客通其所求索○索色白反

及將幣爲前驅

道之以如朝○道音導

至于朝詔其位入復及退亦如之

鄭司農云詔其位告客以其位次也入復客入則掌訝出復其故位也客退復入迎爲之前驅至于館也玄謂入復者入告王以客至也退亦如之如其爲前驅

凡賓客之治令訝訝治之

賓客之治謂欲正其貢賦理國事也以告訝訝爲如朝而理之○爲于僞反

凡從者出則使人道之

從者凡介以下也人其屬胥徒也使道賓客之從者營護之○從才用反

及歸送亦如之

如之者送至于竟如其前驅聚欜待事之屬○竟音境

凡賓客諸侯有卿訝卿有大夫訝大夫有士訝士皆有訝

此謂朝覲聘問之日王所使迎賓客于館之訝

凡訝者賓客至而往詔相其事而掌其治令

○相息亮反

【掌交】掌以節與幣巡邦國之諸侯及其萬民之所聚者道王之德意志慮使咸知王之好惡辟行之

節以爲行信幣以見諸侯也咸皆也辟讀如辟忌之辟使皆知王之所好者而行之知王所惡者辟而不爲○好呼報反惡烏路反辟音避

使和諸侯之好

有欲相與修好者則爲和合之

達萬民之說

說所喜也達者達之于王若其國君

掌邦國之通事而結其交好

通事謂朝覲聘問也

以諭九稅之利九禮之親九牧之維九禁之難九戎之威

諭告曉也九稅所稅民九職也九禮九儀之禮九牧九州之牧九禁九灋之禁九戎九伐之戎○難乃旦反

【掌察】闕

【掌貨賄】闕

【朝大夫】掌都家之國治

都家王子弟公卿大夫之采地也主其國治者平理其來文書於朝者

日朝以聽國事故以告其君長

國事故天子之事當施於都家者也告其君長使知而行之也君謂其國君長其卿大夫也○長丁丈反

國有政令則令其朝大夫

使以告其都家之吏。

凡都家之治於國者。必因其朝大夫。然後聽之。唯大事弗因。

謂以小事文書來者。朝大夫先平理之。乃以告有司也。大事者。非朝大夫所能平理。

凡都家之治有不及者。則誅其朝大夫。

不及。謂有稽殿之。○殿。都練反。

在軍旅。則誅其有司。

有司。都司馬、家司馬。

都則 闕

都士 闕

家士 闕

周禮卷三十八

周禮卷三十九

漢大司農北海鄭　玄註

明　後學東吳金　蟠訂

冬官考工記第六

陸曰鄭云此篇司空之官也司空篇亡漢興購千金不得此前世識其事者記錄以備大數爾

國有六職百工與居一焉。百工司空事官之屬於天地四時之職亦處其一也司空掌營城郭建都邑立社稷宗廟造宮室車服器械監百工者唐虞已上曰共工○輿音預監古銜反上時掌反共音恭

或坐而論道。或作而行之。或審曲面埶以飭五材。以辨民器。或通四方之珍異以資之。或飭力以長地財。或治絲麻以成之。言人德能事業之不同者也論道謂謀慮治國之政令也作起也辨猶具也資取也操也鄭司農云審曲面埶審察五材曲直方面形埶之宜以治之及陰陽之面背是也春秋傳曰天生五材民並用之謂金木水火土也故書資作齊杜子春云齊當爲資讀如冬資絺之資玄謂此五材金木皮玉土○埶音勢飭音勑長丁丈反

坐而論道。謂之王公。天子諸侯

作而行之。謂之士大夫。親受其職居其官也

審曲面埶。以飭五材。以辨民器。謂之百工。五材各有工言百衆言之也

通四方之珍異以資之。謂之商旅。商旅販賣之客也易曰至日商旅不行○販甫萬反

飭力以長地財。謂之農夫。三農受夫田也

治絲麻以成之。謂之婦功。布枲婦官之事

粵無鎛。燕無函。秦無廬。胡無弓車。此四國者不置是工也鎛田器詩云庤乃錢鎛又曰其鎛斯掘鄭司農云函讀如國君含垢之含函鎧也孟子曰矢人豈不仁於函人哉矢人唯恐不傷人函人唯恐傷人廬讀爲纑謂矛戟柄竹欑柲或曰摩鋼之器胡今匈奴○粵音越鎛音博燕音烟廬魯吳反徛直里反錢子淺反掘音趙鎧苦大反纑音盧欑才官反柲音祕鐦力庶反

粵之無鎛也。非無鎛也。夫人而能爲鎛也。燕之無函也。非無函也。夫人而能爲函也。秦之無廬也。非無廬也。夫人而能爲廬也。胡之無弓車也。非無弓車也。夫人而能爲弓車也。言其丈夫人人皆能作是器不須國工粵地塗泥多草薉而山出金錫鑄冶之業田器尤多燕近强胡習作甲冑秦多細木善作矜柲匈奴無屋宅田獵畜牧逐水草而居皆知爲弓車○夫音扶薉音穢

知者創物。

謂始開端造器物若世本作者是也○知音智

巧者述之守之世謂之工

父子世以相教

百工之事皆聖人之作也

事無非聖人所爲也

爍金以爲刃凝土以爲器作車以行陸作舟以行水

凝堅也故書舟作周鄭司農云周當爲舟

此皆聖人之所作也

天有時地有氣材有美工有巧合此四者然後可以爲良

時寒温也氣剛柔也良善也

材美工巧然而不良則不時不得地氣也

不時不得天時

橘踰淮而北爲枳鸜鵒不踰濟貉踰汶則死此地氣然也

鸜鵒鳥也春秋昭二十五年有鸜鵒來巢傳曰書所無也鄭司農云不踰濟無妨於中國有之貉或爲猨謂善緣木之猨也汶水在魯北○枳吉氏反鸜音權公羊傳同本又作鸛左傳同其俱反鵒音欲濟子禮反貉戶各反汶音問猨音袁

鄭之刀宋之斤魯之削吳粵之劍遷乎其地而弗能爲良地氣然也

去此地而作之則不能使良也○創思約思詔二反

燕之角荆之幹妢胡之笴吳粵之金錫此材之美者也

荆荆州也幹柘也可以爲弓弩之幹妢胡胡子之國在楚旁笴矢幹也禹貢荆州貢櫄幹栝栢及箘簵楛故書笴爲筍杜子春云妢讀爲焚咸丘之焚書或爲邠妢胡地名也筍當爲笴笴讀爲稾謂箭稾○妢扶云反笴古老反櫄勑倫反箘其隕反簵音路楛音怙邠彼貧反

天有時以生有時以殺草木有時以生有時以死石有時以泐水有時以凝有時以澤此天時也

言百工之事當審其時也鄭司農云泐讀如再扐而後卦之扐泐謂石解散也夏時盛暑太熱則然○泐音勒澤音亦扐音勒卦俱賣反解音蟹

凡攻木之工七攻金之工六攻皮之工五設色之工五刮摩之工五摶埴之工二

攻猶治也摶之言拍也埴黏土也故書七爲十刮作捖鄭司農云十當爲七捖摩之工謂玉工也捖讀爲刮其事亦是也○刮古八反摶音團拍普百反黏女廉反捖音完

攻木之工輪輿弓廬匠車梓攻金之工築冶鳧㮚段桃攻皮之工函鮑韗韋裘設色之工畫繢鍾筐㡛刮摩之工玉楖雕矢磬摶埴之工陶旊

事官之屬六十此職其五材三十工略記其事耳其曰某人者以其事名官也其曰某氏者官有世功若族有世業以氏名官者也廬矛戟矜柲也國語曰侏儒扶廬梓梩屬也故書雕或爲舟鄭司農云輪輿弓廬匠車梓此七者攻木之工官別名也孟子曰梓匠輪輿鮑讀爲鮑魚之鮑書或爲鞄蒼

頡篇有鞄𩋳韗讀爲歷運之運㡛讀爲芒芒禹迹之芒楖讀如巾櫛之櫛旊讀爲甫始之甫埴書或爲植杜子春云雕或爲舟者非也玄謂旊讀如放於此乎之放○㮚古栗字韗況萬反劉音運繢戶對反㡛莫黃反楖側筆反旊甫罔反侏音朱榎古馬反字或作櫝鞄匹學反劉音僕𩋳如充反芒莫黃反放甫罔反

有虞氏上陶夏后氏上匠殷人上梓周人上輿

官各有所尊王者相變也舜至質貴陶器甒大瓦棺是也禹治洪水民降丘宅土卑宮室盡力乎溝洫而尊匠湯放桀疾禮樂之壞而尊梓武王誅紂疾上下失其服飾而尊輿

故一器而工聚焉者車爲多

周所上也

車有六等之數

車有天地之象人在其中焉六等之數灋易之三材六畫

車軫四尺謂之一等戈柲六尺有六寸既建而迆崇於軫四尺謂之二等人長八尺崇於戈四尺謂之三等殳長尋有四尺崇於人四尺謂之四等車戟常崇於殳四尺謂之五等酋矛常有四尺崇於戟四尺謂之六等

此所謂兵車也軫輿後橫木崇高也八尺曰尋倍尋曰常殳長丈二戈殳戟矛皆插車輢鄭司農云迆讀爲倚移從風之移謂著戈於車邪倚也酋發聲直謂矛○迆以氏反後同殳音殊下直亮反酋在由反插初輒反輢於綺反倚移於綺反下以氏反下放此著丁略反

車謂之六等之數

申言數也

凡察車之道必自載於地者始也是故察車自輪始

先視輪也自從也

凡察車之道欲其樸屬而微至不樸屬無以爲完久也不微至無以爲戚速也

樸屬猶附著堅固貌也齊人有名疾爲戚者春秋傳曰蓋以操之爲已蹙矣速疾也書或作數鄭司農云樸讀如子南僕之僕微至謂輪至地者少言其圜甚著地者微耳著地者微則易轉故不微至無以爲戚數○樸普剝反屬章欲反著直略反數色角反易以豉反

輪已崇則人不能登也輪已庳則於馬終古登阤也

已大也甚也崇高也齊人之言終古猶言常也阤阪也輪庳則難引○庳音婢阤堂何反大音泰阪音反

故兵車之輪六尺有六寸田車之輪六尺有三寸乘車之輪六尺有六寸

此以馬大小爲節也兵車革路也田車木路也乘車玉路金路象路也兵車乘車駕國馬田車駕田馬○乘繩證反後乘車皆放此

六尺有六寸之輪軹崇三尺有三寸也加軫與轐焉四尺也人長八尺登下以爲節

此車之高者也軫輿也鄭司農云軹軎也轐讀爲旃僕之僕謂伏兔也玄謂軹轂末也此軫與轐并七寸田車又宜減焉乘車之軹廣取數於此軹廣八尺旁出輿亦七寸也○軹音只轐音卜軎音衛旃之然反

輪人爲輪斬三材必以其時。三材所以爲轂輻牙也斬之以時材在陽則中冬斬之在陰則中夏斬之今世轂用雜榆輻以檀牙以橿也○牙音訝中音仲橿居良反

三材既具巧者和之。調其鑿內而合之○內如銳反依字作枘

轂也者以爲利轉也輻也者以爲直指也牙也者以爲固抱也。利轉者轂以無有爲用也鄭司農云牙讀如跛者訝跛者之訝謂輪輮也世間或謂之罔書或作輮○輮而久反

輪敝三材不失職謂之完。敝盡而轂輻牙不動○敝婢世反

望而眡其輪欲其幎爾而下迆也進而眡之欲其微至也無所取之取諸圜也。輪謂牙也幎均致貌也進猶行也微至至地者少也非有他也圜使之然也鄭司農云微至書或作危至故書圜或作員當爲圜○幎莫歷反

望其輻欲其掔爾而纖也進而眡之欲其肉稱也無所取之取諸易直也。掔纖殺小貌也肉稱弘殺好也鄭司農云掔讀爲紛容掔參之掔玄謂如桑螵蛸之蛸○掔音蕭稱尺證反易以豉反殺色界反蛸音蕭

望其轂欲其眼也進而眡之欲其幬之廉也無所取之取諸急也。眼出大貌也幬幔轂之革也革急則裹木廉隅見鄭司農云眼讀如限切之限○眼魚懇反幬音疇幔莫干反裹音果見賢遍反

眡其綆欲其蚤之正也。蚤當爲爪謂輻入牙中者也鄭司農云綆讀爲關東言餅之餅謂輪箄也玄謂輪雖箄爪牙必正也○綆依注音餅鄭衆音補管反蚤音爪箄薄歷反

察其菑蚤不齵則輪雖敝不匡。菑謂輻入轂中者也菑與爪不相佹乃後建輪敝盡不匡刺也鄭司農云菑讀如雜廁之廁謂建輻也泰山平原所樹立物爲菑聲如胾博立梟碁亦爲菑匡枉也○菑側吏反齵五溝反佹九委反刺力洛葛反胾則吏反梟古堯反

凡斬轂之道必矩其陰陽。矩謂刻識之也故書矩爲距鄭司農云當作矩謂規矩也

陽也者稹理而堅陰也者疏理而柔是故以火養其陰而齊諸其陽則轂雖敝不藃。稹致也火養其陰炙堅之也鄭司農云稹讀爲貧祭之貧藃當作耗玄謂藃藃暴陰柔後必橈減幬革暴起○稹之忍反藃呼報反暴步莫反橈乃孝反

轂小而長則柞大而短則摯。鄭司農云柞讀爲迫唶之唶謂輻間柞狹也摯讀爲槷謂輻危槷也玄謂小而長則菑中弱大而短則轂末不堅○柞莊百反槷魚列反唶莊百反

是故六分其輪崇以其一爲之牙圍。

六尺六寸之輪，牙圍尺一寸。

參分其牙圍而漆其二。

不漆其踐地者也。漆者七寸三分寸之一，不漆者三寸三分寸之二。令牙厚一寸三分寸之二，則內外面不漆者各一寸也。○令，力呈反，卷內皆同。

椁其漆內而中詘之，以爲之轂長，以其長爲之圍。

六尺之輪，漆內六尺四寸，是爲轂長三尺二寸，圍徑一尺三分寸之二也。鄭司農云：椁者，度兩漆之內相距之尺寸也。○中，丁仲反。詘，丘勿反。度，待洛反。

以其圍之防捎其藪。

捎，除也。防，三分之一也。鄭司農云：捎讀爲桑螵蛸之蛸，藪讀爲蜂藪之藪，謂轂空壺中也。玄謂此藪徑三寸九分寸之五，壺中當輻菑者也。蜂藪者，猶言趨也。藪者，衆輻之所趨也。○防，音勒。捎，音簫。空，音孔。

五分其轂之長，去一以爲賢，去三以爲軹。

鄭司農云：賢，大穿也。軹，小穿也。玄謂此大穿徑八寸十五分寸之八，小穿徑四寸十五分寸之四。大穿甚大，似誤矣。大穿實五分轂長去二也。去二則得六寸五分寸之二。凡大小穿皆謂金也。今大小穿金厚一寸，則大穿內徑四寸五分寸之二，小穿內徑二寸十五分寸之四。如是，乃與藪相稱也。○去，起呂反。稱，尺證反。

容轂必直，陳篆必正，施膠必厚，施筋必數，幬必負幹。

鄭司農云：讀容上屬曰軹容。玄謂容者，治轂爲之形容也。篆，轂約也。幬負幹者，革轂相應，無贏不足。○篆，直轉反。數，色角反。

既摩，革色青白，謂之轂之善。

謂丸漆之，乾而以石摩平之，革色青白，善之徵也。

參分其轂長，二在外，一在內，以置其輻。

轂長三尺二寸者，令輻廣三寸半，則輻內九寸半，輻外一尺九寸。

凡輻，量其鑿深以爲輻廣。

廣深相應，則固足相任也。○量，音良。鑿，曹報反。深，尸鴆反，下放此。

輻廣而鑿淺，則是以大扤，雖有良工，莫之能固。

扤，摇動貌。○扤，五骨反。

鑿深而輻小，則是固有餘而强不足也。

言輻弱，不勝轂之所任也。○强，其良反。勝，音升。

故竑其輻廣以爲之弱，則雖有重任，轂不折。

言力相稱也。弱，菑也。今人謂蒲本在水中者爲弱，是其類也。鄭司農云：竑讀如紘綖之紘，謂度之。○竑，獲耕反。

參分其輻之長而殺其一，則雖有深泥，亦弗之溓也。

殺，衰小之也。鄭司農云：溓讀爲黏，謂泥不黏著輻也。

參分其股圍，去一以爲骹圍。

謂殺輻之數也。鄭司農云：股謂近轂者也，骹謂近牙者也。方言股以喻其豐，故言骹以喻其細。人脛近足者細於股，謂之骹；羊脛細者亦謂骹。○骹，胡飽反。

揉輻必齊，平沈必均。

揉，謂以火槁之。衆輻之直齊如一也。平沈，平漸也。鄭司農云：平沈謂浮之水上無輕重。○揉，而九反。漸，子廉反。

直以指牙，牙得，則無槷而固。

得，謂倨句鑿內相應也。鄭司農云：槷，摋也。蜀人言摋曰槷。玄謂槷讀如涅，從木，熱省聲。○槷，魚列反。倨句音據。內，如稅反。摋，素結反。

不得，則有槷，必足見也。

必足見，言槷大也。然則雖得，猶有槷，但小耳。○見，賢遍反。

六尺有六寸之輪，綆參分寸之二，謂之輪之固。

輪箄，則車行不掉也。參分寸之二者，出於輻股鑿之數也。○綆參，古穎反，下七南反，又音三。

凡爲輪，行澤者欲杼，行山者欲侔。

杼，謂削薄其踐地者。侔，上下等。

杼以行澤，則是刀以割塗也，是故塗不附。

附，著也。

侔以行山，則是摶以行石也，是故輪雖敝不甐於鑿。

摶，圜厚也。鄭司農云：不甐於鑿，謂不動於鑿中也。玄謂甐亦敝也。以輪之厚，石雖齧之，不能敝其鑿旁使之動。○摶，徒丸反。甐，本又作鄰，音吝。

凡揉牙，外不廉而內不挫，旁不腫，謂之用火之善。

廉，絕也。挫，折也。腫，瘣也。○瘣，胡罪反。

是故規之以眡其圜也。

輪中規，則圜矣。○中，丁仲反。

萬之以眡其匡也。

等爲萬蔞，以運輪上，輪中萬蔞，則不匡刺也。故書萬作禹，鄭司農云：讀爲萬，書或作矩。○萬，姜禹反。蔞，良主反，劉音流。

縣之以眡其輻之直也。

輪輻三十，上下相直，從旁以繩縣之，中繩，則鑿正輻直矣。○縣，音玄，後皆同。

水之以眡其平沈之均也。

平漸其輪，無輕重，則斲材均矣。

量其藪以黍，以眡其同也。

黍滑而齊，以量兩壺，無贏不足，則同。

權之以眡其輕重之侔也。

侔，等也。稱兩輪，鈞石同，則等矣。輪有輕重，則引之有難易。○易，以豉反。

故可規、可萬、可水、可縣、可量、可權也，謂之國工。

國之名工。

輪人爲蓋，達常圍三寸。

圍三寸，徑一寸也。鄭司農云：達常，蓋斗柄，下入杠中也。○杠，音江。

桯圍倍之，六寸。

圍六寸，徑二寸，足以含達常。鄭司農云：桯，蓋杠也，讀如丹桓宮楹之楹。○桯，音盈。

信其桯圍以爲部廣，部廣六寸。

廣，謂徑也。鄭司農云：部，蓋斗也。○信，音申。

部長二尺。

謂斗柄達常也。

桯長倍之，四尺者二。

杠長八尺，謂達常以下也。加達常二尺，則蓋高一丈，立乘也。

十分寸之一謂之枚。爲下起數也。枚，一分。故書十與上二合爲二十字。杜子春云：當爲四尺者，二十分寸之一。○爲，于僞反

部尊一枚。尊，高也。蓋斗上隆高，高一分也。

弓鑿廣四枚，鑿上二枚，鑿下四枚。弓，蓋撩也。廣，大也。是爲部厚一寸。○鑿，才報反。撩，音老。

鑿深二寸有半，下直二枚，鑿端一枚。鑿深對爲五寸，是以不傷達常也。下直二枚者，鑿空下正而上低二分也。其弓菑則撓之，平剡其下二分而內之，欲令蓋之尊終平不蒙撓也。端，內題也。○空，音孔。剡，以冉反。

弓長六尺謂之庇軹，五尺謂之庇輪，四尺謂之庇軫。庇，覆也。故書庇作秘。杜子春云：秘當爲庇，謂覆軨也。玄謂軹，轂末也。輿廣六尺六寸，兩轂并六尺四寸，旁減軹內七寸，則兩軹之廣凡丈一尺六寸也。六尺之弓倍之，加部廣凡丈二尺六寸，有宇曲之減，可覆軹不及軨。○軨，本作軨。

參分弓長而揉其一。參分之，持長撓短。短者近部而平，長者爲宇曲也。六尺之弓，近部二尺，四尺爲宇曲。

參分其股圍，去一以爲蚤圍。蚤當爲爪。以弓鑿之廣爲股圍，則寸六分也。爪圍一寸十五分寸之一。

參分弓長，以其一爲之尊。尊，高也。六尺之弓，上近部平者二尺，爪末下於部二尺。二尺二寸爲句，四尺爲弦，求其股。股十二，除之，面三尺幾半也。

上欲尊而宇欲卑。上，近部平者也。隤下曰宇。○卑，音婢，下同。隤，大回反。

上尊而宇卑，則吐水疾而霤遠。蓋者，主爲雨設也。乘車無蓋，禮所謂潦車，謂蓋車與。○霤，力又反。

蓋已崇則難爲門也，蓋已卑是蔽目也，是故蓋崇十尺。十尺，其中正也。蓋十尺，宇二尺，而人長八尺，卑於此，蔽人目。

良蓋弗冒弗紘，殷畝而馳不隊，謂之國工。隊，落也。善蓋者以橫馳於壟上，無衣若無紘，而弓不落也。○殷，音隱。隊，直類反。

輿人爲車，輪崇、車廣、衡長，參如一，謂之參稱。稱猶等也。車，輿也。衡之長容兩服。○稱，尺證反，注同。

參分車廣，去一以爲隧。兵車之隧四尺四寸。鄭司農云：隧謂車輿深也，讀如鑽燧改火之燧。玄謂讀如邃宇之邃。

參分其隧，一在前，二在後，以揉其式。兵車之式深尺四寸三分寸之二。

以其廣之半爲之式崇。兵車之式高三尺三寸。

以其隧之半爲之較崇。

較兩輢上出式者兵車自較而下凡五尺五寸故書較作榷杜子春云當爲較○較古學反輢於綺反榷音角

六分其廣以一爲之軫圍。軫輿後橫者也兵車之軫圍尺一寸

參分軫圍去一以爲式圍。兵車之式圍七寸三分寸之一

參分式圍去一以爲較圍。兵車之較圍四寸九分寸之八

參分較圍去一以爲軹圍。兵車之軹圍三寸二十七分寸之七軹輢之植者衡者也與轂末同名○植直吏反

參分軹圍去一以爲轛圍。兵車之轛圍二寸八十一分寸之十四轛式之植者衡者也鄭司農云轛讀如繫綴之綴謂車輿軨立者也立者爲轛横者爲軹書轛或作軨玄謂轛者以其鄉人爲名○轛音對綴張歲反軨音領鄉許亮反

圜者中規。方者中矩。立者中縣。衡者中水。直者如生焉。繼者如附焉。治材居材如此乃善也如生如木從地生如附如附枝之弘殺也○中丁仲反殺色界反

凡居材大與小無并。大倚小則摧。引之則絕。并偏邪相就也用力之時其大并於小者小者强不堪則摧也其小并於大者小者力不堪則絕也

棧車欲弇。爲其無革輓不堅易坼壞也士乘棧車○棧才產反弇於驗反爲于僞反輓莫遠反易以豉反坼勑白反

飾車欲侈。飾車謂革輓輿也大夫以上革輓輿故書侈作移杜子春云當爲侈

周禮卷三十九

周禮卷四十

漢大司農北海鄭　玄註

明　後學東吳葛　鼒訂

冬官考工記

輈人爲輈。

輈車轅也詩云五楘梁輈○輈張留反楘音木本又作鞪同

輈有三度軸有三理。

目下車度深淺之數

國馬之輈深四尺有七寸。

國馬謂種馬戎馬齊馬道馬高八尺兵車乘車軹崇三尺有三寸加軫與轐七寸又并此輈深則衡高八尺七寸也除馬之高則餘七寸爲衡頸之間也鄭司農云深四尺七寸謂轅曲中○齊側皆反轐音卜

田馬之輈深四尺。

田車軹崇三尺一寸半并此輈深爲七尺一寸半今田馬七尺衡頸之間亦七寸則軫與轐五寸半則衡高七尺七寸

駑馬之輈深三尺有三寸。

輪軹與軫轐大小之減率寸半也則駑馬之車軹崇三尺加軫與轐四寸又并此輈深則衡高六尺七寸也今駑馬六尺除馬之高則衡頸之間亦七寸○咸本又作減同洽斬反率音類又音律

軸有三理一者以爲媺也。

無節目也

二者以爲久也。

堅刃也

三者以爲利也。

滑密

軓前十尺而策半之。

謂輈軓以前之長也策御者之策也十或作七合七爲弦四尺七寸爲鉤以求其股股則短矣七非也鄭司農云軓謂式前也書或作軋玄謂軋是軓法也謂輿下三面之材輢式之所尌持車正也○軓劉音犯軋音犯尌音樹

凡任木。

目車持任之材

任正者十分其輈之長以其一爲之圍。衡任者五分其長以其一爲之圍。小於度謂之無任。

任正者謂輿下三面材持車正者也輈軓前十尺輿隧四尺四寸凡丈四尺四寸則任正之圍尺四寸五分寸之二衡任者謂兩軛之間也兵車乘車衡圍一尺三寸五分寸之一無任言其不勝任○勝音升

五分其軫間以其一爲之軸圍。

軸圍亦一尺三寸五分寸之一與衡任相應

十分其輈之長以其一爲之當兔之圍。

輈當伏兔者也亦圍尺四寸五分寸之二與任正者相應

參分其兔圍去一以爲頸圍。

頸前持衡者圍九寸十五分寸之九

五分其頸圍。去一以爲踵圍。

踵後承軫者也圍七寸七十五分寸之五十一

凡揉輈欲其孫而無弧深。

孫順理也杜子春云弧讀爲淨而不汙之汙玄謂弧木弓也凡弓引之中參中參深之極也揉輈之倨句如二可也如三則深傷其力○孫音遜

今夫大車之轅摯。其登又難。既克其登。其覆車也必易。此無故。惟轅直且無橈也。

大車牛車也摯輖也登上阪也克能也○夫音符摯竹二反覆芳服反易以豉反輖音周上時掌反

是故大車平地既節軒摯之任。及其登阤。不伏其轅。必縊其牛。此無故。唯轅直且無橈也。

阤阪也故書伏作偪杜子春云偪當作伏○縊於計反偪音逼

故登阤者。倍任者也。猶能以登及其下阤也。不援其邸。必緧其牛後。此無故。唯轅直且無橈也。

倍任用力倍也故書緧作鰌鄭司農云鰌讀爲緧關東謂紂爲緧鰌魚字○援音袁緧音秋鰌音秋

是故輈欲頎典。

頎典堅刃貌鄭司農云頎讀爲懇典讀爲殄駟車之轅率尺所一縛懇典似謂此也○頎若很反

輈深則折。淺則負。

揉之大深傷其力馬倚之則折也揉之淺則馬善負之

輈注則利準。利準則久。和則安。

故書準作水鄭司農云注則利水謂轅脊上雨注令水去利也玄謂利水重讀似非也注則利謂輈之揉者形如注星則利也準則久謂輈之在輿下者平如準則能久也和則安注與準者和人乘之則安

輈欲弧而無折。經而無絶。

揉輈大深則折也經亦謂順理也

進則與馬謀。退則與人謀。

言進退之易與人馬之意相應馬行主於進人則有當退時

終日馳騁。左不楗。

杜子春云楗讀爲蹇左面不便馬苦蹇輈調善則馬不蹇也書楗或作券玄謂券今倦字也輈和則久馳騁載在左者不罷倦尊者在左○楗音倦罷音皮

行數千里。馬不契需。

鄭司農云契讀爲爰契我龜之契需讀爲畏需之需謂不傷蹄不需道里○契苦結反需音須又乃亂反

終歲御。衣衽不敝。

衽謂裳也○衽而甚反

此唯輈之和也。

和則安是以然也謂進則與馬謀而下

勸登馬力。

登上也輈和勸馬用力

馬力既竭。輈猶能一取焉。

馬止輈尚能一前取道喻易進。

良輈環灂，自伏兔不至軓七寸，軓中有灂，謂之國輈。

伏兔至軓蓋如式深兵車乘車式深尺四寸三分寸之二灂下至軓七寸則是半有灂也輈有筋膠之被用力均者則灂遠○鄭司農云灂讀爲灂酒之灂環灂謂漆沂鄂如環○灂子肖反沂魚巾反

軫之方也，以象地也。蓋之圜也，以象天也。輪輻三十，以象日月也。蓋弓二十有八，以象星也。

輪象日月者以其運行也日月三十日而合宿

龍旂九斿，以象大火也。

交龍爲旂諸侯之所建也大火蒼龍宿之心其屬有尾尾九星○斿音留宿音秀

鳥旟七斿，以象鶉火也。

鳥隼爲旟州里之所建鶉火朱鳥宿之柳其屬有星星七星

熊旗六斿，以象伐也。

熊虎爲旗師都之所建伐屬白虎宿與參連體而六星○伐扶廢反參色林反

龜蛇四斿，以象營室也。

龜蛇爲旐縣鄙之所建營室玄武宿與東壁連體而四星

弧旌枉矢，以象弧也。

覲禮曰侯氏載龍旂弧韣則旌旗之屬皆有弧也弧以張縿之幅有衣謂之韣又爲設矢象弧星有矢也妖星有枉矢者蛇行有尾因此云枉矢蓋畫之○韣音獨縿所銜反本又作襂同爲于僞反

攻金之工：築氏執下齊，冶氏執上齊，鳧氏爲聲，㮚氏爲量，段氏爲鎛器，桃氏爲刃。

多錫爲下齊大刃削殺矢鑒燧也少錫爲上齊鍾鼎斧斤戈戟也聲鍾錞于之屬量豆區鬴也鎛器田器錢鎛之屬刃大刃刀劍之屬○齊才細反段丁亂反削音笑錞音淳區烏侯反鬴音輔錢子淺反

金有六齊。

目和金之品數

六分其金而錫居一，謂之鍾鼎之齊。五分其金而錫居一，謂之斧斤之齊。四分其金而錫居一，謂之戈戟之齊。參分其金而錫居一，謂之大刃之齊。五分其金而錫居二，謂之削殺矢之齊。金錫半，謂之鑒燧之齊。

鑒燧取水火於日月之器也鑒亦鏡也凡金多錫則忍白且明也

築氏爲削，長尺博寸，合六而成規。

今之書刀

欲新而無窮。

謂其利也鄭司農云常如新無窮已

敝盡而無窮。

鄭司農云謂鋒鍔俱盡不偏索也玄謂刃也脊也其金如一雖至敝盡無瑕惡也

冶氏爲殺矢，刃長寸，圍寸，鋌十之，重三垸。

殺矢與戈戟異齊而同其工似補脫誤在此也殺矢用諸田獵之矢也鋌讀如麥秀鋌之鋌鄭司農云鋌箭足入稾中者也垸量名讀爲丸○鋌徒頂反垸音丸齊才細反

戈廣二寸，內倍之，胡三之，援四之。

戈今句孑戟也或謂之雞鳴或謂之擁頸內謂胡以內接柲者也長四寸胡六寸援八寸鄭司農云援直刃也胡其孑○句古侯反柲音秘

已倨則不入。已句則不決。長內則折前。短內則不疾。

戈句兵也主於胡也已倨謂胡微直而邪多也以啄人則不入已句謂胡曲多也以啄人則創不決胡之曲直鋒本必橫而取圜於磬折前謂援也內長則援短援短則曲於磬折曲於磬折則引之與胡並鉤內短則援長援長則倨於磬折倨於磬折則引之不疾

是故倨句外博。

博廣也倨之外胡之裏也句之外胡之表也廣其本以除四病而便用也俗謂之曼胡似此○曼莫干反

重三鋝。

鄭司農云鋝量名也讀為刷玄謂許叔重說文解字云鋝鍰也今東萊稱或以大半兩為鈞十鈞為環環重六兩大半兩鍰鋝似同矣則三鋝為一斤四兩○鋝色劣反鍰戶關反稱尺證反

戟廣寸有半寸。內三之。胡四之。援五之。倨句中矩。與刺重三鋝。

戟今三鋒戟也內長四寸半胡長六寸援長七寸半三鋒者胡直中矩言正方也鄭司農云刺謂援也玄謂刺者著柲直前如鐏者也戟胡橫貫之胡中矩則援之外句磬折與○中丁仲反著直略反鐏祖悶反

桃氏為劍。臘廣二寸有半寸。

臘謂兩刃○臘力闔反

兩從半之。

鄭司農云謂劍脊兩面殺趨鍔

以其臘廣為之莖圍。長倍之。

鄭司農云莖謂劍夾人所握鐔以上也玄謂莖在夾中者莖長五寸○鐔徒南反

中其莖。設其後。

鄭司農云中謂穿之也玄謂從中以卻稍大之也後大則於把易制○把劉音霸易以豉反

參分其臘廣。去一以為首廣而圍之。

首圍其徑一寸三分寸之二

身長五其莖長。重九鋝。謂之上制。上士服之。身長四其莖長。重七鋝。謂之中制。中士服之。身長三其莖長。重五鋝。謂之下制。下士服之。

上制長三尺重三斤十二兩中制長二尺五寸重二斤十四兩三分兩之二下制長二尺重二斤一兩三分兩之一此今之匕首也人各以其形貌大小帶之此士謂國勇力之士能用五兵者也樂記曰武王克商裨冕搢笏而虎賁之士說劍○裨劉音卑賁音奔說吐活反

鳧氏為鍾。兩欒謂之銑。

故書欒作樂杜子春云當為欒書亦或為欒銑鍾口兩角○欒本又作鸞銑先典反

銑閒謂之于。于上謂之鼓。鼓上謂之鉦。鉦上謂之舞。

此四名者鍾體也鄭司農云于鍾脣之上祛也鼓所擊處○鉦音征祛邱書反

舞上謂之甬。甬上謂之幹。

此二名者鍾柄○甬音勇

鍾縣謂之旋。旋蟲謂之幹。

旋屬鍾柄所以縣之也鄭司農云旋蟲者旋以蟲爲飾也玄謂今時旋有蹲熊盤龍辟邪

鍾帶謂之篆篆間謂之枚枚謂之景

帶所以介其名也介在于鼓鉦舞甬衡之間凡四鄭司農云枚鍾乳也玄謂今時鍾乳俠鼓與舞每處有九面三十六

于上之攡謂之隧

攡所擊之處攡弊也隧在鼓中窐而生光有似夫隧○攡音靡窐於蛙反又於圭反夫音符

十分其銑去二以爲鉦以其鉦爲之銑間去二分以爲之鼓間以其鼓間爲之舞脩去二分以爲舞廣

此言鉦之徑居銑徑之八而銑間與鉦之徑相應鼓間又居銑徑之六與舞脩相應舞脩舞徑也舞上下促以橫爲脩從爲廣舞廣四分今亦去徑之二分以爲之間則舞間之方恆居銑之四也舞間方四則鼓間六亦其方也鼓六鉦六舞四此鍾口十者其長十六也鍾之大數以律爲度廣長與圜徑假設之耳其鑄之則各隨鍾之制爲長短大小也凡言間者亦爲從篆以介之鉦間亦當六今時鍾或無鉦間○從子容反

以其鉦之長爲之甬長

并衡數也

以其甬長爲之圍參分其圍去一以爲衡圍

衡居甬上又小

參分其甬長二在上一在下以設其旋

令衡居一分則參分旋亦二在上一在下以旋當甬之中央是其正

薄厚之所震動清濁之所由出侈弇之所由興有說

說猶意也故書侈作移鄭司農云當爲侈○說徐始銳反

鍾已厚則石

大厚則聲不發○大音泰下同

已薄則播

大薄則聲散

侈則柞

柞讀爲咋咋然之咋聲大外也○柞側百反注咋同

弇則鬱

聲不舒揚

長甬則震

鍾掉則聲不正

是故大鍾十分其鼓間以其一爲之厚小鍾十分其鉦間以其一爲之厚

言若此則不石不播也鼓鉦之間同方六而今宜異又十分之一猶大厚皆非也若言鼓外鉦外則近之鼓外二鉦外一

鍾大而短則其聲疾而短聞

淺則躁躁易竭也○聞音問下同躁易以豉反

鍾小而長則其聲舒而遠聞

深則安安難息

爲遂六分其厚以其一爲之深而圜之

厚鍾厚深謂窐之也其窐圜故書圜或作圍杜子春云當爲圜

【㮚氏】爲量。改煎金錫則不耗。

消湅之精不復減也㮚古文或作歷玄謂量當與鍾鼎同齊工異者大器○湅音練齊才計反

不耗然後權之。

權謂稱分之也雖異法用金必齊

權之然後準之。

準故書或作水杜子春云當爲水金器有孔者水入孔中則當重也玄謂準擊平正之又當齊大小

準之然後量之。

鑄之於法中也量讀如量人之量

量之以爲鬴。深尺。內方尺而圜其外。其實一鬴。

以其容爲之名也四升曰豆四豆曰區四區曰鬴鬴六斗四升也鬴十則鍾方尺積千寸於今粟米法少二升八十一分升之二十二其數必容鬴此言內方尺而圜其外者謂之脣

其臀一寸。其實一豆。

故書臀作脣杜子春云當爲臀謂覆之其底深一寸也○臀徒門反覆芳服反

其耳三寸。其實一升。

耳在旁可舉也

重一鈞。

重三十斤

其聲中黃鍾之宮。

應律之首

槩而不稅。

鄭司農云令百姓得以量而不租稅

其銘曰。時文思索。允臻其極。

銘刻之也時是也允信也臻至也極中也言是文德之君思求可以爲民立法者而作此量信至於道之中

嘉量既成。以觀四國。

以觀示四方使放象之○觀古亂反放方往反

永啓厥後。茲器維則。

永長也厥其也茲此也又長啓道其子孫使法則此器長用之

凡鑄金之狀。

故書狀作壯杜子春云當爲狀謂鑄金之形狀

金與錫。黑濁之氣竭。黃白次之。黃白之氣竭。青白次之。青白之氣竭。青氣次之。然後可鑄也。

消鍊金錫精麤之候

【段氏】闕

【函人】爲甲。犀甲七屬。兕甲六屬。合甲五屬。

屬讀如灌注之注謂上旅下旅札續之數也革堅者札長鄭司農云合甲削革裹肉俱取其表合以爲甲○屬之樹反

犀甲壽百年。兕甲壽二百年。合甲壽三百年。

革堅者又支久

凡爲甲必先爲容。服者之形容也。鄭司農云容謂象式。

然後制革。裁制札之廣袤。

權其上旅與其下旅而重若一。鄭司農云上旅謂要以上下旅謂要以下○要於遙反下同

以其長爲之圍。圍謂札要廣厚。

凡甲鍛不摯則不堅。已敝則橈。鄭司農云鍛鍛革也摯謂質也鍛革大孰則革敝無強曲橈也玄謂摯之言致○鍛下亂反大音泰

凡察革之道。眡其鑽空。欲其惌也。鄭司農云惌小孔貌惌讀爲宛彼北林之宛○惌於阮反

眡其裏。欲其易也。無敗蘵也○易以豉反蘵音職

眡其朕。欲其直也。鄭司農云朕謂革制

櫜之欲其約也。鄭司農云謂卷置櫜中也春秋傳曰櫜甲而見子南○櫜音羔

舉而眡之。欲其豐也。豐大

衣之欲其無齘也。鄭司農云齘謂如齒齘○衣於既反齘戶界反

眡其鑽空而惌。則革堅也。眡其裏而易。則材更也。眡其朕而直。則制善也。櫜之而約。則周也。舉之而豐。則明也。衣之無齘。則變也。周密致也明有光燿鄭司農云更善也變隨人身便利○更音庚

鮑人之事。鮑故書或作鞄鄭司農云蒼頡篇有鞄甕○鞄匹學反甕人兗反

望而眡之。欲其荼白也。韋革遠眡之當如茅莠之色○荼音徒莠音酉

進而握之。欲其柔而滑也。謂親手煩撋之○撋人專反

卷而摶之。欲其無迆也。鄭司農云卷讀爲可卷而懷之之卷摶讀爲摶一如瑱之摶謂卷摶韋革也迆讀爲既建而迆之迆無迆謂革不韓○摶直轉反摶直轉反瑱他見反本或作顛音同韓音虧

眡其著。欲其淺也。鄭司農云謂郭韋革之札入韋革淺緣其邊也玄謂韋革調善者鋪著之雖厚如薄然○著直略反

察其線。欲其藏也。故書線或作綜杜子春云綜當爲系旁泉讀爲絤謂縫革之縷○線思賤反注絤同

革欲其荼白而疾澣之。則堅。

鄭司農云韋革不欲久居水中○辦戶管反

欲其柔滑而腥脂之則需

故書需作劘鄭司農云腥讀如沾渥之渥劘讀爲柔需之需謂厚脂之韋革柔需○腥於角反需人充反劘而髓反又人充反渥於角反

引而信之欲其直也信之而直則取材正也信之而枉則是一方緩一方急也若苟一方緩一方急則及其用之也必自其急者先裂若苟自急者先裂則是以博爲帴也

鄭司農云帴讀爲翦謂以廣爲狹也玄謂翦者如俴淺之淺或者讀爲羊豬戔之戔○信音申帴音踐俴音踐戔劉音普見反

卷而摶之而不迆則厚薄序也

序舒也謂其革均也

眡其著而淺則革信也

信無縮緩

察其線而藏則雖敝不甐

甐故書或作鄰鄭司農云鄰讀爲磨而不磷之磷謂韋革縫縷沒藏於韋革中則雖敝縷不傷也○甐音吝

韗人爲皐陶

鄭司農云韗書或爲鞠皐陶鼓木也玄謂鞠者以皐陶名官也鞠卽陶字從革○韗況万反衆家竝音運鞠音陶

長六尺有六寸左右端廣六寸中尺厚三寸

版中廣頭狹爲穹隆也鄭司農云謂鼓木一判者其兩端廣六寸而其中央廣尺也如此乃得有腹○穹起弓反

穹者三之一

鄭司農云穹讀爲志無空邪之空謂鼓木腹穹隆者居鼓三之一也玄謂穹讀如穹蒼之穹穹隆者居鼓面三分之一則其鼓四尺者版穹一尺三寸三分寸之一也倍之爲二尺六寸三分寸之二加鼓四尺穹之徑六尺六寸三分寸之二也此鼓合二十版

上三正

鄭司農云謂兩頭一平中央一平也玄謂三讀當爲參正直也參直者穹上一直兩端又直各居二尺二寸不弧曲也此鼓兩面以六鼓差之賈侍中云晉鼓大而短近晉鼓也以晉鼓鼓金奏○三音參七南反

鼓長八尺鼓四尺中圍加三之一謂之鼖鼓

中圍加三之一者加於面之圍以三分之一也面四尺其圍十二尺加以三分一四尺則中圍一十六尺徑五尺三寸三分寸之一也今亦合二十版則版穹六寸三分寸之二耳大鼓謂之鼖以鼖鼓鼓軍事鄭司農云鼓四尺謂革所蒙者廣四尺○賁扶云反本或作鼖又作鼖皆同

爲皐鼓長尋有四尺鼓四尺倨句磬折

以皐鼓鼓役事磬折中曲之不參正也中圍與鼖鼓同以磬折爲異

凡冒鼓必以啓蟄之日

啓蟄孟春之中也蟄蟲始聞雷聲而動鼓所取象也冒蒙鼓以革

良鼓瑕如積環

華調急也。

鼓大而短，則其聲疾而短聞。

○聞音問，下同。

鼓小而長，則其聲舒而遠聞。

韋氏 闕

裘氏 闕

畫繢之事，雜五色。東方謂之青，南方謂之赤，西方謂之白，北方謂之黑，天謂之玄，地謂之黃。青與白相次也，赤與黑相次也，玄與黃相次也。

此言畫繢六色所象及布采之第次，繢以爲衣。

青與赤謂之文，赤與白謂之章，白與黑謂之黼，黑與青謂之黻，五采備謂之繡。

此言刺繡采所用，繡以爲裳。

土以黃，其象方，天時變。

古人之象無天地也，爲此記者見時有之耳。子家駒曰天子僭天，意亦是也。鄭司農云：天時變，謂畫天隨四時色。

火以圜。

鄭司農云：爲圜形似火也。玄謂形如半環然，在裳。○圜音環。

山以章。

章讀爲獐。獐，山物也，在衣。齊人謂麇爲獐。○獐音章，麇俱倫反。

水以龍。

龍，水物，在衣。

鳥獸蛇。

所謂華蟲也，在衣。蟲之毛鱗有文采者。

雜四時五色之位以章之，謂之巧。

章，明也。繢繡皆用五采鮮明之，是爲巧。

凡畫繢之事後素功。

素，白采也。後布之，爲其易漬汙也。不言繡，繡以絲也。鄭司農說以論語曰：繢事後素。○爲，于僞反。

鍾氏染羽，以朱湛丹秫，三月而熾之。

鄭司農云：湛，漬也。丹秫，赤粟。玄謂湛讀如漸車帷裳之漸。熾，炊也。羽所以飾旌旗及王后之車。○湛，子潛反，又音爑。秫音述。漸，子潛反。

淳而漬之。

淳，沃也。以炊下湯沃其熾，烝之，以漬羽。漬猶染也。

三入爲纁，五入爲緅，七入爲緇。

染纁者三入而成，又再染以黑則爲緅。緅，今禮俗文作爵，言如爵頭色也。又復再染以黑，乃成緇矣。鄭司農云：以論語曰君子不以紺緅飾，又曰緇衣羔裘。爾雅曰：一染謂之縓，再染謂之赬，三染謂之纁。詩云：緇衣之宜兮。玄謂此同色耳。染布帛者，染人掌之。凡玄色者，在緅緇之間，其六入者與？○緅，側留反。復，扶又反。紺，古闇反。縓，倉絹反。赬，勑貞反，本又作䞓，亦作頳。

筐人 闕

㡛氏涷絲，以涚水漚其絲七日，去地尺暴之。

故書涚作湄鄭司農云湄水温水也玄謂涚水以灰所泲水也漚漸也楚人曰漚齊人曰涹○㡛音芒湅音練涚書銳反暴步卜反湄音眉泲子禮反涹烏禾反

晝暴諸日。夜宿諸井。七日七夜。是謂水湅。

宿諸井縣井中。

湅帛以欄爲灰。渥淳其帛。實諸澤器。淫之以蜃。

渥讀如繒人渥菅之渥以欄木之灰漸釋其帛也杜子春云淫當爲涅書亦或爲湛鄭司農云澤器謂滑澤之器蜃謂灰也士冠禮曰素積白屨以魁柎之說曰魁蛤也周官亦有白盛之蜃蜃蛤也玄謂淫薄粉之令帛白蛤今海旁有焉○欄音練或音蘭渥烏豆反與漚同注渥菅同練以陵反菅古顏反湛子潛反冠古亂反柎方于反蛤古盍反

清其灰而盝之。而揮之。

清澄也於灰澄而出盝晞之晞而揮去其蜃○盝音鹿

而沃之。而盝之。而塗之。而宿之。

更渥淳之。

明日沃而盝之。

朝更沃至夕盝之又更沃至旦盝之亦七日如漚絲也○朝張通反

晝暴諸日。夜宿諸井。七日七夜。是謂水湅。

周禮卷四十

周禮卷四十一

漢大司農北海鄭　玄註
明　後學東吳金　蟠訂

冬官考工記

玉人之事鎮圭尺有二寸天子守之命圭九寸謂之桓圭公守之命圭七寸謂之信圭侯守之命圭七寸謂之躬圭伯守之

命圭者王所命之圭也朝覲執焉居則守之子守穀璧男守蒲璧不言之者闕耳故書或云命圭五寸謂之躬圭杜子春云當爲七寸玄謂五寸者璧文之闕亂存焉○信音身朝直遙反

天子執冒四寸以朝諸侯

名玉曰冒者言德能覆蓋天下也四寸者方以尊接卑以小爲貴

天子用全上公用龍侯用瓚伯用將

鄭司農云全純色也龍當爲尨尨謂雜色玄謂全純玉也瓚讀爲饗餍之餍龍瓚將皆雜名也卑者下尊以輕重爲差玉多則重石多則輕公侯四玉一石伯子男三玉二石○龍莫江反饗之然反餍作旦反

繼子男執皮帛

謂公之孤也見禮次子男贄用束帛而以豹皮表之爲飾天子之孤表帛以虎皮此說玉及皮帛者遂言見天子之用贄○見賢遍反

天子圭中必

必讀如鹿車縪之縪謂以組約其中央爲執之以備失隊○縪音畢爲丁僞反隊直類反

四圭尺有二寸以祀天

郊天所以禮其神也典瑞職曰四圭有邸以祀天旅上帝

大圭長三尺杼上終葵首天子服之

王所搢大圭也或謂之珽終葵椎也爲椎於其杼上明無所屈也杼閷也相玉書曰珽玉六寸明自炤○珽他頂反閷色界反殺字之異者本或作殺相息亮反

土圭尺有五寸以致日以土地

致日度日景至不夏日至之景尺有五寸冬日至之景丈有三尺土猶度也建邦國以度其地而制其域○度待洛反

祼圭尺有二寸有瓚以祀廟

祼之言灌也或作淉或作果祼謂始獻酌奠也瓚如盤其柄用圭有流前注○祼古亂反

琬圭九寸而繅以象德

琬猶圜也王使之瑞節也諸侯有德王命賜之使者執琬圭以致命焉繅藉也○繅音早使所吏反藉慈夜反

琰圭九寸判規以除慝以易行

凡圭琰上寸半琰圭琰半以上又半爲瑑飾諸侯有爲不義使者征之執以爲瑞節也除慝誅惡逆也易行去煩苛○易以豉反行下孟反瑑直轉反去起呂反苛音何

璧羨度尺好三寸以爲度

鄭司農云羨徑也好璧孔也爾雅曰肉倍好謂之璧好倍肉謂之瑗肉好若一謂之環玄謂羨猶延其袤一尺而廣狹焉○袤音茂

圭璧五寸以祀日月星辰

禮其神也。圭其邸爲璧，取殺於上帝。

璧琮九寸，諸侯以享天子。

享，獻也。聘禮享君以璧，享夫人以琮。

穀圭七寸，天子以聘女。

納徵加於束帛。

大璋中璋九寸，邊璋七寸，射四寸，厚寸，黃金勺，青金外，朱中，鼻寸，衡四寸，有繅，天子以巡守，宗祝以前馬。

射，琰出者也。勺，故書勺或作約，杜子春云：「當爲勺，謂酒尊中勺也。」鄭司農云：「鼻謂勺龍頭鼻也，衡謂勺柄龍頭也。」玄謂鼻，勺流也，凡流皆爲龍口也。衡，古文横，假借字也。衡謂勺徑也。三璋之勺，形如圭瓚。天子巡守，有事山川，則用灌焉。於大山川則用大璋，加文飾也；於中山川用中璋，殺文飾也；於小山川用邊璋，半文飾也。其祈沈以馬，宗祝亦執勺以先之。禮，王過大山川，則大祝用事焉，將有事於四海山川，則校人飾黃駒。○射，食亦反。衡音横。大祝音泰。校，戶教反。

大璋亦如之，諸侯以聘女。

亦納徵加於束帛也。大璋者，以大璋之文飾之也。亦如之者，如邊璋七寸，射四寸。

瑑圭璋八寸，璧琮八寸，以覜聘。

瑑，文飾也。覜，視也。聘，問也。衆來曰覜，特來曰聘。聘禮曰：凡四器者，惟其所寶以聘可也。

牙璋中璋七寸，射二寸，厚寸，以起軍旅，以治兵守。

二璋皆有鉏牙之飾於琰側。先言牙璋，有文飾也。○鉏，側魚反。

駔琮五寸，宗后以爲權。

駔讀爲組，以組繫之，因名焉。鄭司農云：以爲稱錘以起量。○駔音祖。稱，尺證反。錘，直僞反。

大琮十有二寸，射四寸，厚寸，是謂內鎭，宗后守之。

如王之鎭圭也。射其外鉏牙。

駔琮七寸，鼻寸有半寸，天子以爲權。

鄭司農云：以爲權，故有鼻也。

兩圭五寸有邸，以祀地，以旅四望。

邸謂之柢，有邸，僢共本也。○柢音帝。僢，昌絹反。

瑑琮八寸，諸侯以享夫人。

獻於所朝聘君之夫人也。

案十有二寸，棗㮚十有二列，諸侯純九，大夫純五，夫人以勞諸侯。

純猶皆也。鄭司農云：案，玉案也。夫人，天子夫人。玄謂案，玉飾案也。夫人，王后也。記時諸侯僭稱王，而夫人之號不別，是以同王后於夫人也。玉案十二以爲列，王后勞朝諸侯皆九列，聘大夫皆五列，則十有二列者，勞二王之後也。棗㮚實於器，乃加於案。聘禮曰：夫人使下大夫勞以二竹簋方，玄被纁裹，有蓋，其實棗烝㮚擇，兼執之以進。○勞，力報反。

璋邸射，素功，以祀山川，以致稍餼。

邸射，剡而出也。致稍餼，造賓客納稟食也。鄭司農云：素功，無瑑飾也。餼或作氣，杜子春云：當爲餼。○造，七報反。

楖人 闕

○楖，莊密反，本或作櫛。

雕人 闕

○雕音彫本亦作彫

磬氏爲磬，倨句一矩有半。必先度一矩爲句，一矩爲股，而求其弦。既而以一矩有半觸其弦，則磬之倨句也。磬之制有大小，此假矩以定倨句，非用其度耳。○居音據，句沈音鉤，度待洛反

其博爲一。博謂股博也。博，廣也。

股爲二，鼓爲三。參分其股博，去一以爲鼓博。參分其鼓博，以其一爲之厚。鄭司農云：股，磬之上大者；鼓，其下小者，所當擊者也。玄謂股外面，鼓內面也。假令磬股廣四寸半者，股長九寸也；鼓廣三寸，長尺三寸半，厚一寸。○去起呂反，令力呈反

已上則摩其旁。鄭司農云：磬聲大上，則摩鑢其旁。玄謂大上，聲清也，薄而廣則濁。○已上時掌反，注同。大音泰，鑢音慮

已下則摩其耑。大下，聲濁也，短而厚則清。○耑音端

矢人爲矢。鍭矢參分，茀矢參分，一在前，二在後。參訂之而平者，前有鐵重也。司弓矢職茀當爲殺。鄭司農云：一在前，謂箭稾中鐵莖居參分殺一以前。○鍭音侯，茀音殺，色黠反，李音拂。訂音亭

兵矢、田矢五分，二在前，三在後。鐵差短小也。兵矢謂枉矢、絜矢也。此二矢亦可以田。田矢謂矰矢。○矰音增

殺矢七分，三在前，四在後。鐵又差短小也。司弓矢職殺當爲茀。○茀音拂

參分其長而閷其一。矢稾長三尺，殺其前一尺，令趣鏃也。○殺本又作閷，色界反。趣，七喻反。鏃音促

五分其長而羽其一。羽者大寸。

以其笴厚爲之羽深。笴讀爲稾，謂矢幹，古文假借字。厚之數未聞。○笴古老反

水之以辨其陰陽。辨猶正也。陰沉而陽浮。

夾其陰陽以設其比，夾其比以設其羽。夾其陰陽者，弓矢比在稾兩旁，弩矢比在上下，設羽於四角。鄭司農云：比謂括也。○比毗志反

參分其羽以設其刃。刃二寸。

則雖有疾風，亦弗之能憚矣。故書憚或作但。鄭司農云：讀當爲憚之以威之憚，謂風不能驚憚箭也。

刃長寸，圍寸，鋌十之，重三垸。刃長寸脫二字，鋌一尺。

前弱則俛，後弱則翔，中弱則紆，中強則揚。羽豐則遲，羽殺則趮。

言幹羽之病使矢行不正俛低也翔迴顧也紆曲也揚飛也豐大也趮旁掉也○趮音躁

是故夾而搖之以眡其豐殺之節也

今人以指夾矢儛衛是也

橈之以眡其鴻殺之稱也

橈搦其幹

凡相笴欲生而摶同摶欲重同重節欲疏同疏欲㮚

相猶擇也生謂無瑕蠹也摶讀如摶黍之摶謂圜也鄭司農云欲㮚欲其色如㮚也○相息亮反注同摶徒丸反

陶人為甗實二鬴厚半寸脣寸盆實二鬴厚半寸脣寸甑實二鬴厚半寸脣寸七穿

量六斗四升曰鬴鄭司農云甗無底甑○甗魚輦反一音彥鬴音輔

鬲實五觳厚半寸脣寸庾實二觳厚半寸脣寸

鄭司農云觳讀為斛觳受三斗聘禮記有斛玄謂豆實三而成觳則觳受斗二升庾讀如請益與之庾之庾○鬲實音歷

旊人為簋實一觳崇尺厚半寸脣寸豆實三而成觳崇尺

崇高也豆實四升○旊方往反

凡陶旊之事髻墾薜暴不入市

為其不任用也鄭司農云髻讀為刮薜讀為藥黃蘗之蘗暴讀為剝玄謂髻讀為跀墾頓傷也薜破裂也暴墳起不堅致也○髻音刮暴音剝為于僞反任音壬跀劉音月

器中膞豆中縣

膞讀如車輇之輇既拊泥而轉其均尌膞其側以儗度端其器也縣縣繩正豆之柄○中丁仲反膞市專反注輇同縣音玄後皆放此尌音樹儗疑紀反度待洛反

膞崇四尺方四寸

凡器高於此則垺不能相勝厚於此則火氣不交因取式焉○垺芳符反勝音升

梓人為筍虡

樂器所縣橫曰筍植曰虡鄭司農云筍讀為竹筍之筍○筍息允反虡音巨

天下之大獸五脂者膏者臝者羽者鱗者

脂牛羊屬膏豕屬臝者謂虎豹貔䝟為獸淺毛者之屬羽鳥屬鱗龍蛇之屬○臝力果反䝟來知反

宗廟之事脂者膏者以為牲

致美味也

臝者羽者鱗者以為筍虡

貴野聲也

外骨內骨卻行仄行連行紆行以脰鳴者以注鳴者以旁鳴者以翼鳴者以股鳴者以胷鳴者謂之小蟲之屬以為雕琢

刻畫祭器博庶物也外骨龜屬內骨鱉屬卻行螾衍之屬仄行蟹屬連行魚屬紆行蛇屬脰鳴鼃黽屬注鳴精列屬旁鳴蜩蜺屬翼鳴發皇屬股鳴蚣蝑動股屬胷鳴榮原屬○脰音豆胷本亦作骨又作䗐蟞必滅反螾羊忍反鼃戶媧反黽莫幸反蜩音條蜺五兮反蚣思容反蝑思餘反

厚脣弇口出目短耳大胷燿後大體短脰若是者謂

之贏屬恆有力而不能走其聲大而宏有力而不能走則於任重宜大聲而宏則於鍾宜若是者以爲鍾虡是故擊其所縣而由其虡鳴

燿讀爲哨頎小也鄭司農云宏讀爲紘綖之紘謂聲音大也由若也○燿所教反哨音稍與燿同頎音頎一音懇

銳喙決吻數目顧脰小體騫腹若是者謂之羽屬恆無力而輕其聲清陽而遠聞無力而輕則於任輕宜其聲清陽而遠聞於磬宜若是者以爲磬虡故擊其所縣而由其虡鳴

吻口腜也顧長脰貌故書顧或作牼鄭司農云牼讀爲鬜頭無髮之鬜○喙況廢反一音昌銳反吻無憤反數粗角反顧苦顏反聞音問下同腜音權牼客田反一音工定反鬜劉苦顏反

小首而長摶身而鴻若是者謂之鱗屬以爲筍

摶圜也鴻傭也○摶徒丸反傭敕龍反

凡攫閷援簭之類必深其爪出其目作其鱗之而

謂筍虡之獸也深猶藏也作猶起也之而頰頷也○攫俱縛反閷色界反援音袁簭音筮頷口忽反又其懇反

深其爪出其目作其鱗之而則於眡必撥爾而怒苟撥爾而怒則於任重宜且其匪色必似鳴矣

匪采貌也故書撥作廢匪作飛鄭司農云廢讀爲撥飛讀爲匪以似爲發

爪不深目不出鱗之而不作則必穨爾如委矣苟穨爾如委則加任焉則必如將廢措其匪色必似不鳴矣

措猶頓也故書措作厝杜子春云當爲措

梓人爲飲器勺一升爵一升觚三升獻以爵而酬以觚一獻而三酬則一豆矣

勺尊升也觚豆字聲之誤觚當爲觶豆當爲斗○觶之豉反

食一豆肉飲一豆酒中人之食也

一豆酒又聲之誤當爲斗

凡試梓飲器鄉衡而實不盡梓師罪之

鄭司農云梓師罪也衡謂麋衡也曲禮執君器齊衡玄謂衡平也平爵鄉口酒不盡則梓人之長罪於梓人焉○鄉許亮反長丁丈反

梓人爲侯廣與崇方參分其廣而鵠居一焉

崇高也方猶等也高廣等者謂侯中也天子射禮以九爲節侯道九十弓弓二寸以爲侯中高廣等則天子侯中丈八尺諸侯於其國亦然鵠所射也以皮爲之各如其侯也居侯中參分之一則此鵠方六尺唯大射以皮飾侯大射者將祭之射也其餘有賓射燕射

上兩个與其身三下兩个半之

鄭司農云兩个謂布可以維持侯者也上方兩枚與身三設身廣一丈兩个各一丈凡爲三丈下兩个半之傳地故短也玄謂个讀若齊人搚幹之幹上个下个皆謂舌也身躬也鄉射禮記曰倍中以爲躬倍躬以爲左右舌下舌半上舌然則九節之侯身三丈大尺上个七丈二尺下个五丈四尺其制身夾中个夾身在上下各一幅此侯凡用布三十六丈言上个與其身三者明一身居一分上个倍

之耳亦爲下个半上个出也个或謂之舌者取其出而左右也侯制上廣下狹蓋取象於人也張臂八尺張足大尺是取象率焉○个讀爲幹古旦反傳音附擔力荅反亦爲于僞反率音類又音律

上綱與下綱出舌尋縜寸焉。

綱所以繫侯於植者也上下皆出舌一尋者亦人張手之節也鄭司農云綱連侯繩也縜籠綱者縜讀爲竹中皮之縜舌維持侯者○縜於貧反

張皮侯而棲鵠。則春以功。

皮侯以皮所飾之侯司裘職曰王大射則共虎侯熊侯豹侯設其鵠之謂此侯也春讀爲蠢蠢作也出也天子將祭必與諸侯羣臣射以作其容體出其合於禮樂者與之事鬼神焉

張五采之侯。則遠國屬。

五采之侯謂以五采畫正之侯也射人職曰以射法治射儀王以六耦射三侯三獲三容樂以騶虞九節五正下曰若王大射則以貍步張三侯明此五正之侯非大射之侯明矣其職又曰諸侯在朝則皆北面遠國屬者若諸侯朝會王張此侯與之射所謂賓射也正之方外如鵠內二尺五采者內朱白次之蒼次之黃次之黑次之其侯之飾又以五采畫雲氣焉○正音征

張獸侯。則王以息燕。

獸侯畫獸之侯也鄉射記曰凡侯天子熊侯白質諸侯麋侯赤質大夫布侯畫以虎豹士布侯畫以鹿豕凡畫者丹質是獸侯之差也息者休農息老物也燕謂勞使臣若與羣臣閒暇飲酒而射○勞力報反使色吏反

祭侯之禮。以酒脯醢。

謂司馬實爵而獻獲者于侯薦脯醢折俎獲者執以祭侯

其辭曰。惟若寧侯。

若猶女也寧安也謂先有功德其鬼有神○女音汝下文并注同

毋或若女不寧侯。不屬於王所。故抗而射女。

或有也若如也屬猶朝會也抗舉也張也○毋音無

強飲強食。詒女曾孫諸侯百福。

詒遺也曾孫諸侯謂女後世爲諸侯者○強其丈反遺唯季反

廬人爲廬器。戈柲六尺有六寸。殳長尋有四尺。車戟常。酋矛常有四尺。夷矛三尋。

柲猶柄也八尺曰尋倍尋曰常酋夷長短名酋之言遒也酋近夷長矣○廬刀奐反柲音祕殳音殊酋在由反遒在由反

凡兵無過三其身。過三其身。弗能用也。而無已。又以害人。

人長八尺與尋齊進退之度三尋用兵力之極也而無已不徒止耳

故攻國之兵欲短。守國之兵欲長。攻國之人衆。行地遠。食飲饑。且涉山林之阻。是故兵欲短。守國之人寡。食飲飽。行地不遠。且不涉山林之阻。是故兵欲長。

言罷羸宜短兵壯健宜長兵○罷音皮

凡兵。句兵欲無彈。刺兵欲無蜎。是故句兵椑。刺兵摶。

句兵戈戟屬刺兵矛屬故書彈或作但蜎或作絹鄭司農云但讀爲彈丸之彈彈謂掉也絹讀爲悁邑之悁悁謂橈也椑讀爲鼓鼙之鼙玄謂蜎亦掉也謂若井中蟲蜎之蜎齊人謂柯斧柄爲椑則椑隋圜也摶圜也○句沇音鉤蜎於全反椑薄兮反摶徒丸反掉徒弔反橈乃教反

毄兵同強舉圍欲細細則校刺兵同強舉圍欲重重欲傳人傳人則密是故侵之

改句言毄容殳無刃同強上下同也舉謂手所操鄭司農云校讀爲絞而婉之絞重欲傳人謂矛柄之大者在人手中者侵之能敵也玄謂校疾也傳近也密審也正也人手操細以毄則疾操重以刺則正然則爲矜句兵堅者在後刺兵堅者在前○矜古鮑反傳音附

凡爲殳五分其長以其一爲之被而圍之參分其圍去一以爲晉圍五分其晉圍去一以爲首圍凡爲酋矛參分其長二在前一在後而圍之五分其圍去一以爲晉圍參分其晉圍去一以爲刺圍

被把中也圍之圜之也大小未聞凡矜八觚鄭司農云晉謂矛戟下銅鐏也刺謂矛刃胷也玄謂晉讀如王搢大圭之搢矜所捷也首殳上鐏也爲戈戟之矜所圍如殳夷矛如酋矛○被皮義反去起呂反把音霸鐏存悶反

凡試廬事置而搖之以眡其蜎也灸諸牆以眡其橈之均也橫而搖之以眡其勁也

置猶樹也灸猶柱也以柱兩牆之間輓而內之本末勝負可知也正於牆牆歰○灸音救封音樹輓音挽歰所立反本又作澀

六建既備車不反覆謂之國工

六建五兵與人也反覆猶軒輖○覆芳服反輖音周

匠人建國

立王國若邦國者

水地以縣

於四角立植而縣以水望其高下高下既定乃爲位而平地

置槷以縣眡以景

故書槷或作弋杜子春云槷當爲弋讀爲杙玄謂槷古文臬假借字於所平之地中央樹八尺之臬以縣正之眡之以其景將以正四方也爾雅曰在牆者謂之杙在地者謂之臬○槷魚列反注槷同弋以職反下杙同

爲規識日出之景與日入之景

日出日入之景其端則東西正也又爲規以識之者爲其難審也自日出而畫其景端以至日入既則爲規測景兩端之內規之規之交乃審也度兩交之間中屈之以指臬則南北正○爲其于僞反度待洛反

晝參諸日中之景夜考之極星以正朝夕

日中之景最短者也極星謂北辰

匠人營國方九里旁三門

營謂丈尺其大小天子十二門通十二子

國中九經九緯經涂九軌

國中城內也經緯謂涂也經緯之涂皆容方九軌軌謂轍廣乘車六尺六寸旁加七寸凡八尺是謂轍廣九軌積七十二尺則此涂十二步也旁加七寸者輻內二寸半輻廣三寸半綆三分寸之二金轄之間三分寸之一○涂音塗綆方穎反轄胡瞎反

左祖右社面朝後市

王宮所居也祖宗廟面猶鄉也王宮當中經之涂也○鄉許亮反

市朝一夫。方各百步。

夏后氏世室。堂脩二七。廣四脩一。世室者，宗廟也。魯廟有世室，牲有白牡，此用先王之禮。脩，南北之深也。夏度以步，令堂脩十四步，其廣益以四分脩之一，則堂廣十七步半。

五室三四步。四三尺。堂上為五室，象五行也。三四步，室方也。四三尺，以益廣也。木室於東北，火室於東南，金室於西南，木室於西北，其方皆三步，其廣益之以三尺。土室於中央，方四步，其廣益之以四尺。此五室居堂南北六丈，東西七丈。

九階。南面三，三面各二。

四旁兩夾窻。窻助戶為明，每室四戶八窻。

白盛。蜃灰也。盛之言成也。以蜃灰堊牆，所以飾成宮室。○堊，烏路反，又烏洛反。

門堂三之二。門堂，門側之堂，取數於正堂。令堂如上制，則門堂南北九步二尺，東西十一步四尺。爾雅曰：門側之堂謂之塾。○塾音孰。

室三之一。兩室與門各居一分。

殷人重屋。堂脩七尋。堂崇三尺。四阿重屋。重屋者，王宮正堂若大寢也。其脩七尋五丈六尺，放夏周，則其廣九尋七丈二尺也。五室各二尋。崇，高也。四阿，若今四柱屋。重屋，復笮也。○重，直龍反。放，方往反。復音福。笮，側白反。

周人明堂。度九尺之筵。東西九筵。南北七筵。堂崇一筵。五室凡室二筵。明堂者，明政教之堂。周度以筵，亦王者相改。周堂高九尺，殷三尺，則夏一尺矣，相參之數。禹卑宮室，謂此一尺之堂與。此三者或舉宗廟，或舉王寢，或舉明堂，互言之，以明其同制。○度，待洛反。

室中度以几。堂上度以筵。宮中度以尋。野度以步。涂度以軌。周文者，各因物宜為之數。室中，舉謂四壁之內。

廟門容大扃七个。大扃，牛鼎之扃，長三尺。每扃為个，七个二丈一尺。○扃，古熒反。

闈門容小扃參个。廟中之門曰闈。小扃，膷鼎之扃，長二尺。參个六尺。○膷音香。

路門不容乘車之五个。路門者，大寢之門。乘車廣六尺六寸，五个三丈三尺。言不容者，是兩門乃容之。兩門乃容之，則此門半之，丈六尺五寸。

應門二徹參个。正門謂之應門，謂朝門也。二徹之內八尺，三个二丈四尺。

內有九室。九嬪居之。外有九室。九卿朝焉。

內路寢之裏也。外路門之表也。九室，如今朝堂諸曹治事處。九嬪掌婦學之法，以教九御。六卿三孤爲九卿。

九分其國以爲九分，九卿治之。九分其國，分國之職也。三孤佐三公論道，六卿治六官之屬。

王宮門阿之制五雉，宮隅之制七雉，城隅之制九雉。阿，棟也。宮隅、城隅，謂角浮思也。雉長三丈，高一丈。度高以高，度廣以廣。○浮思，本或作罘罳，同。度，待洛反。

經涂九軌，環涂七軌，野涂五軌。廣狹之差也。故書環或作轘，杜子春云：當爲環。環涂謂環城之道。○轘，戶關反。

門阿之制以爲都城之制。都，四百里外距五百里，王子弟所封。其城隅高五丈，宮隅門阿皆三丈。

宮隅之制以爲諸侯之城制。諸侯，畿以外也。其城隅制高七丈，宮隅門阿皆五丈。禮器曰：天子諸侯臺門。

環涂以爲諸侯經涂，野涂以爲都經涂。經亦謂城中道。諸侯環涂五軌，其野涂及都環涂、野涂皆三軌。

周禮卷四十一

周禮卷四十二

漢大司農北海鄭　玄註

明　後學東吳葛　鼒訂

冬官考工記

匠人為溝洫

主通利田間之水道

耜廣五寸二耜為耦一耦之伐廣尺深尺謂之甽田首倍之廣二尺深二尺謂之遂

古者耜一金兩人併發之其壟中曰甽甽上曰伐伐之言發也甽畎也今之耜歧頭兩金象古之耦也田一夫之所佃百畝方百步地遂者夫間小溝遂上亦有徑○甽古犬反隧音遂畎與甽同古今字也

九夫為井井間廣四尺深四尺謂之溝方十里為成成間廣八尺深八尺謂之洫方百里為同同間廣二尋深二仞謂之澮

此畿內采地之制九夫為井井者方一里九夫所治之田也采地制井田異於鄉遂及公邑三夫為屋屋具也一井之中三屋九夫三三相具以出賦稅共治溝也方十里為成成中容一甸甸方八里出田稅緣邊一里治洫方百里為同同中容四都六十四成方八十里出田稅緣邊十里治澮采地者在三百里四百里五百里之中載師職曰園廛二十而一近郊什一遠郊二十而三甸稍縣都皆無過十二謂田稅也皆就夫稅之輕近重遠耳滕文公問為國於孟子孟子曰夏后氏五十而貢殷人七十而莇周人百畝而徹其實皆什一徹者徹也莇者藉也龍子曰治地莫善於莇莫不善於貢貢者校數歲之中以為常文公又問井田孟子曰請野九一而莇國中什一使自賦卿以下必有圭田圭田五十畝餘夫二十五畝死徙無出鄉鄉田同井出入相友守望相助疾病相扶持則百姓親睦方里而井井九百畝其中為公田八家皆私百畝同養公田公事畢然後治私事所以別野人也又曰詩云雨我公田遂及我私惟有莇為有公田由此觀之雖周亦莇也魯哀公問於有若曰年饑用不足如之何有若對曰盍徹乎曰二吾猶不足如之何其徹也春秋宣十五年秋初稅畝傳曰非禮也穀出不過藉以豐財也此數者世人謂之錯而疑焉以載師職及司馬法論之周制畿內用夏之貢法稅夫無公田以詩春秋論語孟子論之周制邦國用殷之莇法制公田不稅夫貢者自治其所受田貢其稅穀莇者借民之力以治公田又使收斂焉畿內用貢法者鄉遂及公邑之吏旦夕從民事為其促之以公使不得恤其私邦國用莇法者諸侯專一國之政為其貪暴稅民無藝周之畿內稅有輕重諸侯謂之徹者通其率以什一為正孟子云野九夫而稅一國中什一是邦國亦異外內之法耳圭之言珪絜也周謂之士田鄭司農說以春秋傳曰有田一成又曰列國一同○莇音助校音教別彼列反兩于付反為其于偽反率音律

專達於川各載其名

達猶至也謂澮直至於川復無所注入載其名者識水所從出

凡天下之地埶兩山之間必有川焉大川之上必有涂焉

通其壅塞

凡溝逆地防謂之不行水屬不理孫謂之不行

溝謂造溝防謂脈理屬讀為注孫順也不行謂決溢也禹鑿龍門播九河為此逆防與不理孫也○防音勒孫音遜

梢溝三十里而廣倍。謂不墾地之溝也鄭司農云梢讀爲桑螵蛸之蛸蛸謂水漱齧之溝故三十里而廣倍○桑梢音蕭蛸色交反螵婢遙反

凡行奠水磬折以參伍。坎爲弓輪水行欲紆曲也鄭司農云奠讀爲停謂行停水溝形當如磬直行三折行五以引水者疾焉○奠音亭

欲爲淵則句於矩。大曲則流轉流轉則其下成淵

凡溝必因水埶防必因地埶善溝者水漱之善防者水淫之。漱猶齧也鄭司農云淫讀爲廞謂水淤泥土留著助之爲厚玄謂淫讀爲淫液之淫○廞許金反淤於據反著直略反

凡爲防廣與崇方其閷參分去一。崇高也方猶等也閷者薄其上○閷色界反

大防外閷。又薄其上厚其下

凡溝防必一日先深之以爲式。程人功也溝防爲溝爲防也

里爲式然後可以傳衆力。里讀爲已聲之誤也○里音以傳音附

凡任索約大汲其版謂之無任。故書汲作沒杜子春云當爲汲玄謂約縮也汲引也築防若牆者以繩縮其版大引之言版橈也版橈築之則鼓土不堅矣詩云其繩則直縮版以載又曰約之格格椓之橐橐○格音各椓丁角反

葺屋參分瓦屋四分。各分其脩以其一爲峻○葺七入反

囷窌倉城逆牆六分。逆猶郤也築此四者六分其高郤一分以爲閷囷圜倉穿地曰窌○囷邱貧反窌古孝反依字當爲窖作窌假借也

堂涂十有二分。謂階前若今令甓裓也分其督旁之脩以二分爲峻也爾雅曰堂涂謂之陳○令音零甓薄歷反裓音階

竇其崇三尺。宮中水道

牆厚三尺崇三之。高厚以是爲率足以相勝○勝音升

【車人】之事半矩謂之宣。矩法也所法者人也人長八尺而大節三頭也腹也脛也以三通率之則矩二尺六寸三分寸之二頭髮皓落曰宣半矩尺三寸三分寸之一人頭之長也柯欘之木頭取名焉易巽爲宣髮

一宣有半謂之欘。欘斲斤柄長二尺爾雅曰句欘謂之定○欘張玉反句音劬

二八二

一欘有半謂之柯。
伐木之柯柄長三尺詩云伐柯伐柯其則不遠鄭司農云蒼頡篇有柯欘
一柯有半謂之磬折。
人帶以下四尺五寸磬折立則上俛玉藻曰三分帶下紳居二焉紳長三尺○俛音免
車人爲耒庛長尺有一寸。中直者三尺有三寸。上句者二尺有二寸。
鄭司農云耒爲耕耒庛讀爲其顙有疵之疵謂耒下岐玄謂庛讀爲棘刺之刺耒下前曲接耜○耒力對反或良水反劉音誄庛音刺七賜反顙疵似斯反
自其庛緣其外。以至於首。以弦其內。六尺有六寸。與步相中也。
緣外六尺有六寸內弦六尺應一步之尺數耕者以田器爲度宜耜異材不在數中○緣悅戰反中丁仲反
堅地欲直庛。柔地欲句庛。直庛則利推。句庛則利發。倨句磬折。謂之中地。
中地之耒其庛與直者如磬折則調矣調則弦六尺○推湯雷反
車人爲車。柯長三尺。博三寸。厚一寸有半。五分其長。以其一爲之首。
首六寸謂今剛關頭斧柯其柄也鄭司農云柯長三尺謂斧柯因以爲度
轂長半柯。其圍一柯有半。
大車轂徑尺五寸

輻長一柯有半。其博三寸。厚三之一。
輻厚一寸也故書博或爲摶杜子春云當爲博○摶徒丸反
渠三柯者三。
渠二丈七尺謂罔也其徑九尺鄭司農云渠謂車輮所謂牙○牙五嫁反本或作迓
行澤者欲短轂。行山者欲長轂。短轂則利。長轂則安。
澤泥苦其大安山險苦其大動○泥大音泰又魏餓反下同
行澤者反輮。行山者仄輮。反輮則易。仄輮則完。
故書仄爲側鄭司農云仄輮謂輪輮仄其本裏關者在外釋地多泥柔也側當爲仄山地剛多沙石
玄謂仄輮爲泥之黏欲得心在外滑仄輮爲沙石破之欲得表裏相依堅刃○輮人九反劉音辱
仄音側易以豉反需者人兖反爲泥于僞反下同
六分其輪崇。以其一爲之牙圍。
輪高輪徑也牙圍尺五寸
柏車轂長一柯。其圍二柯。其輻一柯。其渠二柯者三。五分其輪崇。以其一爲之牙圍。
柏車山車輪高六尺牙圍尺二寸
大車崇三柯。綆寸。牝服二柯有參分柯之二。
大車平地載任之車轂長半柯者也綆輪箄牝服長八尺謂較也鄭司農云牝服謂車箱服讀爲負
○綆方頴反服音負詩音如字箄薄歷反較音角
羊車二柯有參分柯之一。
鄭司農云羊車謂車羊門也玄謂羊善也善車若今定張車較長七尺

柏車二柯
轂六尺也柏車輪崇六尺其綆大半寸
凡爲轅三其輪崇參分其長二在前一在後以鑿其鉤徹廣六尺鬲長六尺
鄭司農云鉤鉤心鬲謂轅端厭牛領者○鬲沈於革反厭於甲反

弓人爲弓取六材必以其時
取幹以冬取角以秋絲漆以夏筋膠未聞
六材既聚巧者和之
聚猶具也
幹也者以爲遠也角也者以爲疾也筋也者以爲深也膠也者以爲和也絲也者以爲固也漆也者以爲受霜露也
大材之力相得而足
凡取幹之道七柘爲上檍次之檿桑次之橘次之木瓜次之荊次之竹爲下
鄭司農云檍讀爲億萬之億爾雅曰杻檍又曰檿桑山桑國語曰檿弧箕箙○檍於力反一音意檿烏簟反杻女丑反箙音服
凡相幹欲赤黑而陽聲赤黑則鄉心陽聲則遠根
陽猶清也木之類近根者奴○相息亮反鄉許亮反
凡析幹射遠者用埶射深者用直
鄭司農云埶謂形埶假令木性自曲則當反其曲以爲弓故曰審曲面埶玄謂曲埶則宜薄薄則力少直則可厚厚則力多
居幹之道菑栗不迆則弓不發
鄭司農云菑讀爲不菑而畬之菑栗讀爲榛栗之栗謂以鋸副析幹迆讀爲倚移從風之移謂邪行絶理者弓發之所從起玄謂栗讀爲裂繻之裂○菑側冀反栗音烈迆羊氏反畬音餘鋸音據析星歷反移羊氏反繻音需
凡相角秋閷者厚春閷者薄稺牛之角直而澤老牛之角紾而昔
鄭司農云紾讀爲抮縛之抮昔讀爲交錯之錯謂牛角觕理錯也玄謂昔讀履錯然之錯○閷色界反紾徒展反與注抮縛之抮同昔七各反觕七奴反
疢疾險中
牛有久病則角裏傷
瘠牛之角無澤
少潤氣
角欲青白而豐末
豐大也
夫角之本蹙於䐉而休於氣是故柔柔故欲其埶也白也者埶之徵也
蹙近也休讀爲煦鄭司農云欲其形之自曲反以爲弓玄謂色白則埶○夫音扶下皆同蹙子六反䐉乃老反本又作腦煦況付反劉音休

夫角之中恒當弓之畏畏也者必橈橈故欲其堅也青也者堅之徵也

故書畏作威杜子春云當爲威威謂弓淵角之中央與淵相當玄謂畏讀如秦師入隈之隈○畏烏回反

夫角之末遠於𠛬而不休於氣是故脃脃故欲其柔也豐末也者柔之徵也

末之大者𠛬氣及煦之○大脃七歲反

角長二尺有五寸三色不失理謂之牛戴牛

三色本白中青末豐鄭司農云牛戴牛角直一牛

凡相膠欲朱色而昔昔也者深瑕而澤紾而摶廉

摶圜也廉瑕嚴利也○摶徒丸反

鹿膠青白馬膠赤白牛膠火赤鼠膠黑魚膠餌犀膠黃

皆謂煑用其皮或用角餌色如餌

凡昵之類不能方

鄭司農云謂膠善戾故書昵或作樴杜子春云樴讀爲不義不昵之昵或爲䵒䵒黏也玄謂樴脂膏膱敗之膱膱亦黏也○昵女乙反樴音職䵒女乙反膱音職

凡相筋欲小簡而長大結而澤小簡而長大結而澤則其爲獸必剽以爲弓則豈異於其獸

剽疾也鄭司農云簡讀爲撊然登陴之撊玄謂讀如簡札之簡謂筋條也○剽芳妙反撊胡簡反陴房卑反

筋欲敝之敝

鄭司農云嚼之當孰○敝婢世反嚼才略反

漆欲測

鄭司農云測讀爲惻隱之惻玄謂測讀如測度之測測猶清也○度徒洛反

絲欲沈

如在水中時色

得此六材之全然後可以爲良

全無瑕病良善也

凡爲弓冬析幹而春液角夏治筋秋合三材

三材膠絲漆鄭司農云液讀爲醳○醳音亦

寒奠體

奠讀爲定至冬膠堅內之檠中定往來體○檠音景

冰析灂

大寒中下於檠中復內之○灂子召反復扶又反

冬析幹則易

理滑致○易以豉反

春液角則合

合讀爲洽

夏治筋則不煩

煩亂。

秋合三材則合。合，堅密也。

寒奠體則張不流。流猶移也。

冰析灂則審環。審猶定也。

春被弦則一年之事。朞歲乃可用。

析幹必倫。順其理也。

析角無邪。亦正之。

斲目必荼。鄭司農云：荼讀爲舒，舒，徐也。目，幹節目。○荼音舒。

斲目不荼，則及其大脩也，筋代之受病。脩猶久也。

夫目也者必強，強者在內而摩其筋，夫筋之所由幨，

恆由此作。摩猶隱也。故書筋或作蒯，鄭司農云：當爲筋。幨讀爲車幨之幨。玄謂幨，絕起也。○幨，昌廉反。

故角三液而幹再液。重醳治之，使相稱。○重，直龍反。稱，尺證反，下各稱同。

厚其帤則木堅，薄其帤則需。需謂不充滿。鄭司農云：帤讀爲襦有衣絮之絮。絮謂弓中裨。○帤，女居反。需，人兖反。襦音儒。絮，周易作袽。裨音卑。

是故厚其液而節其帤。厚猶多也。節猶適也。

約之不皆約，疏數必侔。不皆約，纏之繳不相次也。皆約則弓帤。侔猶均也。○數音朔。繳音灼。

斲摯必中，膠之必均。摯之言致也。中猶均也。

斲摯不中，膠之不均，則及其大脩也，角代之受病。夫懷膠於內而摩其角，夫角之所由挫，恆由此作。幹不均，則角蹴折也。○挫，子臥反。

凡居角，長者以次需。當弓之隈也。長短各稱其幹，短者居簫。○隈，烏路反。

恆角而短，是謂逆橈，引之則縱，釋之則不校。鄭司農云：恒讀爲裻絙之絙。玄謂恆讀爲桓，桓，竟也。竟其角而短于淵幹，引之角縱，不用力，若欲反橈然。校，疾也。既不用力，放之又不疾。○恆，古鄧反。校，古卯反。裻音督。絙，古鄧反。桓，古鄧反。

恆角而達，譬如終紲，非弓之利也。

達謂長於淵幹，若達於蕭頭紲，弓鞁角過淵接則送矢大疾，若見紲於鞁矣。弓有鞁者，爲發弦時備頓傷。詩云竹鞁緄縢。○紲息列反。鞁音祕。爲于僞反。緄古本反。縢本又作縢，徒登反。

今夫茭解中有變焉。故校。

鄭司農云：茭讀爲激發之激。茭謂弓檠也。校讀爲絞而婉之絞。玄謂茭讀如齊人名手足擘爲骹之骹。茭解謂接中也。變謂簫臂用力異。校，疾也。○茭古歷反。解戶賣反。擘烏喚反。骹戶卯反。

於挺臂中有柎焉。故剽。

挺，直也。柎，側骨。剽亦疾也。鄭司農云：剽讀爲湖漂絮之漂。○挺勑頂反。柎方輔反。

恆角而達。引如終紲。非弓之利。

重明達角之不利。變譬言引，字之誤。○引音譬，重直用反。

撟幹欲孰於火而無贏。撟角欲孰於火而無燂。引筋欲盡而無傷其力。鬻膠欲角而水火相得。然則居旱亦不動。居溼亦不動。

贏，過孰也。燂，炙爛也。不動者，謂弓也。故書燂或作朕。鄭司農云：字從燂。○撟居兆反。燂音尋。鬻章呂反

苟有賤工。必因角幹之溼以爲之柔。善者在外。動者在內。雖善於外。必動於內。雖善亦弗可以爲良矣。

苟，愉也。溼猶生也。○愉吐豆反

凡爲弓。方其峻而高其柎。長其畏而薄其敝。宛之無已應。

宛謂引之也。引之不休止，常應弦，言不罷需也。峻謂簫也。鄭司農云：敝讀爲蔽塞之蔽，謂弓人所握持者。○畏烏路反。敝讀爲蔽，必世反。罷音皮。

下柎之弓。末應將興。

末猶簫也。興猶動也，發也。弓柎卑，簫應弦，則柎將動。○卑劉音婢。

爲柎而發。必動於閷。

閷接中。○閷色界反。

弓而羽閷。末應將發。

羽讀爲扈。扈，緩也。接中動則緩，簫應弦，則角幹將發。○羽音戶。

弓有六材焉。維幹強之。張如流水。

無難易也。○易以豉反。

維體防之。引之中參。

體謂內之於檠中，定其體。防，深淺所止。謂體定張之，弦居一尺，引之又二尺。

維角牚之。欲宛而無負弦。引之如環。釋之無失體如環。

負弦，辟戾也。負弦則不如環。如環亦謂無難易。鄭司農云：牚讀如牚距之牚，車牚之牚。○牚直庚反。辟匹亦反

材美工巧爲之時。謂之參均。角不勝幹。幹不勝筋。謂之參均。量其力有三均。均者三。謂之九和。

有三讀爲又參。量其力，又參均者，謂若幹勝一石，加角而勝二石，被筋而勝三石，引之中三尺。假令弓力勝三石，引之中三尺，弛其弦，以繩緩擐之，每加物一石，則張一尺。故書勝或作稱。鄭司農云：當言稱，謂之不參均。玄謂不勝，無負也。○勝音升。擐戶串反。

九和之弓角與幹權筋三侔膠三鋝絲三邸漆三斞
上工以有餘下工以不足
權平也侔猶等也角幹既平筋三而又與角幹等也鋝鍰也邸斞輕重未聞○鋝音劣斞羊主反
爲天子之弓合九而成規爲諸侯之弓合七而成規
大夫之弓合五而成規士之弓合三而成規
材良則句少也
弓長六尺有六寸謂之上制上士服之弓長六尺有
三寸謂之中制中士服之弓長六尺謂之下制下士
服之
人各以其形貌大小服此弓
凡爲弓各因其君之躬志慮血氣
又隨其人之情性
豐肉而短寬緩以荼若是者爲之危弓危弓爲之安
矢骨直以立忿埶以奔若是者爲之安弓安弓爲之
危矢
言損贏濟不足者奔猶疾也骨直謂强毅荼古文舒假借字鄭司農云荼讀爲舒○肉而樹反埶音勢
其人安其弓安其矢安則莫能以速中且不深
故書速或作數鄭司農云字從速速疾也三舒不能疾而中言矢行短也中又不能深○中丁仲反數音朔

其人危其弓危其矢危則莫能以愿中
愿慤也三疾不能慤而中言矢行長也長謂過去
往體多來體寡謂之夾臾之屬利射侯與弋
射遠者用埶夾臾之弓合五而成規侯非必遠顧埶弓者材必薄薄則弱弱則矢不深中侯不落大夫士射侯矢落不獲弋繳射也故書與作其杜子春云當爲與○獲胡麥反繳諸若反
往體寡來體多謂之王弓之屬利射革與質
射深者用直此又直焉於射堅宜也王弓合九而成規弧弓亦然革謂干盾質謂木椹天子射侯亦用
此弓大射日中離維綱揚觸梱復君則釋獲其餘則否○椹張林反梱苦本反
往體來體若一謂之唐弓之屬利射深
射深用直唐弓合七而成規大弓亦然春秋傳曰盜竊寶玉大弓
大和無灂其次筋角皆有灂而深其次有灂而疏其
次角無灂
大和尤良者也深謂灂在中央兩邊無也角無灂謂隈裏
合灂若背手文
弓表裏灂合處若人合手背文相應鄭司農云如人手背文理
角環灂牛筋蕡灂麋筋斥蠖灂
蕡枲實也斥蠖屈蟲也○蕡扶文反枲絲子反
和弓轂摩
和猶調也轂拂也將用弓必先調之拂之摩之大射禮曰小射正授弓大射正以袂順左右隈上再

一下

覆之而角至謂之句弓。

句於三體材敝惡不用之弓也。覆猶察也。謂用射而察之至猶善也。但角善則矢雖疾而不能遠○覆芳服反句音鉤

覆之而幹至謂之侯弓。

射侯之弓也。幹又善則矢疾而遠。

覆之而筋至謂之深弓。

射深之弓也。筋又善則矢既疾而遠又深。

周禮卷四十二